Jos Kessels

Das
Sokrates-
Prinzip

**Ein philosophischer
Ideengeber
zur Lebensgestaltung**

Aus dem Niederländischen
von Bärbel Jänicke

dtv

Der Verlag dankt der niederländischen Stiftung für Literatur
für die Förderung der Übersetzung.

N ederlands
letterenfonds
dutch foundation
for literature

Ausführliche Informationen über
unsere Autoren und Bücher
www.dtv.de

Das Buch ist auch als eBook erhältlich.

Deutsche Erstausgabe 2016
dtv Verlagsgesellschaft mbH & Co. KG, München
Copyright:
© Uitgeverij Boom, Amsterdam 2014
© Jos Kessels, Amsterdam 2014
Titel der niederländischen Originalausgabe:
›Scholing van de Geest. Wat ik leerde van Socrates‹
Deutschsprachige Ausgabe:
© 2016 dtv Verlagsgesellschaft mbH & Co. KG, München
Umschlaggestaltung: FAVORITBUERO, München
Satz: Fotosatz Amann, Memmingen
Gesetzt aus der Sabon 9,5/13
Druck und Bindung: Druckerei Kösel, Krugzell
Gedruckt auf säurefreiem, chlorfrei gebleichtem Papier
Printed in Germany · ISBN 978-3-423-26117-3

Inhalt

Dieses Buch ist in dankbarer Erinnerung
meinen Lehrern im sokratischen Gespräch
Nora Walter und Gustav Heckmann gewidmet.

Einleitung: Schule deinen Geist

Dieses Buch möchte eine moderne Vorstellung einer Schulung des Geistes vermitteln, wie sie von Sokrates und Platon betrieben worden ist. Sokrates, der Gründungsvater der westlichen Philosophie, hat sein ganzes Leben lang mit Menschen Gespräche über deren Ideen geführt. Er untersuchte diese Ideen und prüfte sie auf ihre Tragfähigkeit. Doch nahm er nicht nur die Ideen seiner Gesprächspartner, sondern auch sie selbst und ihre Lebensweise unter die Lupe, ebenso wie ihre Rolle innerhalb der Gesellschaft und ihre politischen Auffassungen. Denn Sokrates war der festen Überzeugung, dass zwischen den Ideen über sich selbst und den Ideen über das große Ganze ein enger Zusammenhang besteht. 399 v. Chr. war er von den Richtern Athens zum Tod durch den Schierlingsbecher verurteilt worden, angeblich, weil er nicht an die Götter glaubte und die Jugend verdarb, tatsächlich aber wegen seiner fundamentalen Kritik an den Auffassungen seiner Athener Mitbürger. Nach seinem Tod hat ihm sein Schüler Platon Unsterblichkeit verliehen, indem er ihn zum Protagonisten fast all seiner Dialoge gemacht hat.

Sokrates wollte Ideen untersuchen, sie in Worte fassen und auf ihre Gültigkeit hin prüfen. Diese Passion, die sein ganzes Leben bestimmte, wurde auch sein Tod. Denn obwohl er die Möglichkeit hatte, freiwillig in die Verbannung zu gehen, nahm er sein Los an. Er war nicht bereit, seine Überzeugungen zu opfern, um seiner Verurteilung zu entgehen. Damit wurde er zum großen Vorbild aller klassischen philosophischen Schulen. Sein Leben ist noch immer exemplarisch; auch heute brauchen wir Menschen, die seine Rolle übernehmen – die andere auf ihre Ideen hin befragen und deren Gültigkeit untersuchen.

Schulung des Geistes ist etwas anderes als Schulung des Verstandes. Jeder, der eine gewisse Ausbildung genossen hat, hat seinen Verstand geschult und irgendetwas gelernt, der eine weniger, der andere vielleicht mehr. Aber das heißt noch lange nicht, dass man diesen Verstand auch gut gebraucht. Dazu bedarf es einer ganz anderen Art von Wissen: Man muss wissen, was lohnenswert und einer Situation angemessen ist, was im rechten Verhältnis zueinander steht und was nicht, und was das gute Leben eigentlich ausmacht. Für solche Einsichten in »das Gute, Wahre und Schöne«, in die tragenden Ideen des Lebens, braucht es eine Schulung des Geistes.

Eine Schulung des Geistes beginnt mit Selbsterforschung.
Selbsterkenntnis ist das große Ziel der Philosophie und ihr ursprünglicher Beweggrund. Danach war Sokrates in all seinen Gesprächen auf der Suche. Für ihn machte es keinen Unterschied, ob er nach den tragenden Ideen des eigenen Lebens suchte oder nach den Gesetzen, die der Wirklichkeit als Ganzes zugrunde liegen. Ebenso wenig zog er eine Trennlinie zwischen Gefühl und Verstand, Individuum und Gemeinschaft, Erkenntnis und Weisheit, zwischen all den Dingen, die wir heute wie selbstverständlich voneinander trennen. Philosophie war für Sokrates keine Spezialdisziplin, sondern gehörte zur Allgemeinbildung, zu der jeder Zugang hat, eine Schulung, die unabdingbar ist, um ein vernünftig denkender, wohlgesinnter und wohlanständiger Mensch zu werden.

Dieses Buch vermittelt eine Vorstellung davon, was eine solche Schulung ausmacht und welche Vitalität und Aktualität ihr auch in unserer modernen Zeit noch zukommt. Viele Menschen haben heute ein Bedürfnis nach Besinnung und Vertiefung, nach Zusammenhang und Sinn, nach einer gründlichen und methodischen Reflexion, um herauszufinden, was wesentlich und was nebensächlich ist. Sie suchen nach einer bewährten Form, mit der sich ein vernünftiges Denken entwickeln und Ideen auf ihre Tragfähigkeit hin prüfen lassen. Dazu möchte dieses Buch einen Beitrag leisten, indem es darlegt, was die sokratische Schulung kennzeichnet, und Mittel und Wege aufzeigt, um selbst ans Werk zu gehen.

Durchdenke deine tragenden Ideen

Die Schulung, um die es Sokrates ging, beginnt im Grunde mit einer einzigen Frage: Was sind die tragenden Ideen deines Lebens? Eine tragende Idee ist eine persönliche Einsicht darin, wie man sein Leben am besten führt. Sie ist keine abstrakte, theoretische Vorstellung, sondern eng mit der eigenen Erfahrung verbunden. Sie ist keine bloße Gedankenspielerei, sondern eine Sichtweise, die für uns selbst richtungsweisend ist, eine Sichtweise, die wir für unser eigenes Handeln als grundlegend erachten. Eine tragende Idee ist ein Grundprinzip, ein Maßstab, an dem wir uns orientieren wollen und an dem wir uns selbst messen. Sie sagt uns, was wir in unserem Leben für wichtig und wertvoll halten.

Eine tragende Idee hat die Orientierungskraft einer persönlichen Lebensregel:»Das ist wichtig«,»Das ist das Beste«,»Jetzt, da ich das eingesehen habe, werde ich zukünftig auf diese Weise handeln.« Die Ideen, die ich in diesem Buch vorstelle, betrachte ich als meine eigenen Lebensregeln. Ich folge ihnen zwar nicht in jedem Fall, doch ändert das nichts an ihrer Gültigkeit. Manche von ihnen erfordern mehr Schulung als andere und sicherlich sind einige dabei, die noch besser durchdacht oder anders formuliert werden müssten. Als ich zum ersten Mal herauszufinden versuchte, was für mich eine tragende Idee sein könnte, war ich schon froh, überhaupt eine Idee zu finden. Doch je länger ich mich damit befasste, desto deutlicher erkannte ich, dass es mehr Ideen gab, als ich je vermutet hatte. Die Kunst besteht darin, sie kurz und treffend, in einer Maxime, einem Spruch oder einem Bild zu formulieren, zugleich aber auch die Geschichte, die dahinterliegt, mit einzubringen. Anders funktionieren sie nicht.

Ich betrachte Ideen als kompakte Destillate von Geschichten und Argumentationen. Es sind immer persönliche Geschichten über eigene Erlebnisse und die eigene Meinung dazu. Denn schließlich wird man sich seiner tragenden Ideen erst bewusst, wenn man über das, was man erlebt, auch nachdenkt. Und mit Nachdenken meine ich nicht Tagträumen oder Sinnieren, sondern wirkliches Denken, das Denken einer Idee. Wenn wir Menschen uns auf eines gut verstehen, dann wohl darauf, uns selbst mit kleinen oder großen Illusionen, schönen Wunschbildern, düsteren Schreckensszenarien und allerlei schludrigem und halbgarem Denken selbst hinters Licht zu führen. Bis wir uns den Kopf an der Wirklichkeit stoßen und »einen Moment der Wahrheit« erleben, ein kleines Stolpern oder eine große Krise, einen Punkt, an dem wir uns entscheiden und einen Standpunkt beziehen müssen, an dem wir zeigen müssen, wer wir wirklich sind, oder uns von etwas, was uns lieb und teuer ist, verabschieden müssen. Eine Idee ist die Moral einer solchen Geschichte, die Essenz, die man aus ihr zieht, bzw. die Erkenntnis, was daran wirklich wichtig ist. Das kann ein plötzliches Aha-Erlebnis oder eine langsam wachsende Einsicht sein. Es geht darum, diese Einsicht zu formulieren und den Clou darin zu erfassen; erst dann wird sichtbar, was das Wirkliche ist, was wirklich wichtig ist, und erst dann lässt sie sich auch als Lebensregel fassen.

Eine Idee kann erst dann zu einer tragenden Idee werden, wenn sie wirklich etwas mit einem selbst zu tun hat.
Die tragenden Ideen in meinem Leben sind eng mit meiner Arbeit, dem Führen sokratischer Gespräche, verwoben. Als ich an diesem Buch zu arbeiten begann, glaubte ich, die Grundsätze von Sokrates und seiner Gespräche darlegen zu wollen. Doch nach einiger Zeit wurde mir bewusst, dass es meine eigenen Lebensregeln und meine eigenen tragenden Ideen waren, die ich in Worte zu fassen versuchte. Zwar spielt Sokrates darin eine bedeutende Rolle, doch eine Idee kann erst dann zu einer tragenden Idee werden, wenn sie wirklich etwas mit einem selbst zu tun hat, wenn sie für einen selbst als Person »tragend« ist. Das bedeutet, dass sie kein losgelöster, beliebiger oder nur von anderen übernommener Gedanke ist, sondern eine eng mit dem eigenen Denken und der eigenen Erfahrung verbundene Idee. »Sondern aus häufiger fortgesetzter Unterredung gerade über diesen Gegenstand sowie aus innigem Zusammenleben entspringt es plötzlich aus der Seele wie aus einem

Feuerfunken das angezündete Licht«, schreibt Platon,»und bricht sich dann selbst weiter seine Bahn.« (*Siebter Brief*, 341c-d)[1]
Den Ausgangspunkt dieses Buches bildet die Auffassung, dass jeder Mensch diesen Funken, dieses Aufscheinen von Einsicht, in sich selbst finden kann. Das war auch der Ausgangspunkt von Sokrates und Platon. Eine Idee ist eine sehr persönliche Form des Wissens. Viele Menschen glauben, gerade wenn es um Ideen geht, müsse man sich bemühen, möglichst objektiv zu sein. Damit eine Idee einen objektiven, universellen Charakter annehmen kann, darf sie das Persönliche jedoch nicht ausschließen, im Gegenteil, sie muss über es hinausgehen. Das eben erfordert durchaus den Mut, persönlich zu sein. Jede sokratische Untersuchung ist im Grunde eine Selbsterforschung. Nur wenn man sich selbst zum Gegenstand der Untersuchung macht, lässt sich ein fruchtbares Gespräch über Ideen führen. Wer das menschliche Denken und Sprechen auf den objektiven Inhalt, den *Logos*, einzuengen versucht, nutzt nur zwanzig Prozent seines Potenzials. *Pathos*, das persönliche Gefühl, macht ungefähr dreißig Prozent aus, und *Ethos*, der Charakter, fünfzig Prozent. Ohne Pathos und Ethos hat das Denken keine Substanz, und ohne Substanz ist ein Gespräch einfach unmöglich.

1 Dieses Zitat entspricht der von Rudolf Haller bearbeiteten Schleiermacher-Übersetzung aus: *Platon. Die Werke vollständig in deutscher Sprache*, Markgröningen, Edition Opera-Platonis 2005. In der Regel entsprechen die Platon-Zitate (wenn nicht anders vermerkt) der Übersetzung von Otto Apelt: *Platon. Sämtliche Dialoge*, 7 Bände, hrsg. in Verbindung mit Kurt Hildebrandt, Constantin Ritter und Gustav Schneider. Felix Meiner Verlag, Hamburg 1988.
Einige wenige Zitate sind Übertragungen der niederländischen Übersetzung von Hans Warren und Mario Molegraaf: *Plato. Verzameld Werk*, Amsterdam, Bert Bakker, 1998. Sie sind mit einem Asterix * gekennzeichnet.

Folge dem Vorbild von Sokrates

Wie eine systematische Schulung des Geistes aussehen könnte, hat Platon nirgendwo detailliert beschrieben. Immerhin skizziert er in der *Politeia* die Ausbildung der Führer und die Wissensgebiete, die diese sich in langwierigen Studien aneignen sollten. Außerdem lässt Sokrates in den platonischen Dialogen keine Gelegenheit aus, die formale Ausbildung der Sophisten – der Gurus jener Zeit – mit Ironie und Argwohn zu überhäufen. In deren Lehrpläne hatte er offenbar wenig Vertrauen. Welches Bild einer Schulung stand ihm selbst vor Augen?

Ich denke, Platon wollte ein viel bedeutsameres Bild als ein ausgearbeitetes Curriculum zeichnen: das lebendige Vorbild von Sokrates im Gespräch. Denn dieses Bild hat er uns hinterlassen. In seinen Dialogen entwirft er ein anschauliches Porträt von Sokrates' Vorgehensweise: auf der einen Seite beharrlich, scharfsinnig und unkonventionell, auf der anderen Seite methodisch und in hoher argumentativer Präzision, niemals davor zurückschreckend, große Themen anzupacken oder sein Gegenüber persönlich zu konfrontieren. Platons Dialoge geben uns ein facettenreiches und tiefgründiges Bild von Sokrates bei der Arbeit, auf dem Markt von Athen, auf der Sportstätte oder im Hause seiner Gesprächspartner. Wo sich Sokrates auch aufhielt, stets war er ganz bei der Sache, in eine Untersuchung vertieft und die zahlreichen Irrwege eines Gesprächs unermüdlich durchlaufend. Wie stilisiert oder in den späten Dialogen gar artifiziell Platons Beschreibungen dieser Gespräche auch immer sein mögen, hat er es doch vermocht, Sokrates' Vorgehensweise mitreißend zu schildern. So muss es später wohl auch in der von Platon gegründeten Akademie, der ersten Universität in der Geschichte der westlichen Welt, zugegangen sein: Studenten und Dozenten, Forscher und Experten waren fortwährend in Gruppen miteinander im Gespräch, führten Debatten und Dialoge über die unterschiedlichsten Themen, um im Anschluss Reflexionen darüber zu verfassen, die ihnen erneut Diskussionsansätze boten. Eben dieses Bild hat uns Raffael etwa zweitausend Jahre später in seinem berühmten Fresko *Die Schule von Athen* vor Augen geführt. Die Komposition des Freskos wirkt recht idyllisch, dennoch ist die Darstellung im Wesentlichen zutreffend: In der Nachfolge von Sokrates dreht sich alles darum, Gespräche zu führen und sich beharrlich in Dialektik zu üben.

Daher fällt es ungeachtet eines nicht vorhandenen expliziten Curriculums nicht schwer, aus den platonischen Dialogen die Hauptlinien einer sokratischen Schulung des Geistes herauszudestillieren: die Hauptlinien des Erlernens der sokratischen Gesprächsführung und der Kunst der Dialektik. Ich habe sie in diesem Buch in sieben Disziplinen gegliedert, die jeweils das zentrale Thema eines Kapitels bilden. Auch wenn sie sich zum Teil überschneiden oder ineinander übergehen, bilden sie doch separate Themenschwerpunkte, mit jeweils eigenen Ausgangspunkten, Regeln und entsprechenden Techniken.

Ich beschreibe diese Disziplinen und die Schulung des Geistes, der sie dienen, nicht so sehr aus der Perspektive eines Lehrers, der weiß, was richtig ist, und sein Wissen *ex cathedra* verkündet. Ganz im Gegenteil betrachte ich mich selbst auch als Schüler, der sich in Sokrates' und Platons Fußspuren mit wechselndem Erfolg bemüht, seinen eigenen Geist zu schulen und die Finessen der Dialektik zu meistern. In diesem Buch stelle ich eigene Erfahrungen neben theoretische Reflexionen, widme ich den Schilderungen aus meiner Praxis ebenso viel Aufmerksamkeit wie abstrakten Analysen, und scheue mich auch nicht, auf einige der Belastungspunkte, an denen es auch für mich mühsam wird, hinzuweisen.

Ich mache hier übrigens keinen Unterschied zwischen Sokrates und Platon. Sokrates ist durch die Darstellung seines Schülers Platon zu dem geworden, der er ist: Eine historische Person ist zu einer philosophischen Gestalt geworden. Diese beiden voneinander zu trennen, ist unmöglich.

Das erste Kapitel »Erkenne dich selbst« beginnt mit der entscheidenden Umwendung des Blicks, der sich nun nicht mehr nur nach außen, sondern auch nach innen, auf die eigenen Beweggründe der Seele und den Zustand des Geistes richtet. »Schämst du dich nicht«, fragt Sokrates in seiner Verteidigungsrede, die er an die Bürger Athens richtet, »für möglichste Füllung deines Geldbeutels zu sorgen und auf Ruhm und Ehre zu sinnen, aber um Einsicht, Wahrheit und möglichste Besserung deiner Seele kümmerst du dich nicht und machst dir darüber keine Sorge?« (*Apologie*, 29d-e).

Diese Hinwendung zur Philosophie ist der notwendige Ausgangspunkt jeder Art von Geistesschulung. Das zweite Kapitel »Führe gute Gespräche« geht davon aus, dass sich eine Schulung des Geistes nur in einem begrenzten Maße in der Schule abspielt. Der größte Teil der Schulung vollzieht sich im Leben und entsteht durch Erfahrung, Reflexion und in Gesprächen mit Freunden, Kollegen, der Familie und anderen Menschen. Gespräche sind die wichtigste Schule des Geistes. Allerdings ist es eine wahre Kunst, gute, also potenziell lehrreiche, vertiefende und bereichernde Gespräche zu führen. Dieses Kapitel stellt eine Reihe sokratischer Prinzipien und Techniken der Gesprächsführung vor, die in den darauf folgenden Kapiteln weiter ausgeführt werden. Das dritte Kapitel »Suche das poetische Argument« geht auf einen der zentralen Momente der Gesprächsführung ein: die Suche nach dem, was uns im Kern berührt, nach dem »Brennpunkt«. Dabei kann es sich um eine Sehnsucht handeln oder um einen für uns problematischen Punkt. Diese Suche erfordert Offenheit für das Nicht-Rationale, denn hier ist häufig die größte Einsicht zu finden.

Die drei Kapitel, die sich daran anschließen, befassen sich mit eher technischen Aspekten der Untersuchung von Ideen. Kapitel IV »Steige auf aus der Höhle« geht auf die aufsteigende Dialektik ein, auf die Art zu denken, die erforderlich ist, um sich auf die Suche nach einer Idee zu begeben. Kapitel V »Schaue die tragenden Ideen« thematisiert die Loslösung von altem Denken, die Erneuerung der Sprache und die Bedeutung der Kunst für das Artikulieren neuer Ideen. Kapitel VI »Steige wieder hinab in die Höhle« ist der absteigenden Dialektik gewidmet, dem Versuch, eine Verbindung zwischen den ätherischen Höhen der Ideenwelt und der zerschlissenen, unvollkommenen Praxis des Alltags zu schaffen. Das letzte Kapitel »Übe dich in Liebe« ist das, was man in der Musik als Koda bezeichnet, ein Nachspiel, das gewissermaßen ein Resümee des gesamten Inhalts bietet. Es wirft ein Licht auf die einzige Disziplin, in der sich Sokrates als Experte empfunden hat: auf den *Eros*, die Liebe. Am Ende habe ich die Schulung noch einmal in einigen Beispielübungen zusammengefasst und darin auch eine Reihe von Anregungen zum Weiterdenken, Weiterreden und Weiterlesen aufgenommen.

Auch heute gibt es einen großen Bedarf an Menschen, die andere nach ihren Ideen befragen.
Dieses Buch wendet sich an jeden, der dem sokratischen Aufruf zur »Einsicht, Wahrheit und möglichsten Besserung der Seele« Gehör schenken will – nicht nur in Bezug auf das private Dasein, sondern auch »auf dem Markt«, in seiner Arbeit und in seinem alltäglichen Handeln. Denn ein Großteil dieses Handelns besteht schließlich aus Gesprächen: Wir coachen und helfen, beraten und erziehen, managen und leiten. Auch in unserer Zeit besteht, wie schon eingangs erwähnt, ein großer Bedarf an Menschen, die Sokrates' Rolle übernehmen können, die andere nach ihren Ideen befragen und prüfen, ob diese standhalten. Ideen erfassen zu lernen und sie im Gespräch zu klären, das war es, was Sokrates und Platon wollten. Ich hoffe, mit diesem Buch bei meinen Lesern das gleiche Begehren zu wecken und sie dazu zu inspirieren, es auch in die Tat umzusetzen.

Groet/Amsterdam, Frühjahr 2014

I. Erkenne dich selbst

Mein Name ist Jos Kessels. Ich bin der Sohn eines Schneiders, der selbst ebenfalls der Sohn eines Schneiders war und die Tochter eines Schneiders geheiratet hat. Mein Vater war ein Handwerker und meine Mutter war seine treibende Kraft. Josef haben mich meine Eltern ursprünglich genannt, mit vollständigem Namen: Josephus Petrus Antonius Maria, denn ich stamme aus einer katholischen Familie. Eigentlich sollte ich Piet heißen. Doch ich wurde am 19. März, dem Tag des heiligen Josef, geboren – und auf Namenstage wurde damals noch Wert gelegt. Daher trage ich nun vier statt drei Vornamen. Und mein jüngerer Bruder heißt Piet.

In meiner Kindheit habe ich mir über meinen Namen überhaupt keine Gedanken gemacht; ich hieß einfach so, wie ich nun mal hieß. Auch mein Rufname Jos erschien mir ganz normal, mehr als eine Silbe hat ein Rufname in unserer Familie für gewöhnlich nicht. Außerdem hatte jeder bei uns einen Spitznamen. Meiner war Wolf – aus irgendeinem Grund nannte mich mein Vater früher so. Aber diesen Spitznamen verwendet heute niemand mehr.

Als ich aufs Gymnasium ging, gefiel mir mein Name nicht mehr. Josef kam mir zu brav, zu heilig vor, und wenn ich etwas nicht sein wollte, dann das. Als ich zu studieren anfing, änderte ich daher meinen Namen, ich nannte mich nun Jos. Das fühlte sich besser an, gleichzeitig aber auch fremd. Obwohl es eine Verbesserung war, bedeutete es auch eine Verleugnung des Menschen, der ich eigentlich war. Überdies erschien mir die niederländische Standardsprache damals überhaupt wie eine Verleugnung der Eigenheiten und der Vertrautheit des brabantischen Dialekts, meiner eigentlichen Muttersprache, und der damit verbundenen brabantischen Identität[2]. Wie dem auch sei, als ich in die Großstadt zog, deklarierte ich Josef zu meinem offiziellen formellen Namen, der mir für den Alltagsgebrauch nicht mehr passend erschien. Nur eine Handvoll enger Freunde benutzte ihn noch als Kosename. Es hat lange gedauert, bis ich mich an diese selbst gewählte Identitätsveränderung gewöhnt hatte. Heute habe ich zwei Namen. Einen öffentlichen Namen, Jos, und einen eigentlichen Namen, Josef. Mittlerweile ist mir auch bewusst, dass man einen Eigennamen nicht ändern kann, ohne damit den Namensträger zu tangieren. Unser Name ist nicht bloß etwas Willkürliches, unser ganzes Seelenheil ist damit verbunden.

Wenn ich mich anderen vorstelle, nenne ich meinen öffentlichen Namen, Jos Kessels, und beschreibe in wenigen Worten, was ich mache: Ich bin Philosoph und arbeite mit der Philosophie in Organisationen. Das ist die kompakte Zusammenfassung meines Lebenslaufs, die Geschichte, die ich früher potenziellen Auftraggebern zusandte. In ihr spielte Josef überhaupt keine Rolle, es ging selbstverständlich immer um Jos. Mein Lebenslauf umfasste neben meiner Ausbildung und meiner Berufserfahrung eine Auswahl meiner Heldentaten und Qualitäten. Aber das waren natürlich oberflächliche Informationen, Selbstdarstellungen, wie man sie heutzutage auf Facebook oder LinkedIn findet. Den Menschen, die mich Josef nannten, erzählte ich eine andere Geschichte, sie handelte nicht nur von meinen Erfolgen, sondern auch von meinen Misserfolgen, nicht nur von meinen Träumen und Idealen, sondern auch von meinen Zweifeln, beschämenden Erlebnissen und Dummheiten. Verglichen mit dem Inhalt meines Lebenslaufs ist sie viel eher die wirkliche, authentische Geschichte des Menschen, der ich bin.

2 Brabant war bis in die Neuzeit ein Herzogtum, das aus heutigen belgischen Provinzen und der heutigen niederländischen Region Nordbrabant bestand.

Schreibe deine eigene Legende

Verrückterweise wird diese Geschichte, im Gegensatz zu einem Lebenslauf, selten oder nie von Anfang bis Ende und mit den wichtigsten Entwicklungslinien dazwischen aufgeschrieben. Als Coach und Trainer mache ich Übungen zur *Grammatica*, dem Teil der »freien Künste«[3], in dem es um das Schreiben geht. Eine dieser Übungen heißt »Legende«. Das Wort kommt vom lateinischen *legenda*, was wörtlich »was gelesen werden soll« bedeutet. Die Aufgabenstellung lautet: Schreibe deine eigene Legende, schildere, wie man dich lesen sollte und was in deinem Leben essenziell ist. Die Kunst besteht darin, Fiktion und Realität so ineinander zu verweben, dass das Wesentliche sichtbar wird. Praktisch bedeutet das: Man ersinnt eine Geschichte, in der die eigentliche Wahrheit liegt. Man erfindet eine Figur, einen Konflikt und einen Plot, in denen die Kernaspekte der eigenen Person überzeichnet dargestellt werden.

Als ich selbst diese Übung zum ersten Mal machte, schrieb ich die Legende von Josef, dem Zimmermann. Dieser wollte als eigensinniger junger Mann dem wachsamen Blick seines Vaters, des großen Baumeisters, entfliehen, da er nicht die geringste Lust hatte, wie dieser Zimmermann zu werden. Also zog er in die weite Welt. Doch nach vielen Irrwegen und Fehlschlägen landete er schließlich wieder in den Fußstapfen seines Vaters. Nicht als ein Zimmermann, der mit Holz und Nägeln arbeitet, sondern als ein Handwerker, der mit Sprache und Begriffen konstruiert und logische und poetische Verbindungen schafft: Rahmen für Fenster zur Welt, unterschiedliche Formen geistigen Mobiliars, Dächer und Fundamente für Orte, an denen man bleiben möchte, derartige Dinge. Hin und wieder besuchte ihn sein Vater überraschend an seinem Arbeitsplatz und sah ihm schweigend bei seiner Arbeit zu. Josef empfand seinen Blick nun als Stütze und Ansporn und war

3 Kanon der Antike: die sieben »freien Künste« waren Grammatik, Rhetorik, Dialektik/Logik, Arithmetik, Geometrie, Musik, Astronomie. Der Begriff »freie Künste« sollte diese abgrenzen von den »praktischen Künsten«.

froh, dessen Tradition weitertragen zu können, wenn auch auf seine eigene Art. Ich bin kein Literat, daher bezweifle ich, dass es eine gute Geschichte ist. Doch als ich sie aufgeschrieben hatte, hinterließ sie bei mir selbst einen starken Eindruck. Mir war bisher nie klar gewesen, dass ich meine eigene »Urgeschichte« auf diese Weise darstellen konnte.

Während ein Lebenslauf den sichtbaren Teil eines Baumes ausmacht, bringt eine solche Legende das unsichtbare Wurzelwerk zum Vorschein, aus dem der ganze Stamm und die Krone des Baumes erwachsen sind. Hat man sie einmal geschrieben, bleibt sie einem immer in Erinnerung. Meine Legende wurde als Bild meines »echten Ichs« zu einem Ankerplatz und Prüfstein meines Denkens. Ich habe das Gefühl, dass ich mit ihr besser ich selbst sein kann, besser weiß, worum es mir geht und für was ich mich entscheiden sollte, wenn es darauf ankommt. Zugleich macht diese zweite Geschichte auch deutlich, dass es neben meinem Lebenslauf und meiner Legende noch eine dritte, tiefer liegende Geschichte dazu geben muss, wer ich bin. Man könnte sagen: eine Geschichte über die DNA des Baumes, über das, was den Baum zu dem macht, was er ist, und mich zu dem, was ich in meinem Wesen bin. Denn wie anders wäre es mir möglich, eine solche Legende zu schreiben? Woher sollte ich sonst wissen, was in meiner Erfahrung wesentlich ist, was zu mir passt und zu meinem Kern gehört?

Das eigene Wesen erkennen

Merkwürdigerweise haben wir dafür einen Sinn. Das zeigt sich zum Beispiel dann, wenn wir das Gefühl haben, dass etwas, was passiert oder was wir erleben, zu unserer tiefsten, inneren Natur »passt« oder ihr »entspricht«, als ob es mit dem, was uns wirklich ausmacht, völlig übereinkommt. Es gehört zu uns selbst, es passt zu uns wie eine Liebste, die man auf den ersten Blick erkennt. Die Erfahrung ist untrüglich, doch schwer in Worte zu fassen. Der Dichter Rutger Kopland hat sie in seinem Essay *Het mechaniek van de ontroering* (Die Mechanik der Rührung) wunderbar beschrieben. Darin schildert er, wie er beim Dichten so lange nach den richtigen Worten sucht, bis er das Gefühl hat, so stimmt es genau. Worte können mehr oder weniger berührend sein, und auch von einem Bild, einer Erfahrung, einer gewissen Sichtweise oder einer Person kann man persönlich stark berührt sein. Was passiert in einem solchen Moment eigentlich?

Kopland erklärt es folgendermaßen: »Die ersten Küsse, die ich von einem Mädchen bekam, waren natürlich Berührungen, doch sie durchdrangen mich bis in die letzten Winkel meines Körpers und meiner Seele. Dort lag etwas bereit, von dem ich nicht wusste, dass es bereitlag, ein Verlangen, das ich erst durch seine Erfüllung kennenlernte.« Jeder kennt solche Erfahrungen, wie flüchtig und unfassbar sie auch sein mögen. Sie sind zu fragil, um sich in ein wissenschaftliches Modell einordnen zu lassen. Und doch wäre es eine Sünde, sie deshalb zu negieren. Es fühlt sich an, als erkenne man etwas wieder, das man nie zuvor gesehen hat, als trage man einen Maßstab in sich, dessen man sich nicht bewusst ist. »Es war eine Entdeckung im vollsten Sinne des Wortes«, schreibt Kopland. »Als werde ein Vorhang aufgezogen, von dem ich nicht wusste, dass er sich öffnen ließ, und es bot sich ein Blick auf eine Welt, die ich wiedererkannte, ohne sie je gesehen zu haben. Als erfahre ich mit einem Mal, wie die Welt ist.«

Dieses Wiedererkennen und dieses überraschende Gefühl von Wahrhaftigkeit stellen die wesentlichen Punkte dar, um die es mir hier geht. Man kann das natürlich alles als poetische Fantasterei abtun, als eine Regung des Gemüts ohne objektiven Wahrheitsgehalt. Aber ich selbst nehme diese Phänomene sehr ernst. Sie spielen nicht nur für mich persönlich eine wichtige Rolle, sondern begegnen mir auch immer wieder in Gesprächen mit anderen. Auch Sokrates war in seinen Gesprächen ständig auf der Suche nach solchen Einsichten, nach Erfahrungen, in denen man sich selbst wiedererkennt, nach Worten oder Bildern, die einen über das alltägliche Ich erheben und einen Widerschein der wirklichen Welt erkennen lassen. Sie geben uns eine Idee davon, was die Welt und uns selbst im Innersten eigentlich ausmacht.

Durch die Differenzierung dieser unterschiedlichen Erzählformen habe ich begonnen, die sokratische und platonische Philosophie als einen beharrlichen Versuch zu betrachten, dem Wissen auf die Spur zu kommen, das unseren Legenden zugrunde liegt. Es ist ein »dunkles« Wissen, das sich nur mit Mühe erhellen lässt. Man besitzt es, doch es steht einem nicht klar vor Augen. Und es enthält wie jede Idee einen Auftrag, den Appell, sich klarzumachen, was man eingesehen hat. Um dieses Wissensniveau geht es in diesem Buch. Ich versuche, eine Reihe von tragenden Ideen meines eigenen Lebens zu formulieren, Einsichten, die mit meiner persönlichen »Urgeschichte« zusammenhängen, Schlüssel und Lebensregeln, die ich als wirklich wahr, gut und schön wiederzuerkennen glaube. Diese unablässige persönliche Suche ist die Art der Schulung, um die sich Sokrates und Platon bemüht haben. Ich jedenfalls habe dadurch wieder begonnen, mein Leben als eine Art Auftrag des großen Baumeisters zu sehen, den Auftrag, zu lernen, mein Leben selbst zu gestalten, und zu sein und zu werden, wer ich wirklich bin.

Tu, was du wirklich willst

»Ich vermag noch nicht (...) mich selbst zu kennen. Und so erscheint mir als Lächerlichkeit, so lang ich darüber noch unwissend bin, die Dinge zu erforschen, die mich nicht betreffen«, sagt Sokrates im *Phaidros* (229e). Das gilt auch für mich: Ich kann nicht von mir sagen, dass ich mich selbst kenne, ich bin weit davon entfernt. Nicht, dass ich es nicht versucht hätte. Meinem Gefühl nach habe ich mich sehr darum bemüht, seit ich selbst angefangen habe nachzudenken. Dieser Moment war für mich irgendwann gekommen, als ich etwa fünfzehn war und mich entschied, nicht mehr zur Kirche zu gehen. Ich erinnere mich noch der vernichtenden Klarheit, mit der ich für mich erkannte, was für ein inszenierter Mummenschanz dieses ganze Ritual der Messe war. Kindisch, irreführend und dazu noch schlecht gespielt. Doch wenn diese katholische Erzählung nichts taugte, wie war es dann um die Welt bestellt? Und wo war um Himmels willen mein eigener Platz darin? Damals hat es begonnen, mit diesen Fragen.

Anfangs projizierte ich meine eigene Verwirrung auf die Außenwelt. Ich war ganz versessen auf Camus, der die unbegreifliche Absurdität des Lebens so gut in Worte fassen konnte – seinen *Mythos von Sisyphos* habe ich völlig zerlesen. Ich empörte mich über die Ungerechtigkeit der Welt, die Armut, die Ungleichheit, die Gleichgültigkeit. Als sei dies die Ursache dafür, dass ich nicht wusste, was ich wollte. Später dann war ich davon überzeugt, bevor ich erkennen könnte, was ich in der äußeren Welt tun sollte, müsste ich erst einmal mein eigenes Innenleben ordnen. Als ich in meinen Zwanzigern war, schwappte aus Amerika eine ganze Selbsterforschungswelle mit *Sensitivity*-Trainings, *Encounter*-Gruppen, Gestalttherapie, Bio-Energetik, Psychosynthese nach Europa herüber, und ich saugte sie auf wie ein trockener Schwamm. Für mich waren es Offenbarungen, vollkommen andere Formen des Sprechens, Denkens und Fühlens. Mir kam es vor, als hätte ich eine neue Welt entdeckt, die tiefer und intensiver war, als ich es je für möglich gehalten hatte. Das passte in die Zeit von Flowerpower, der niederländischen, anarchistisch geprägten Provo-Bewegung und der Studentenrevolte. Wir waren jung und wollten alles verändern, die Politik, die Gesellschaft und vor allem uns selbst. Dass ich dadurch immer mehr in Verwirrung geriet, dass meine Beziehungen Schiffbruch erlitten, dass eigentlich alle Beziehungen in meinem Umfeld ein einziges Chaos waren, nahm ich hin. Es gehörte zu der neuen Freiheit, dem neuen Leben, dem Experiment. Alles war mir lieber als die bürgerliche, geruhsame, konventionelle Lebensweise.

Doch nach einigen Jahren hatten die Sprache und Ideale der Selbstkonfrontation ausgedient. Sie wurden brüchig und inhaltsleer. Schließlich fand ich sie ebenso verlogen wie die katholischen Erzählungen, die ich abgeschüttelt hatte. In der Zwischenzeit hatte ich als Therapeut in psychologischen Betreuungseinrichtungen die weniger schöne Kehrseite ihrer Selbstgewissheit gesehen.

Das hatte mir die Augen geöffnet: Es gab im Grunde keinen besonders großen Unterschied zwischen Patienten und Therapeuten, weder in Bezug auf Selbsterkenntnis noch in Bezug auf Glück. Daher beschloss ich, definitiv von meiner andauernden Verzweiflung geheilt zu sein. Ich erklärte mich trotz meiner Melancholie für völlig kuriert und entschloss mich, endlich das zu tun, was zu wollen ich bisher nicht den Mut aufgebracht hatte: systematisch die großen Werke der Philosophie zu studieren, ohne mich darum zu scheren, ob ich damit meine Brötchen verdienen könnte oder nicht. Selbsterkenntnis, so dachte ich, hatte nichts mit lästigen Emotionen, sondern primär mit Sprache, Denken und der Art, wie wir uns und die Welt wahrnehmen, zu tun, und vor allem damit, wie wir uns selbst zum Narren halten. Irgendwo in diesem Bereich hoffte ich, die Wurzeln von Gut und Böse zu finden und ein bisschen mehr Einsicht in mich selbst zu erlangen. Ich schrieb mich an der Philosophischen Fakultät ein. Und erneut fühlte ich mich wie ein Schwamm, der gierig alles aufsaugte, was ihm angeboten wurde.

Andere befragen, um sich selbst besser kennenzulernen

Im Nachhinein betrachtet stellte diese Entscheidung die große Wende in meinem Leben dar. Ich las und studierte und schrieb Abhandlungen, ich malträtierte mein Gehirn und genoss es in vollsten Zügen. Nach meinem Studium bekam ich sogar eine Forschungsstelle in der Wissenschaftsphilosophie. Doch irgendwie entglitt mir dabei, um was es mir ursprünglich gegangen war: um eine Einsicht in mich selbst, eine gewisse Art von Weisheit, eine Wahrheit, die über wissenschaftliche Artikel und abstrakte Theorien hinausging. Dann entdeckte ich das sokratische Gespräch. Hier ging es gerade darum, alle Bücher beiseitezulegen und immer wieder von vorne zu beginnen, indem man Gespräche führte, so, wie Sokrates das getan hatte. Das ließ mich nicht mehr los, das war genau das, was ich wollte, hier hatten Worte eine völlig andere Art von Schönheit und Tiefgang als in der Bücherweisheit. In diesen Gesprächen steckte Erfahrung und Seele, ein gewisses persönliches Ringen, das mir selbst so vertraut war. Und sie eröffneten mir die Möglichkeit, im Zuge meiner eigenen Suche andere nach ihrer Selbsterkenntnis zu befragen. Denn das war es schließlich, was Sokrates getan hatte: Er befragte andere, um sich selbst besser kennenzulernen (*Menon*, 80c). Damit bin ich nun schon dreißig Jahre zugange.

Ich glaube schon, dass ich mich mittlerweile besser kenne als früher. Ich tue, was ich wirklich will, und weiß auch besser, was das impliziert. Ich gerate nicht mehr so schnell aus dem Konzept und erkenne meine Grenzen genauer. Doch vielleicht ist das auch alles mehr Hoffnung als Wirklichkeit. Denn manchmal bin ich über mein eigenes Unvermögen, zu sehen, was gut und richtig ist, oder auch über mein Unvermögen, den Widerstreit aller möglichen vagen und unfassbaren Sehnsüchte zu schlichten, erschüttert. Vielleicht habe ich mich nur mehr und mehr an meine überwältigende Unwissenheit, meine große Ohnmacht gewöhnt. Nein, ich kenne mich selbst nicht gut. Ich habe mich selbst nicht gut genug im Griff. Ich wollte und sollte es besser wissen, aber dem ist nun mal nicht so. Und dennoch glaube ich, dass dieser Weg, Selbsterforschung zu betreiben und zu philosophieren, der richtige ist. Vielleicht ist es nicht der einzige Weg, aber sicherlich der beste, klarste und tiefgehendste – jedenfalls für mich. Und ich denke auch, dass er für andere unausweichlich ist. Jeder muss erkunden, was er will, um den eigenen Platz in diesem Leben im Hinblick auf andere und auf sich selbst zu bestimmen. »Denn fast möchte ich sagen, die Besonnenheit sei eben nichts anderes als das Sichselbsterkennen«, sagt Sokrates im *Charmides* (164d). Und das erfordert, sich – jeden Tag aufs Neue – auf die Suche zu begeben.

Wahre deine persönliche Perspektive

Bevor ich mich weiter mit Lebensregeln und tragenden Ideen befasse, möchte ich zunächst anhand einer Beobachtung, die ich vor Kurzem gemacht habe, auf eine methodische Frage eingehen, die für das richtige Verständnis von Ideen wichtig ist. In unserem Garten zwitschern viele Vögel, Grünlinge, Schwarzplättchen, Rotkehlchen, Zaunkönige und natürlich auch Amseln. Das Amselmännchen ist mit Abstand der beste Sänger, besser noch als die Drossel, besser sogar als die Nachtigall. Es verfügt über den größten Variationsreichtum, immer und immer wieder entlockt es seiner Kehle neue Melodien. Seine Musikalität ist von einer ungeahnten Freiheit. Andere Singvögel haben meistens feste Motive, die sie ständig wiederholen, die Amsel hingegen trällert immer wieder neue Figuren, als könne sie frei improvisieren und erfinde sie spontan. Manchmal ist es ein Gurgeln, dann wieder ein Tirilieren, ein melodischer Auftakt löst sich in schnatterndes Gelächter auf. Sie gluckst und kichert, ihr Ton schießt von oben nach unten, und sie selbst hat den meisten Spaß daran. Dann klingt sie plötzlich wieder melancholisch, gedankenversunken und ganz in sich selbst zurückgezogen. Um im nächsten Moment bereits darüber zu lachen und Fontänen der Ausgelassenheit um sich zu versprühen. Ihr Gesang wirkt meist wie ein Ausbund purer Freude, ein jubelnder Lobgesang, der Figur auf Figur türmt, wie ein Kind, das voller Entzücken darüber, was seine Hände schaffen, mit seinen Bausteinen spielt. Im Frühjahr und zu Anfang des Sommers sitzt die Amsel abends im Baumwipfel. Mit hochgerecktem Schnabel und aus voller Brust streut sie ihre musikalischen Ideen in die Welt, manchmal eine halbe Stunde lang. Warum tut eine Amsel das, fragte ich mich plötzlich. Was bringt sie dazu, voller Hingabe ganz allein all diese Arien zum Besten zu geben?

»Der Reviertrieb«, sagt einer meiner Freunde nüchtern. »Damit grenzt sie ihr Gebiet ab.« Okay, dass kann gut sein, aber als Erklärung hört es sich für mich kläglich an. »Und das Männchen will das Weibchen anlocken«, fügt er noch hinzu. An einer solchen Antwort stört mich etwas. Als sei die Sache damit abgetan. Als könne man all die Schönheit und Besonderheit des Amselgesangs auf eine simple Notwendigkeit reduzieren. Auf mich wirkt eine solche Antwort so, als würde man von Bachs *Matthäuspassion* oder Strawinskys *Sacre* behaupten, sie seien nur des Geldes und

Prestiges wegen komponiert worden. Sie bietet keine Erklärung, sondern macht nur das Fehlen von Fantasie deutlich und verbirgt einen erschreckenden Mangel an Wahrnehmungsvermögen hinter oberflächlichen wissenschaftlichen Klischees. Natürlich, wir kennen alle die Evolutionsgeschichte, das *survival of the fittest*, Darwin und Dawkins. Aber das sagt überhaupt nichts über die Freiheit der Amsel aus.

»Eine Amsel hat keine Freiheit«, sagt mein Freund. »Sie ist nun einmal so geprägt, das liegt in ihren Genen.« Ja, daran glaubt heutzutage jeder, an die kausale Erklärung. Damit entzaubern wir die ganze Welt. Nicht nur die Art, wie eine Amsel singt, sondern auch das, was Menschen denken und tun, oder was den Einzelnen in seinem Wesen ausmacht. »Es beruht einfach auf deiner DNA, so bist du strukturiert, es liegt einfach in deinen Genen.« Aber auf diese Weise verschwindet etwas Wesentliches: das eigene Ich. Man kann sich selbst nämlich nicht als ein Produkt von Genen wahrnehmen, so als sei man nichts weiter als die Folge von DNA-Prozessen, die außerhalb der eigenen Reichweite liegen. Ich befinde mich ganz und gar nicht außerhalb meiner eigenen Reichweite. Wenn etwas nicht außerhalb meiner Reichweite liegt, dann bin ich das ja wohl selbst. Natürlich, oft bin ich nicht Herr im eigenen Hause, wandele ich manchmal irgendwo durch ein Traumland, verstehe mich selbst nicht ganz oder habe mich nicht im Griff. Aber letztendlich bin *ich* es doch, der zuständig ist. Wenn man bei mir anklopft, bin ich selbst es, der die Tür öffnet.

Wir sind nicht nur eine Folge von DNA-Prozessen

Haben Sie schon mal versucht, mit einem Menschen, der an Ihre Tür klopft, ein Gespräch in dem Bewusstsein zu führen, dass alles, was Sie selbst sagen, von Ihren Genen bestimmt wird? Ich gehe jede Wette ein, dass Sie das noch nie getan haben; denn das funktioniert nicht. Um ein Gespräch zu führen, muss man sich selbst als Akteur erleben, als jemanden, der frei und autonom seine Worte wählen kann, der seine Gedanken selbst bestimmt, selbst denkt und handelt. Freiheit ist, ob man nun will oder nicht, eine notwendige Bedingung für menschliche Erfahrung und Interaktion.

Wenn ich zur Sprache der Unfreiheit, der objektivierenden wissenschaftlichen Sprache übergehe, grenze ich meine normalen Erfahrungen aus. Die Sprache der Wissenschaft trennt das Subjektive, die Ich-Perspektive, ab und verliert damit etwas Wesentliches. Nicht nur die Amsel wird darin zu einem seelenlosen Automaten, der sich lediglich so verhält, wie es ihm seine Gene vorgeben, ich selbst werde zu einem unfreien, seelenlosen, kausal determinierten Automaten. Ich hebe mich damit gewissermaßen selbst auf. Ich negiere das eigene unmittelbare Erleben zugunsten einer objektivierenden Perspektive, in der kein »ich« mehr existiert. Damit verschwinde ich in gewissem Sinne auch selbst aus dem Gespräch. Alles, was ich dann noch sage, ist in gleichem Maße durch meine Gene determiniert wie das Singen der Amsel, ich selbst bin nirgendwo mehr zu erkennen. Das ist es, was mich an dem Weg-Erklären der Amsel als solcher stört, all meine Erfahrungen werden für nichtig erklärt. Wohlgemerkt, von Menschen, die selbst als solche nicht existent sind!

Um keine Missverständnisse aufkommen zu lassen, ich habe nichts gegen die Wissenschaft, ich plädiere nur für das Bewahren der Erfahrung und das Ernstnehmen dessen, was man in einem Gespräch tut. Das erfordert eine Entscheidung für die Subjektivität, die ebenso radikal ist wie die Entscheidung der Wissenschaft für die Objektivität. Mag auch das, was über die Gene gesagt wird, wahr sein, so singt die Amsel für mich dennoch ein Lied der Freude, einen Lobgesang auf die Welt. Und sie tut damit etwas, was ich selbst gerne könnte und worauf ich sogar eifersüchtig sein kann. Ich bewundere sie für ihre enorme Intensität, ihr großes Talent und ihre göttliche Freiheit. Das erhebt sie weit über alle anderen Sänger, sie ist ein Inbegriff musikalischer Improvisation. Ich kann ihren Gesang auf keine andere Weise hören.

Sokrates erzählt im *Phaidon* eine ähnliche Geschichte. Er hatte sich in seinen jungen Jahren in das Werk der Naturwissenschaftler seiner Zeit vertieft, weil er begierig auf ihre Erklärungen der Welt war. Aber schon damals ging es ihnen allein um Ursachen, nirgendwo spielte bei ihnen der »Geist« eine Rolle. Um zu erklären, dass Sokrates dort im Gefängnis saß und, kurz bevor er den Schierlingsbecher trank, ein Gespräch mit seinen Freunden führte, konnten sie zwar tausend Ursachen anführen, etwa »weil mein Körper aus Knochen und Sehnen zusammengesetzt ist und die Knochen fest sind und voneinander getrennte Gelenke haben, die Sehnen aber (...) gespannt und nachgelassen werden können« usw., weshalb er hier nun »in gebeugter Haltung« saß. Aber die »wahren Gründe« würden sie überhaupt nicht nennen, »nämlich, dass, weil es den Athenern besser zu sein schien mich zu verurteilen, es auch mir besser schien hier zu sitzen, und gerechter auszuharren und die Strafe über mich ergehen zu lassen, die sie angeordnet haben«. (*Phaidon*, 98c-e) Denn »diese Sehnen und Knochen wären längst in der Gegend von Megara (...), wenn ich es nicht für gerechter und schöner erachtet hätte, statt zu fliehen und davonzulaufen jede Strafe des Staates über mich ergehen zu lassen, die er über mich verhängt«. Aufgrund dessen beschloss Sokrates, sich nicht mehr mit den sogenannten wissenschaftlichen Ursachen zu beschäftigen, sondern nur mit der echten Wirklichkeit, dem »wahren Wesen der Dinge«. (99e) Also mit der Welt des Geistes und der Ideen oder Formen, der Idealvorstellungen davon, wie man ist, wenn man »in idealer Form« ist.

Für die Selbsterkenntnis, die tragende Idee des eigenen Lebens und die Gesprächsführung ist das ein entscheidender Ausgangspunkt. Denn das Leben des Geistes basiert auf Freiheit, und das erfordert es, die subjektive Perspektive ernst zu nehmen.

Jeder Mensch hat eine besondere Aufgabe

Über dem Eingangstor des Orakels von Delphi war der Spruch »Erkenne dich selbst« in Stein gemeißelt. Dieser hatte damals, vor 2400 Jahren, übrigens eine andere Bedeutung als heute. Für uns klingt er wie ein Ansporn, unsere eigene, höchst individuelle und charakteristische Persönlichkeit zu erkennen, wie ein Rezept für Zufriedenheit oder ein Inbegriff von Lebenskunst. Zu Sokrates' und Platons Zeiten sah man darin allerdings eher einen Ansporn, Einsicht in das allgemein Menschliche zu erlangen und sich zu fragen, was den Menschen in seinem Wesen eigentlich ausmacht. Die Antwort auf diese Frage bestand zunächst in der Klärung dessen, was der Mensch nicht ist: Er ist nicht den Göttern gleich. Denn anders als die Götter ist der Mensch in seinen Möglichkeiten begrenzt, schwach, verletzlich und vor allem sterblich. »Erkenne dich selbst« war eine Warnung vor Übermut und *Hybris*: Kenne deinen Platz, überschreite nicht deine Grenzen, maße dir nicht zu viel Macht an. Wer sich in seiner Überheblichkeit gottgleich wähnt, wird zugrunde gehen. Hochmut kommt vor dem Fall.

Doch Platon hat dieser Bedeutung noch eine weitere hinzugefügt, in deren Zentrum nicht die Spanne zwischen den Menschen und den Göttern, sondern gerade deren wesentliche Verwandtschaft steht. Der Mensch ist mit dem Licht der Vernunft begabt. Er kann Einsicht in das Wahre, das Gute und das Schöne erlangen und – zum Beispiel wenn er vom *Eros* berührt wird – sich über sich selbst erheben. Wir Menschen sind zwar begrenzte Wesen, tragen aber auch einen göttlichen Funken in uns. Indem wir diesen Funken nähren und entwickeln, können wir, innerhalb gewisser Grenzen, durchaus göttlich werden. »Erkenne dich selbst« ist der platonischen Auffassung nach nicht nur eine Warnung vor Übermut, sondern auch ein Appell, diesen geistig hochstehenden Bereich in uns selbst zu stärken. Denn er ist der beste Bereich, derjenige, der es uns möglich macht, »in idealer Form« zu sein. Und er erfordert Selbsterforschung, ein Erkunden dessen, was uns als Menschen ausmacht, was »in idealer Form sein« bedeutet, was wirklich wahr, gut und schön ist, kurzum: ein Erkunden dessen, was das Beste in uns selbst genau ist.

Einen zentralen Aspekt dieser Selbsterforschung bildet Sokrates' Überzeugung, dass jeder Mensch etwas Besonderes zu tun hat, etwas, das seinen natürlichen Anlagen entspricht. Sokrates hielt es für das Beste, sein ganzes Leben daraufhin abzustimmen. Denn nur so konnte man seinen Talenten gerecht werden und sich als Person voll und ganz entwickeln.»So beachte nur z.b. die Maler, die Baumeister, die Schiffsbauer und alle anderen Werkmeister, welchen du willst«, sagt Sokrates im *Gorgias*,»ein jeder von ihnen lässt für jeden seiner Handgriffe eine bestimmte Ordnung walten und zwingt das eine dem anderen anzufügen, bis sich das Ganze zu einem wohlgeordneten und wohlgegliederten Werk zusammengeschlossen hat«. (*Gorgias*, 504a) Mit anderen Worten, wie ein Maler oder Baumeister seine Tätigkeiten zu einem fachmännischen Ganzen ordne, müsse sich jeder Mensch darum bemühen, sich selbst zu einem »wohlgeordneten Ganzen« zu formen, indem er seine natürlichen Anlagen entwickele. Und das gilt nicht nur im Kleinen, für den Einzelnen, bei dem diese Ordnung als ein Zustand des »Gedeihens« charakterisiert wird, sondern auch im Großen, in einer Gruppe oder der Gesellschaft, wo eine solche Ordnung »Gerechtigkeit« heißt. Nur so ist »das gute Leben« möglich, die *eudaimonia*, was wörtlich »einen guten Geist haben«, »guten Mutes sein« bedeutet. Ausgangspunkt ist immer die Abstimmung auf ein fundamentales Grundmotiv, ein vorgegebenes Muster oder eine Ordnung der eigenen Natur und der großen Ideen.

Ich bin mir durchaus bewusst, dass uns eine solche Auffassung heute fernliegt. Nehmen wir nur einmal die Frage, ob man in der Lage ist, *eine* persönliche Aufgabe zu finden, die zu den eigenen natürlichen Anlagen passt. Viele Menschen zweifeln nicht nur daran, dass so etwas überhaupt möglich ist, sie fragen sich auch, ob es überhaupt wünschenswert ist, sich darum zu bemühen. Unser ganzes Erziehungs- und Bildungssystem orientiert sich ja an flexibler Einsetzbarkeit und lebenslangem Lernen, an dem liberalistischen Ideal von »Jobhopping« und »Multitasking«. Vorherrschend ist die Vorstellung, wer Karriere machen will, darf sich gerade nicht auf eine Profession beschränken, sondern muss zahlreiche unterschiedliche Erfahrungen sammeln. Und ist denn ein buntes, abwechslungsreiches Leben nicht auch viel interessanter als die ewig gleiche Leier? Lässt sich aus farbenfrohen Einzelteilen nicht ein viel schöneres Gesamtwerk schaffen als aus langweiliger Gleichförmigkeit?

Der rote Faden im Leben

Viele Menschen sind davon fest überzeugt. Doch schauen wir uns einmal die Kehrseite dieser Auffassung an. Früher oder später gerät jeder von uns einmal in eine Krise oder Sackgasse, in der er sich mit Fragen konfrontiert sieht wie:»Was will ich nun wirklich?«, »Wofür kann ich mich begeistern und wofür nicht?«, »Wer bin ich eigentlich oder worum geht es mir in meinem Leben?« Mitunter sprechen wir mit unserem Partner oder Freunden darüber, engagieren einen Coach oder machen eine Therapie. Dann zeigt sich, dass es durchaus so etwas wie einen roten Faden im eigenen Leben gibt, eine Reihe wiederkehrender Sehnsüchte und Wünsche, die einer bestimmten Anlage in uns entsprechen, eine Reihe fester »Motive«, die die eigene »Lebensmelodie« prägen. Jeder Mensch hat Vorlieben und Abneigungen, Talente, Träume und ein intuitives Gespür dafür, was ihn gedeihen lässt oder ihn zermürbt und ihm die Kraft raubt.

Die Frage ist nicht so sehr, ob man dieses Gespür hat, sondern eher, ob man den Mut hat, ihm zu folgen. Zu tun, was man tun soll, seinen spezifischen Anlagen oder Talenten gerecht zu werden, erfordert nicht nur ein gewisses Maß an Selbsterkenntnis, sondern vor allem die Courage, Konsequenzen aus dem zu ziehen, was man eigentlich will. Man »muss notwendig das Geschäft mit vollem Ernst betreiben und nicht bloß nebenher«, sagt Sokrates in der *Politeia*. (370c)»Auf dass ein jeder, das ihm zukommende *eine* Geschäft betreibend, nicht vielgestaltig, sondern *einer* werde.« »Denn dadurch steigert sich also die Größe der Leistung in jedem Fach und alles gelingt besser und leichter, wenn der Einzelne nach seiner Anlage und zur rechten Zeit es verrichtet und von allem anderen die Hand fernhält.« (423 d)

Vielleicht ist dieses letztgenannte Problem, die Unfähigkeit, *ein* Ganzes zu sein, doch das größte Hindernis bei dem Versuch, das zu tun, was man zu tun hat, ein größeres Hindernis noch als Mutlosigkeit. Sie geht aus der Überzeugung hervor, jede Musik sei es wert, gespielt, jedes Begehren sei es wert, befriedigt zu werden. Diese Auffassung ist charakteristisch für unsere heutige Zeit, für die großen Egos, für die eine möglichst unmittelbare Bedürfnisbefriedigung alles entscheidend ist. Gerade diese Haltung führt zu einem Zustand permanenter Zerrissenheit, zu einem ständigen inneren Widerstreit aller möglichen Bedürfnisse und Wünsche.

Was wir zu tun haben, haben wir einst selbst gewählt

In der Argumentation, jeder Mensch habe etwas Besonderes zu tun, kann man noch einen Schritt weitergehen. Am Ende der *Politeia*, nachdem Sokrates die Idee vom gerechten Menschen detailliert besprochen hat, beendet er die gesamte Betrachtung mit dem Mythos vom *Er*, dem »Wachsamen«, einem »wetterfesten« Mann aus Pamphylien. *Er* war gestorben, erhielt aber den Auftrag, ins Leben zurückzukehren, um den Menschen zu berichten, was sie nach dem Tod erwarte. Der Mythos stellt das Ideal des gerechten Menschen, das die Gesprächspartner bis dahin schon lange und ausführlich analysiert hatten, noch einmal in ein ganz anderes Licht. Denn wenn man die »wahre Beschaffenheit« der Seele kennenlernen wolle, sagt Sokrates, »darf man sie nicht in einem Zustand betrachten, wie wir sie jetzt schauen, entstellt durch die Gemeinschaft mit dem Körper und durch andere Übel, sondern so, wie sie sich in völliger Reinheit darstellt« (611c). Der wachsame *Er* sieht nun diesen Zustand völliger Reinheit, sieht, wie die Seelen der Verstorbenen für ihre Missetaten bestraft oder für ihre guten Taten belohnt werden, solange bis sie gerettet und wiedergeboren werden. Dann wählen alle Seelen in Gegenwart der Schicksalsgöttinnen, den Töchtern der Notwendigkeit, selbst ein bestimmtes Lebensmuster und einen dazugehörigen Lebensgeist. »Die Schuld liegt bei dem Wählenden«, bekommen sie zu hören. »Gott ist schuldlos.« (617e)

»Hier liegt nun für die Menschen die eigentliche Gefahr«, sagt Sokrates. »Deshalb muss man alle Sorge darauf richten, dass jeder von uns unter Zurückstellung aller übrigen Wissensgebiete in eifrigem Suchen und Lernen demjenigen Wissen nachtrachte, das ihn in den Stand setzt zu erkennen und herauszufinden, wer ihn dessen fähig und kundig machen kann, zwischen guter und schlechter Lebensweise so scharf zu unterscheiden, dass er nach Möglichkeit immer und überall die bessere erwählt.« (618b) Dann, wenn die Seelen ihr jeweiliges Lebensmuster gewählt haben, ziehen sie zur Ebene der Vergessenheit und trinken von dem Wasser des Flusses Sorgenlos. Dadurch vergessen sie alles, was sie in ihrer außerirdischen Zeit erlebt haben. Zuletzt legen sie sich schlafen und werden wieder neu geboren. Natürlich, sagt Sokrates, »die unbedingte Wahrheit nun dessen, was ich dargelegt habe, behaupten zu wollen, möchte in derartigen Fragen einem vernünftig denkenden Mann nicht wohl anstehen. Dass es aber (…) so oder ähnlich steht, das dürfte (…) ein wohlberechtigter Glaube sein, wert, dass man es wagt, sich ihm hinzugeben. Denn das Wagnis ist schön und der Geist verlangt zur Beruhigung dergleichen Vorstellungen, die wie Zaubersprüche wirken.« (*Phaidon*, 114d)

Wir halten heute nichts mehr von Zaubersprüchen und Mythen, das sind Denkformen, die wir nicht mehr ernst nehmen. Dennoch lohnt sich die Mühe, sich selbst und die Welt einmal durch diese Brille zu betrachten. Nur einmal angenommen, wir hätten selbst dieses unser Leben gewählt, was wäre dann? Dann gingen die Schwierigkeiten, die wir erleben, die Hindernisse, gegen die wir anrennen, alle kleinen und großen Niederlagen und Siege auf unserem Lebensweg aus unserer eigenen Wahl hervor, die wir irgendwann durchaus bewusst getroffen haben. Es ist in der Tat ein Wagnis, sein Leben so zu betrachten; es ist ein Zauberspruch, der reinigend und ernüchternd wirkt. Er bürdet uns schlagartig die Verantwortung dafür auf, wie wir mit dem, was uns widerfährt, umgehen. Wir sind nicht mehr Opfer äußerer Bedingungen oder Mächte, denen wir ohnmächtig ausgeliefert sind. Nein, wir sind es selbst, die die Dinge in Gang setzen. Denn irgendwann einmal haben wir selbst das Muster der Erfahrungen, das unser gegenwärtiges Leben prägt, interessant oder wichtig genug gefunden, um es auszuwählen. Das bietet ein nützliches Denkwerkzeug für all jene, die Selbsterkenntnis als Ziel der Philosophie ansehen – was sie ja auch von Anfang an gewesen ist.

Alles ist anders, als man denkt

Ich möchte noch eine andere methodische Frage anschneiden, die für das Verständnis tragender Ideen sehr wichtig ist. Wie ich zuvor schon erwähnt habe, hat Sokrates die Philosophie vom naturwissenschaftlichen Denken geschieden und sie einzig und allein auf die menschliche Erfahrung hin ausgerichtet.»Sokrates hat als erster die Philosophie vom Himmel heruntergerufen, sie in den Städten angesiedelt, sie sogar in die Häuser hineingeführt, und sie gezwungen, nach dem Leben, den Sitten und dem Guten und Schlechten zu forschen.« (Cicero, *Tusculanae Disputationes*)[4]. Um zu verstehen, worum es Sokrates in seinen Gesprächen ging, ist dieser Aspekt entscheidend.

Aber es gibt noch einen anderen Punkt, der für Sokrates charakteristisch und für seine Gesprächspartner schwer erträglich ist: Er bringt sie in Verwirrung. Immer und überall. Seine Gespräche haben grundsätzlich die folgende Form: Zunächst verführt er seine Gesprächspartner zum Nachdenken darüber, wie sie ihr eigenes Leben führen und was dafür oder dagegen spricht, dass diese Lebensführung etwas taugt. Daraus ergibt sich dann ein zentrales Thema, das stets etwas mit Ethik zu tun hat: Ob man wohl erkenne, was für einen selbst vernünftig sei, was

---

4 zitiert nach: *Gespräche in Tusculum/ Tusculanae Disputationes* V. 10, Herausgegeben und übersetzt von Olof Gigon, Walter de Gruyter, Berlin 2011. S. 325.

gegenüber anderen gerecht sei, was eine gute Erziehung ausmache, was es bedeute, etwas zu wissen, und ähnliche Themen. Dann befragt Sokrates sein Gegenüber zu diesem Thema. Hierbei zeigt sich, dass dieser selbst nicht genau versteht, was er sagt, oder sich über das, was er zu wissen glaubt, nicht ausreichend im Klaren ist. Diesen Punkt reizt Sokrates aus, bis sein Gesprächspartner in Verwirrung gerät und betreten und sprachlos dasteht. »Du hast mich erstarren gemacht«, seufzt Menon in dem nach ihm benannten Dialog. »Denn tatsächlich bin ich starr an Seele und Mund und weiß nicht, was ich antworten soll.« (80b) Und Laches erlebt das Gleiche: »Es ärgert mich wirklich, wenn ich so wenig imstande bin zu sagen, was ich denke. Ich glaube nämlich zu wissen, was Tapferkeit ist; seltsamerweise aber ist sie mir soeben entschlüpft, sodass ich sie nicht mit Worten erfassen kann und sagen, was sie ist.« (194b)

Darin besteht Sokrates' berühmte Widerlegung oder Beschämung (*elenchos*). Sie führt bei seinen Gesprächspartnern zur Verwirrung, dazu, dass es ihnen nicht gelingt, zu sagen, was sie eigentlich meinen, oder sogar dazu, dass sie an ihrem eigenen geistigen Unvermögen verzweifeln. Das ist die sogenannte Aporie – nicht gerade eine angenehme Erfahrung. Ich mache mir übrigens keine Illusionen darüber, was geschehen würde, wenn Sokrates mich zu meinen eigenen Ideen befragen würde, die ich in diesem Buch vorstelle. Sicherlich würde mich kein anderes Schicksal ereilen als Menon, Laches und all die anderen. Ich würde in gleicher Weise gegen die Grenzen meines Denkens anrennen, mich in meine eigenen Worte verstricken und von Sokrates widerlegt und beschämt werden. Und im Übrigen braucht es nicht einmal eine Persönlichkeit wie Sokrates dazu, diesen Effekt zu erzielen. Jedem, der über den Mut und das Können verfügt nachzubohren, kann das gelingen.

Doch das wirft die Frage auf, welchen Sinn das Ganze hat. Was ist das für ein frustrierendes Spiel, das Sokrates mit seinen Gesprächspartnern treibt? Erst drängt er sie mit Nachdruck zu einer Suche nach mehr Selbsterkenntnis, nur um ihnen dann deren

Unerreichbarkeit und ihr eigenes Scheitern umso deutlicher vor Augen zu führen. Wobei er ständig darauf hinweist, sich selbst auch nicht zu kennen, selbst auch keine Einsicht in das zu haben, was er sie untersuchen lässt. Was hat man denn davon, solche Gespräche zu führen, in denen man sein Ziel doch nie erreicht, in denen man niemals eine klare und deutliche Antwort auf all seine Fragen bekommt?

Der Stich der Stechmücke

Zu dieser Frage haben Gelehrte ganze Bibliotheken mit ihren Schriften gefüllt. Die meisten gehen davon aus, dass Widerlegung ein notwendiger erster Schritt zur Einsicht ist, der Stich der Stechmücke, die das faule Pferd in Bewegung setzt bzw. die Geburtswehen des Dialogpartners, der mit der einen oder anderen Idee schwanger geht. Hat sich nicht Sokrates selbst mit einer Hebamme verglichen, einer Geburtshelferin, die anderen hilft, ihres Geistes Kind zu gebären? Doch seltsamerweise kommt es nie zu einem Besuch am Kindbett. Nie ist in seinen Gesprächen das Neugeborene zu bewundern, selbst in den Dialogen nicht, in denen er das Gleichnis der Hebamme anführt (*Theätet*, 150b-c), und auch nicht in dem Gespräch über die Ausbildung zum Dialektiker (*Politeia*, VI-VIII).

Ich denke, dass sich diese Frage besser und präziser beantworten lässt. Natürlich macht Sokrates seinen Gesprächspartnern ihr mangelndes Wissen, ihre Vorurteile und ihre illusorischen Vorstellungen bewusst. Aber dabei geht es ihm nicht in erster Linie darum, diesen Zustand der Verwirrung aufzuheben, sondern vielmehr darum, sich ihn gänzlich bewusst zu machen und ihn auszuhalten. Denn nur in dieser Verwirrung, im Wissen um das Nicht-Wissen, im Bewusstsein des schmerzlichen Versagens im Hinblick auf Wissen und Erkenntnis kann aufscheinen, wonach Sokrates in seinen Gesprächen sucht: die Tugend, das Gute, der Maßstab, mit dem man sich selbst und andere misst. Und auch hier erscheint er nur als Funke, als Abglanz des großen Lichts – denn der Mensch kann nun einmal nicht direkt in die Sonne blicken. Mit anderen Worten, Sokrates' Tag für Tag wiederaufgenommene, endlose Gespräche über Tugend und Ethik, die immer ins Leere zu laufen scheinen, stellen selbst die höchste erreichbare Form des guten Lebens dar, weil sie uns das Spannungsfeld zwischen dem Ideal und der Wirklichkeit, zwischen der menschlichen Begrenztheit und der göttlichen Inspiration, zwischen der verhüllten Wahrheit und ihrer nur minimalen Enthüllung, dem leichten Anheben des Zipfels ihres Schleiers, bewusst machen.

Nehmen wir nur einmal die Lebensregeln, mit denen ich dieses Buch begonnen habe. »Kläre deine tragenden Ideen«, »Erkenne dich selbst«, »Tu, was du wirklich willst« und all die anderen Regeln. Ehe man sich's versieht, klingen sie wie feststehende Erkenntnisse, wie für immer und jedermann gültige Axiome des guten Lebens. Doch ebenso gut könnten sie leere Worthülsen sein, in denen jeder Funke von Einsicht erloschen ist. Wie in der Rechtsprechung erhalten solche Regeln erst in ihrer konkreten Anwendung Bedeutung, in der immer wieder neu unternommenen Prüfung, ob sie auf einen bestimmten Fall anwendbar sind und was sie in dieser Situation konkret besagen und was nicht. Denn die Wirklichkeit ist immer anders, als man denkt, sie ist nicht durch gedankenloses Hantieren mit überkommenen, vorgefertigten Begriffen einzufangen. Die Wahrheit muss immer wieder aufs Neue errungen und unter Schmerzen und Mühen aus unseren Erfahrungen herausdestilliert werden.

Es geht Sokrates also nicht darum, die Widerlegung und die Aporie zu überwinden, um zu erfassen, was sich dahinter oder jenseits davon verbergen könnte. Denn dann wäre er selbst im Besitz eines geheimen, nie enthüllten, immer ironisch verhohlenen Wissens gewesen. Doch gerade das hat Sokrates beharrlich abgestritten. Nein, das echte, das wahre Verhältnis zur Tugend, nach der er unablässig auf der Suche war, besteht gerade im vollen Bewusstsein der Verborgenheit und Unerreichbarkeit der Wahrheit. Nur in dieser Einstellung ist eine Spur von Enthüllung zu finden, »ein Funke, der sich selbst nährt.«

Damit ist eine andere, viel diskutierte Frage verbunden. Denn dieser Funke, der Schimmer der Tugend oder des Guten, ist für Sokrates nicht nur eine subjektive Vorstellung oder ein leeres, abstraktes Denkkonstrukt. Er ist viel mehr als das: etwas real Existentes, ein objektives, jedem bekanntes Phänomen. Wenn wir die Konzentration und die gewissenhafte Achtsamkeit aufbringen, zu erkunden, was sich in der persönlichen Erfahrung zeigt, erkennen wir einerseits, dass wir nicht wissen, was wir zu wissen vermeinten, und auch, was unser Erkenntnis- und Sprachvermögen angeht, kläglich versagen. Andererseits werden wir uns unseres verborgenen Wissens gewahr, einer mysteriösen Intuition, der Ahnung einer Einsicht, die in ihrer Wahrheit und Unverhülltheit ans Licht drängt. So, wie es sich in diesem Erscheinen zeigt, ist dieses Wissen seinem Wesen nach offen, ursprünglich, nicht-fixiert. Gleichzeitig hat es den Charakter von Wahrhaftigkeit und Echtheit, den der Dichter Kopland mit dem Eindruck »Ja, so stimmt es genau« beschrieben hat.

Das ist der Punkt, den Sokrates mit jedem, der sich auf ein Gespräch mit ihm einließ, immer zu erreichen versuchte: den Punkt, an dem man aus den gewohnten Sichtweisen hinauskatapultiert wird, an dem einem alles Bekannte und Vertraute fremd wird – die Begriffe, mit denen man die eigene Realität definierte, die Vorstellungen, auf denen das eigene Tun und Lassen basierte und mit denen man seinem Leben Form gegeben hatte. Das kann sehr unangenehme Gefühle auslösen, man fühlt sich fehl am Platz, ist verlegen, durcheinander oder gar fassungslos: Man ist im Zustand der Aporie. Entscheidend ist nun jedoch, dass nur dort aufscheinen kann, um was es wirklich geht, was wahrhaftig und echt ist, und was uns selbst eigen ist.

Gib Rechenschaft, erforsche dich selbst

Sokrates sah es als seine Aufgabe an, andere zu diesen Dingen zu befragen. Er stellt in den frühen platonischen Dialogen immer wieder fest, dass seine Dialogpartner nicht ihr wirkliches Leben führen, sondern nur eines ihrer vielen Scheinleben. Sie gehen sich selbst aus dem Weg, negieren ihre eigene Erfahrung und haben nicht den Mut zu sehen, wer sie wirklich sind. Mancher klammert sich an eine heilige Überzeugung (Euthyphron), ein anderer an Status oder Wissenschaft (Protagoras) und ein Dritter wiederum an ein Ideal, das er selbst nicht versteht, wie das, die Jugend zu lehren, etwas Bedeutendes im Leben zu leisten (Laches, Menon), und ein Vierter an Kunst und Vergnügen (Ion, Hippias usw.). Keiner von ihnen kennt sein eigenes Selbst. Sokrates zeigt immer wieder auf, dass die Vorstellungen in ihren Köpfen nicht der Wirklichkeit entsprechen oder wirr und in sich widersprüchlich sind.

Es erfordert Mut, sich tatsächlich so zu sehen. Und um sich so zu sehen, wie man wirklich ist, bedarf es der Untersuchung der eigenen Überzeugungen und ihrer Gründe. Das ist schwierig, zeitaufwändig und konfrontierend. »Ein Leben ohne Selbsterforschung aber verdient es gar nicht gelebt zu werden«, sagt Sokrates in der *Apologie* (38a).[5] Der eigentliche Punkt, um den es geht, ist: niemand will in Unwahrheit leben. Niemand gibt sich, wenn es darauf ankommt, mit einer falschen Vorstellung von der Welt und schon gar nicht mit einem falschen Bild von sich selbst zufrieden. Das Problem besteht darin, dass wir glauben, die Wahrheit schon längst zu kennen. Wir glauben, sehr wohl zu wissen, was uns und die Welt ausmacht. Wir könnten es nur nicht recht in Worte fassen. Erst wenn man uns auffordert, Rechenschaft abzulegen und zu erklären, was wir wissen, scheitern wir. Dann können wir plötzlich keine stichhaltigen Argumente anführen, um andere von unserer Vorstellung zu überzeugen, oder wir können nicht deut-

---

5 Zitiert nach: Rudolf Haller (Bearb.), *Platon. Die Werke vollständig in deutscher Sprache.*

lich genug machen, was wir meinen, weil wir uns in ein Wirrwarr von Begriffen oder möglichen Sichtweisen verstricken. Erst wenn man einen Gedanken zu formulieren versucht, wird offenkundig, mit wie vielen Schwierigkeiten dies verbunden ist.

Wie kann man sich und andere wachrütteln?

Ein versierter Schuhmacher kann allerdings sehr gut erklären, was und aus welchen Gründen er etwas macht, was gute Schuhe sind und auf welche Weise er sie herstellt. Warum gelingt uns Ähnliches dann nicht bei einem Thema, das viel wichtiger ist als die Herstellung von Schuhen, zum Beispiel in Bezug auf die Frage, wie man im eigenen Leben oder innerhalb der Gesellschaft gute Entscheidungen trifft? Dieser Umstand ist seltsam und er ist auch gefährlich. Denn, so sagt Sokrates, wer es unterlässt, sich solche Fragen zu stellen, wer sich nicht bemüht, Rechenschaft abzulegen und sich anderen und sich selbst gegenüber zu verantworten, lebt in einer Welt der Trugbilder und Illusionen. Von ihm könne man sagen: »das jetzige Leben verträume und verschlafe er, und ehe er noch hier aufwache, gelange er in die Unterwelt, um da in endgültigen Schlaf zu versinken.« (Politeia, 534c)

Wie kann man sich und andere wachrütteln? Indem man Fragen stellt und die Träume, in denen wir leben, überprüft. Sokrates verglich sich selbst mit einer Hornisse, er wusste, dass sich seine Fragen für Menschen, die philosophische Gespräche nicht gewohnt waren, wie Stiche anfühlen konnten. Doch damit gelang es ihm, sie anzuspornen, sie aufzurütteln und sie zur Untersuchung herauszufordern, statt von Illusionen geleitet oder gedankenlos und ohne Kontakt zur Realität weiterzuschlafen. In dem vielleicht berühmtesten Gleichnis der westlichen Philosophie hat uns Sokrates mit Gefangenen in einer Höhle verglichen. Die an Händen und Füßen gefesselten Gefangenen haben ihr ganzes Leben lang nur die Bewegung von Schattenbildern auf der Wand vor ihnen gesehen. Hinter ihnen brennt ein Feuer und zwischen dem Feuer und der Wand tragen ihre Bewacher allerlei Figuren und Gegenstände hin und her. Da wir, die Gefangenen, nie etwas anderes als die

Schattenbilder gesehen haben, denken wir, sie seien die Wirklichkeit, und die »Einsichten«, die wir erlangen, seien eine getreue Wiedergabe der wirklichen Sachverhalte. Wir sind uns nicht bewusst, dass unser Denken und unsere Wahrnehmung von allerlei Projektionen und Phantasien stark verformt werden, dass sie von Wunschbildern, blinden Flecken, Vorurteilen und Missverständnissen geprägt sind, die wir selbst nicht durchdringen.

Denn meistens sehen wir nur die Bilder, die uns von unseren Bewachern – den Medien, den Machthabern, den Trendsettern der Gesellschaft – vorgehalten werden: dass gespart werden muss, oder gerade nicht gespart werden soll, dass der Gewinn gesteigert und die Kosten gesenkt werden müssen, dass wir mehr individuelle Freiheit anstreben müssen oder gerade mehr kollektive Verantwortung. Es gibt Dutzende, Hunderte von Bildern, die unsere Wahrnehmungen beeinflussen, obwohl wir von ihnen allen nicht wissen, ob sie richtig sind. Wir halten sie für wahr, ohne dass sie uns wirklich einsichtig sind. Wahrnehmen bedeutet in der Regel Unwahres wahr-nehmen. Daher ist es sehr wichtig, Gespräche zu führen, Dialektik zu betreiben, sich selbst zu erforschen und herauszufinden, wer man seinem Wesen nach ist.

Doch die Widerlegung von Denkbildern, *elenchos,* genügt nicht, um inmitten der geistigen Trugbilder die Wahrheit in Bezug auf das eigene Selbst zu erhellen. Das Unverborgene (*a-létheia*) kommt nicht von selbst zum Vorschein, wenn man nichts anderes als seine Verborgenheit aufzeigt. Erst in seinen späteren Dialogen wird Platon neben Kritik und Destruktion auch etwas anderes setzen, die Vorstellung von »dem Einen«, die Idee und das Vermögen, das eigene Selbst als ein Ganzes zu sehen (*synopsis).* Darauf werde ich später noch ausführlich eingehen.

Es gibt unterschiedliche Ebenen des Denkens

»Ich glaube nicht, dass es ein Selbst gibt, ich habe es jedenfalls noch nicht entdecken können«, sagt mein Freund Jan mit munterer Streitlust. Er ist gegenüber allem, was auf etwas Wesenhaftes abzielt, äußerst skeptisch, Wahrheit und unveränderliche Ideen kann er auf den Tod nicht ausstehen. »Bei mir vermischt sich alles«, fabuliert er, »Vernunft und Wahnsinn, Lachen und Weinen, Werden und Sein.« Der Mensch sei nun einmal ein fragmentiertes Wesen, ein Fass voller Widersprüche, eine doppelbödige Zauberkiste. Daher habe es keinen Sinn, in ihm so etwas wie ein wahres Selbst zu suchen. »Ein Mensch ist alles Mögliche gleichzeitig, eine Sammlung von Geschichten, versehen mit einem kräftigen Schuss Illusionen und vor allem mit vielerlei Maskeraden und einer Menge Heuchelei.« Und er zitiert Shakespeare: »Wir sind aus Stoff, wie er zu Träumen taugt; und unser kleines Leben schließt ab mit einem Schlaf.«[6] Als könnte das seinen Worten Nachdruck verleihen.

Jan ist mein Freund, wir stacheln uns an, wir reizen und provozieren uns und treiben uns gegenseitig gerne in die Enge. Das ist ein angenehmes reizvolles Spiel, in dem es um Tempo, Schlagfertigkeit und geistige Wendigkeit geht. Doch für ein sokratisches Gespräch ist Jan ungeeignet. Dafür hat er keine Geduld. Die Langsamkeit, die Präzision der Selbsterforschung und die Disziplin im Bemühen um Konsistenz sind ihm ein Gräuel. Das Handwerk der Philosophie, den Versuch, in Einklang mit sich selbst zu denken, findet er schlichtweg langweilig und überflüssig. Kasuistik ist für ihn nur dann interessant, wenn sie eine gute Story liefert. Er ist nicht sonderlich daran interessiert, wie etwas – die Welt, oder ein kleiner Teil der Welt oder gar er selbst und sein Ort in der Welt – wirklich ist. Was er spannend findet, ist die Vielfalt möglicher

6 William Shakespeare: Der Sturm, 4. Akt., zitiert nach der Übersetzung von Rudolf Schaller: William Shakespeare, *Die großen Dramen, Tragödien, Historien und Komödien in 10 Bänden*, Insel Verlag, Frankfurt 1981, Bd. 6, S. 236.

Welten, und das auch nur, wenn genug Phantasie darin steckt. Jan ist Ästhet und glaubt nicht an das Wahre und Gute, da er dies heutzutage nicht mehr für möglich hält. Jede »große Erzählung«, in der es darum geht, erscheint ihm in unserer heutigen Zeit von vornherein verdächtig. Das Einzige, wofür er sich begeistern kann, ist das Schöne, die Kunst, das Spiel mit Strukturen und Bedeutungen, das sich mit den »kleinen Erzählungen« verbindet. Dieses Spiel spielt er in seinen Gesprächen mit Leidenschaft.

Ich liebe dieses Spiel auch, das Wortgefecht bis auf des Messers Schneide, die Erkundung von Illusionen und Trugbildern. Aber aus Spiel kann Ernst werden und aus Worten Wirklichkeit. Das geschah vor einigen Jahren, als Jan und seine Frau den Entschluss fassten, sich zu trennen. Eine ganze Weile war er nur noch ein Schatten seiner selbst. Die Leichtigkeit in unseren Gesprächen wich einer düsteren quälenden Grübelei. Warum war es so abgelaufen? Hätte es nicht anders gehen können? Welchen Anteil hatte Jan selbst daran und wo lag die Schuld seiner Frau? Das waren Fragen, die sich ihm aufdrängten, doch er hatte keine Lust, damit zu spielen, im Gegenteil. Für Jan war die ganze Geschichte seiner Scheidung eine Bestätigung dessen, was er schon immer behauptet hatte: In diesem Leben gibt es keinen Raum für Ganzheit, nur für Gebrochenheit und Entfremdung. Und ob jemand etwas für wahr, für gut oder schlecht hält, hing seines Erachtens nur davon ab, ob es sich im Kampf um die Macht als nützlich erwies. Das war ihm in seinem »Scheidungskampf« sonnenklar geworden.

Aber auch für mich bestätigte diese Geschichte eine Auffassung, der ich schon länger anhing, die Auffassung, dass es sehr unterschiedliche Formen gibt, über etwas zu sprechen, oder besser noch, sehr unterschiedliche Gesprächsebenen. Viele Diskussionen, ob sie nun spielerisch oder ernst gemeint sind, befassen sich nur mit dem, was man »externe Urteile« nennen könnte: mit Meinungen und Argumentationen, die wenig oder gar nichts mit uns selbst zu tun haben. Darin, wie wir mit solchen Gesprächen umgingen, lag lange Zeit der große Unterschied zwischen Jan und mir. Das änderte sich, als in seinen Worten etwas zu seinem potenziellen Handeln, seinem aktuellem Verhalten, seinen wirklichen Entscheidungen oder realen Wahlmöglichkeiten zur Sprache kam. Nur bei solchen »internen Urteilen« ist es sinnvoll, ihre Voraussetzungen zu untersuchen; die Regeln und Prinzipien, auf denen diese Urteile gründen, bilden den Ausgangspunkt der Philosophie. Erst damit ergibt sich übrigens auch die Möglichkeit, der Haltung, die einem solchen Urteil zugrunde liegt, auf die Spur zu kommen. Sokrates verbindet dies immer wieder mit der Frage nach Tugendhaftigkeit: Was ist für dich unter diesen speziellen Umständen ein guter Standpunkt, eine richtige Haltung? Das liegt wiederum auf einer ganz anderen, dritten Gesprächsebene. Und nur von dort aus gelangt man schließlich, in einem vierten Schritt, zu den tragenden Ideen, zu den Inspirationen, zu dem Funken, der sich aus sich selbst nährt. (Diese persönliche Vertiefung ist ein oft vernachlässigter praktischer Aspekt von Platons Höhlengleichnis, *Politeia*, 514-519.)

Die Gespräche, die ich mit Jan nach seiner Scheidung führte, waren von ganz anderer Art, es waren nicht mehr die rein intellektuellen Spielereien, die wir zuvor immer ausgetragen hatten. Nun ging es unweigerlich viel stärker um ihn selbst, darum, wie er seine eigene Geschichte interpretieren und sein eigenes Schicksal tragen sollte. Es ging um die Grenzen des Machbaren, darum, was man in der Hand hat und was nicht. Natürlich lässt sich nicht jedes Problem lösen. Manche Dinge muss man akzeptieren, auch wenn sie schmerzhaft sind. Die Frage, die sich in solchen Fällen stellt, ist nicht, was man an den Dingen ändern kann oder wie man ihrer ledig wird, sondern wie es einem gelingen kann, sie anzunehmen und sich damit abzufinden. Eine tragende Idee ist oftmals nicht die Lösung eines Problems, sondern eher eine Versöhnung mit dem Tragischen. Sie lässt einen eine Form der Vollkommenheit erkennen, inmitten all des menschlichen Mangels und der eigenen unüberwindlichen Begrenztheit.

Jan und ich haben inzwischen unsere ursprünglichen Gespräche wiederaufgenommen, wir attackieren einander wieder mit Worten, Bildern und Spitzfindigkeiten. Für mich ist es ein Spiel zwischen Schein und Sein, für ihn, wenn ich richtig sehe, nur des reinen Scheins. »Unvermeidbare Diskontinuität« nennt er es oder »unauflösbare Spannung zwischen Pragmatismus und Erlösung« oder auch »Fragmente, die nie eine Einheit bilden können«. Das ist natürlich Unsinn. Denn auch Jan versucht, in seinem eigenen Leben wieder ein Mensch aus einem Guss zu sein. Dass dies in dieser Welt nur begrenzt erreichbar ist, darin will ich ihm gerne recht geben. Aber jemand muss ihm doch einmal klarmachen, dass es im Leben mehr gibt als nur Trugbilder.

Einem Menschen sein Wesen lassen

Aber dann wurde mir bewusst, dass meine Mutter mich in diesem Fall sicherlich ermahnt hätte. Eines ihrer geflügelten Worte war: »Man muss einem Menschen sein Wesen lassen.« Was nicht unbedingt bedeutete, dass man jemanden in Ruhe lassen soll, sondern weit mehr als das. Die Eigenheit eines Menschen wird manchmal als »das, was er nicht lassen kann«, definiert. Damit hat es einiges auf sich. Wo die Eigenheit eines Menschen steckt, verbirgt sich auch sein Talent. Und diese Eigenheit äußert sich nicht immer in einer Form, die für andere akzeptabel ist. Im Gegenteil, sie kann gelegentlich durchaus befremdlich und unbequem sein. Das war der Punkt, den meine Mutter meinte: Für diese Eigenheit muss Raum sein, mahnte sie uns. Man muss einem anderen sein Wesen zugestehen, ihn tun lassen, was ihm eigen ist und was zu ihm gehört.

Aber was ist das eigentlich? Was tut man, wenn man tut, was man nicht lassen kann? Wie ist man, wenn man seinem Wesen entsprechend lebt? Für viele Menschen steht dahinter ein großes Fragezeichen. Es führt manchmal zu einem lebenslangen Ringen darum, »sich selbst zu finden«, oder etwas, was dafür gelten mag. Manche geben es auch auf, erklären es zur Illusion und glauben wie Jan, dass es so etwas wie das eigene Wesen nicht gibt. Der Mensch ist das Wesen, das gerade kein Wesen hat, behaupten sie. Die Existenzialisten waren dieser Auffassung. Doch Sokrates dachte anders darüber.

Ein Grund, warum es uns so schwerfällt, das aufzuspüren, was uns eigen ist, liegt in der Tatsache, dass uns diese Eigenheit von Kind an ausgetrieben wird. In den meisten Schulformen wird uns stattdessen beigebracht, das zu tun, was andere für richtig halten. Jahrelang üben wir uns darin, was uns selbst wichtig ist, beiseitezulassen und dem zu gehorchen, was irgendeine Autorität als wichtig erachtet. Ivan Illich, ein einflussreicher Philosoph und Pädagoge des vergangenen Jahrhunderts – er prägte den Begriff »Entschulung«/»Deschooling« –, hat dies schon in vernichtenden Worten kritisiert. Seiner Auffassung nach gibt es in unserem Unterrichtssystem neben dem üblichen Curriculum, das aus Spracherwerb, Rechnen, Erdkunde und Ähnlichem besteht, auch ein sogenanntes verborgenes Curriculum, das eigentlich den Kern des ganzen Schulgeschehens bildet. Es enthält das, was stillschweigend von uns erwartet wird: dass wir lernen, pünktlich zu kommen, die Autorität des Lehrers anzuerkennen, ohne Murren zu tun, was uns aufgetragen wird, und dass wir lernen, wie selbstverständlich zu akzeptieren, dass alles, was im Leben wichtig ist, die Form einer Unterrichtseinheit annimmt. In diesem verborgenen Curriculum geht es nicht darum, Menschen ihr Wesen zu lassen, sondern darum, sich anzupassen und zu tun, was einem gesagt wird.

Ich bekam früher Klavierstunden. An diesem Unterricht lässt sich dieses Phänomen gut erkennen. Ich spielte klassische Musik, Stücke von Czerny und Scarlatti. Als ich fünfzehn war, hörte ich damit auf. Ich wollte mein eigenes Ding machen, in einer Band andere Musik spielen, eigene Musik. Aber als ich nach acht Jahren klassischem Unterricht am Klavier saß und versuchte, irgendwie *mein eigenes Ding* zu machen, gelang mir das zu meinem großen Erstaunen überhaupt nicht. Ohne Noten waren meine Finger völlig machtlos. Ich saß verstört und bewegungslos da und starrte auf die Tasten. Dieser Moment ist mir immer deutlich in Erinnerung geblieben. Letztendlich habe ich begonnen, ein ganz anderes Instrument zu spielen, Gitarre, mit meinen Freunden aus der

Band. Erst Jahre später klemmte ich mich wieder hinter das Klavier. Mittlerweile hatte ich die Gitarrenakkorde gelernt, sie bilden die Basis für die linke Hand auf dem Klavier und ermöglichen es, mit der rechten Hand zu improvisieren. Seit dieser Zeit versuche ich herauszufinden, was »mein eigenes Ding« sein könnte. Denn darum geht es im Jazz eigentlich, die eigene Form zu finden, die eigene Art zu spielen. Mir ist inzwischen klar: Das ist eine große Kunst. Ja, mehr noch, meiner Meinung nach ist es die Grundlage jeder Art von Kunst.

Immer wieder auf der Basis des Alten etwas Neues schaffen
Denn was spielt sich in der Kunst, im Jazz, im Gespräch, im ganzen Leben ab? Zunächst lernt man etwas, man spielt ein Stück, die Melodie, die Akkorde. Dann beginnt man damit zu improvisieren, man versucht, mit dem Material etwas Neues zu kreieren. Doch die Gefahr ist groß, dass diese sogenannte Improvisation überhaupt nicht neu ist, dass sie nur aus altem Material besteht. Aus Motiven und Tonfolgen, die man schon kennt, aus dem Üblichen, aus festen Mustern. Die Versuchung, das Bekannte und Vertraute zu reproduzieren, ist allgegenwärtig. Denn auf diese Weise klingt der eigene Part zumindest noch nach irgendwas, man kann seine Unfähigkeit, seinen Mangel an Ideen und die immer vorhandenen technischen Schwierigkeiten verbergen. Nur in wenigen segensreichen Momenten ist man inspiriert und urplötzlich imstande, das Bekannte zu verlassen und sich auf unbekanntes, wirklich neues Terrain zu wagen. Das verleiht einem das Gefühl, über sich selbst hinauszugehen. Erst dann erlebt man die Freiheit, um die es dem Jazz von Anfang an ging. Erst dann habe ich das Gefühl, auf dem Klavier mein eigenes Ding zu machen und wirklich »in meinem Wesen zu sein«.

Darin liegt für mich die Herausforderung der Jazzmusik, und vielleicht sogar aller Kunst und des ganzen Lebens: Immer wieder auf der Basis des Alten etwas Neues zu schaffen, sich jeden Moment wieder selbst neu zu erfinden, sich nicht mit dem zufriedenzugeben, was man schon kennt, und nicht im Gefühl der Sicherheit gelangweilt an Altem hängen zu bleiben. Das ist schwierig, oft unheimlich und manchmal regelrecht schmerzhaft. Aber Originalität und Freiheit entstehen nur dort, wo man das Unbequeme und Unangepasste nicht meidet, wo man den »Belastungspunkt« nicht umgeht, sondern lernt, es sich im Unbequemen bequem zu machen. Zu lernen nichts festzuhalten, sondern alles Alte immer wieder für etwas Neues, etwas anderes, etwas wirklich Eigenes zu nutzen, erfordert eine enorme Disziplin. »Sein eigenes Ding machen« (*ta hautou prattein*) bildet für Sokrates die Grundlage eines erfüllten Lebens, nicht nur für jeden als Einzelnen, sondern auch im Zusammenspiel mit anderen (*Politeia*, 370a; *Charmides*, 161e).

Das Wichtigste im Leben ist die Sorge um die Seele

Was Sokrates propagierte, ist in meinen Augen noch immer aktuell. In seiner nachdrücklichsten Botschaft an seine Mitbürger fordert er sie dazu auf, sich selbst und ihr Leben besser zu führen. »Solange ich noch Atem und Kraft habe, werde ich nicht aufhören der Wahrheit nachzuforschen und euch zu mahnen und aufzuklären und jedem von euch, mit dem mich der Zufall zusammenführt, in meiner gewohnten Weise ins Gewissen zu reden: Wie, mein Bester, (...) schämst du dich nicht, für möglichste Füllung deines Geldbeutels zu sorgen und auf Ruhm und Ehre zu sinnen, aber um Einsicht, Wahrheit und möglichste Besserung deiner Seele kümmerst du dich nicht und machst dir darüber keine Sorge.« (*Apologie*, 29d) Dieser Appell gilt noch immer; wir verhalten uns in diesem Punkt nicht anders als die Athener Bürger vor 2400 Jahren. Auch wir sind eifrig mit unserer Arbeit, dem Geldverdienen, dem Erwerb von Macht und Ansehen und vielem anderen beschäftigt, kümmern uns jedoch nicht um die größtmögliche Besserung unserer Seele. Was aber würde das bedeuten? Haben wir denn überhaupt eine Seele? Sind wir denn nicht bloß unser Gehirn? Und sind wir manchmal nicht gut genug?

Mark Aurel, Führer des Römischen Reiches, einer der größten Organisationen in der Geschichte des Westens, bietet uns ein aufschlussreiches Vorbild für eine sokratische Schulung und die Sorge um die eigene Seele. Er hatte ein sehr aufreibendes und anstrengendes Leben, das mindestens so stressig war wie das heutiger Manager. Und dennoch führte er als Teil seiner philosophischen Schulung ein Büchlein mit persönlichen Aufzeichnungen. Er nannte es »An mich selbst« (*ta eis heauton*). Es wird auch heute noch aufgelegt, meist unter dem Titel *Selbstbetrachtungen* oder *Meditationen*. In ihm beschreibt Mark Aurel seine persönlichen Lebensregeln oder tragenden Ideen, beginnend mit einer Aufzählung dessen, was er von wem gelernt hat.[7]

> Von meinem Großvater habe ich das Gutartige und Gelassene.
> Von meinem Vater die Männlichkeit, die die Bescheidenheit nicht ausschließt, was man auch ihm nachrühmte.
> Von meiner Mutter die Frömmigkeit und Wohltätigkeit; von ihr auch das Bestreben, nicht nur bösen Tuns mich zu enthalten, sondern auch schon schlimmer Gedanken; ihr verdanke ich endlich die schlichte Lebensweise, die sich fernhält von herrischem Prunk. (I, 1–3)

So geht es weiter, Seite um Seite. Es ist eine klassische Übung zur Selbsterforschung und zur Klärung des eigenen Kompasses. Im weiteren Verlauf des Buches prüft er systematisch seine persönliche Erfahrung an den Lehrsätzen der stoischen Schule, der er angehörte. Zum Beispiel folgendermaßen:

---

7 Mark Aurel, *Selbstbetrachtungen*. Insel Verlag, Frankfurt a. M. 2003. S. 21, 53, 54, 110.

Worüber solltest du auch unwillig sein? Über der Menschen Schlechtigkeit? Aber denke doch an den Grundsatz, dass die vernünftigen Wesen füreinander geboren sind, dass Verträglichkeit ein Teil der Gerechtigkeit ist und dass die Menschen unfreiwillig fehlen und dann, wie viele händelsüchtige und argwöhnische, feindselige und hasserfüllte Menschen schon im Tode erstarrt sind und zu Asche geworden sind! Also, weg mit deinen Sorgen! (IV, 3)

Oder in dieser Passage:

Unter den Wahrheiten, die du immer zur Hand haben sollst merke dir vor allem zwei: Erstens, dass die Außenwelt deine Seele nicht berühren kann, sondern immer unbeweglich draußen steht, also Störungen deines inneren Friedens nur aus deiner Einbildung entstehen und zweitens, dass alles was du siehst, sich gar schnell verändert und nicht mehr sein wird. Und wie vieler Veränderungen Augenzeuge bist du selbst schon gewesen? Die Welt ist ein ewiger Wechsel, das Leben ein Wahn! (IV, 3)

Es sind buchstäblich Selbstermahnungen, Gedanken, die einen Damm gegen Verzagtheit, Verdruss und andere Erschütterungen des Gemüts errichten. Man ruft sich selbst dazu auf, Kurs zu halten und nicht aus dem Takt zu geraten.

In dich selbst ziehe dich zurück! Die in uns gebietende Vernunft ist ja von der Natur, dass sie im Rechttun Heiterkeit und Selbstzufriedenheit findet. (VII, 28)

Das ist es, womit die Schulung des Geistes beginnt: sich Zeit nehmen für sich selbst, Zeit zum Nachdenken, zur Kontemplation und zur Klärung der Prinzipien des guten Lebens, den »Schlüsseln« zum vernünftigen Handeln. Das Schreiben persönlicher Betrachtungen bietet dazu eine Möglichkeit. Es hilft, die eigenen

Gedanken zu reinigen und die Wahrnehmungen zu schärfen. Es hilft, Selbsterkenntnis zu erlangen und seinen Geist zu vervollkommnen.

Dieses Buch – das, das Sie gerade lesen – enthält eine Reihe tragender Ideen, meine eigenen »Schlüssel« des Handelns, die auch die Grundlage meiner Übungen bilden. Ich beschreibe, was Sokrates wollte, was ihm in seinen Gesprächen vorschwebte, und was ich davon zu meinen Lebensregeln gemacht habe. Selbsterkenntnis und die Sorge um den eigenen Geist bilden ihren Ausgangspunkt. Ein Handwerker kann nur gute Arbeit leisten, wenn er sein Handwerkszeug kennt und vollkommen damit vertraut ist. Erst dann kann er es für alles, was er will, einsetzen. Das gilt für jeden Menschen: Wer sich selbst nicht gut kennt, wer kein Fachmann seiner selbst ist und sich nicht selbst beherrscht, wird nicht Meister seiner selbst sein können, und erst recht nicht Meister anderer.

II. Führe gute Gespräche

Kann ein Mensch ohne Ziel leben? Kann man existieren, ohne etwas erreichen zu wollen? In meinem Freundeskreis, wir alle sind in einem fortgeschrittenen Alter, ist diese Frage aktuell. Zwei von uns sind noch berufstätig, die vier anderen nicht mehr. »Natürlich geht das«, sagt Thea, »ich kann jetzt den ganzen lieben Tag herumtrödeln, ohne mich abends schuldig fühlen zu müssen, nichts unternommen zu haben. Einfach herrlich!« Sie hat gespart, um vorzeitig in Rente gehen zu können. Gerade ist sie von einer dreimonatigen Reise mit ihrem Partner zurückgekehrt. »Das ist die ultimative Freiheit«, sagt sie, »mit einem Camper herumzufahren, ohne zu wissen, wo du landest, und sich jeden Tag neu entscheiden zu können, was du unternehmen willst.« Sie schildert uns, wie sie irgendwo auf einer griechischen Insel morgens aufwachte und ständig vor Augen hatte, wie ihre Kollegen nun schon seit Stunden an ihren Schreibtischen saßen, während sie selbst gemütlich aufstehen konnte, sich Kaffee aufsetzte und die Zeitung las. »Und natürlich war die ganze Zeit über herrliches Wetter.« An manchen Orten waren sie zwei Wochen geblieben, bevor sie weiterzogen. Doch dann drängte es sie schlagartig nach Hause. In einem Rutsch waren sie Tag und Nacht zurückgefahren, bis sie schließlich zu Hause ankamen.

»Also war es doch nicht ein Rundum-Sorglos-Gefühl«, stellt Barend fest. »Denn dann wäre man ja immer unbeschwert, kein einziges Wölkchen zeigte sich am Himmel und nicht das geringste Anzeichen von innerer Unruhe, der reinste Genuss.« »Na ja, nicht ganz, das wäre ja auch eine unrealistische Vorstellung«, sagt Thea, »an solche Märchen glaubt doch kein Mensch.« Dennoch: Die Erfahrung, lange Zeit nichts tun zu müssen, keine Deadlines und keine Besprechungen zu haben, war für sie wirklich eine Befreiung. »Ein großer Gewinn.«

Wir sitzen in der trägen Hitze eines Sommernachmittags im Garten und fühlen uns fast wie in Griechenland. Willem sagt, ganz ohne Ziel und Plan könne er nicht leben. Mit seiner Pensionierung hat er achtzig Prozent seiner Arbeit abgegeben, doch zwanzig Prozent, vor allem das Coaching, hat er beibehalten. Außerdem hat er eine Liste mit Projekten erstellt, zu denen er früher nie gekommen war, für die er nun aber Zeit hat. »Was steht auf dieser Liste?«, wollen wir wissen. »Nichts Spektakuläres. Endlich mal alle niederländischen Museen besuchen zum Beispiel.« Das habe er noch nie gemacht. Und Verwandtschaftsbesuche bei den Onkeln und Tanten, die noch leben. Sie will er über die Kriegszeit, die sie noch miterlebt haben, interviewen. Sein eigenes Archiv, seine Briefe, Reiseberichte, Tagebücher und Artikel zu ordnen, ist ein weiteres Projekt. Und in seinem Fachgebiet wollte er noch einiges publizieren. Solche Dinge stehen auf seiner Liste. »Freiheit«, behauptet er, »bedeutet nicht so sehr, nichts mehr tun zu müssen, sondern vielmehr gerade etwas zu wollen. Etwas, das man aus irgendeinem Grund lohnenswert findet.«

Thea jedoch will nur in der Sonne sitzen und Zeitung lesen. Hat sie deshalb weniger Freiheit als Willem? Oder haben die beiden verschiedene Arten von Freiheit im Blick? »Es hängt davon ab, was man unter Freiheit versteht«, sagt Yvonne, »und was man genau will. Es gibt sehr fein differenzierte Formen, etwas nicht zu wollen, ziel- und planlos zu sein.« »Aber die Formen, etwas zu wollen und geschickt oder gar gekonnt zu handeln, können noch viel subtiler sein«, erwidert Willem. Beide lachen über ihren Disput. Die Sachlage ist nicht einfach zu klären. Besteht denn wirklich ein Unterschied zwischen den beiden Freiheiten, der Freiheit, etwas zu wollen, und der, nichts zu wollen? Beides erfordert viel Disziplin und ein beträchtliches Maß an Selbsterkenntnis. »Und wer kann von sich schon behaupten, genau zu wissen, was er will, und sich nicht von zufälligen Gelüsten und Geschehnissen leiten zu lassen«, fragt Barend rhetorisch und fuchtelt dabei mit den

Händen in der Luft herum, um deutlich zu machen, dass ihm das Thema langsam zu kompliziert wird.

In welchem Verhältnis stehen Glück und Weisheit, Freiheit und Disziplin zueinander?

Wir sind wieder bei dem alten Thema angelangt, bei Sokrates' zentraler Frage: In welchem Verhältnis stehen Glück und Weisheit, Freiheit und Disziplin zueinander? Hierin Einsicht zu erlangen, bildet aus seiner Sicht die Quintessenz einer jeden Schulung in Vortrefflichkeit und Meisterschaft. Bei dieser Frage angelangt zu sein, deutet gewiss darauf hin, dass wir auf der richtigen Spur sind.

Wenn ein Gespräch gut läuft, wie unser Gespräch hier im Garten, lässt sich leicht Platons Liniengleichnis aus ihm herauslesen. In diesem Gleichnis unterscheidet Platon vier Wissensebenen, die sich parallel zum Aufstieg aus der Höhle (siehe Kapitel IV) von der Mutmaßung, über das Urteil und die Argumentation bis zur Einsicht entwickeln. Die Untersuchung des Begriffs »Freiheit« in diesem Gespräch weist dieselbe ansteigende Bewegung auf. Nicht dass wir durch diese wenigen Argumente und Scharmützel schon eine absolute Einsicht gewonnen hätten – bei Weitem nicht. Aber wir sind doch vorangekommen und haben uns ihr ein Stück weit angenähert, scheint mir. Wir haben angesprochen, was uns am Herzen lag, und unsere Formulierungen wurden immer präziser. Und damit auch das Bild des alles übersteigenden Ideals, nach dem jeder von uns, auf seine Weise, auf der Suche war.

Die Dialektik, die Kunst, einen Dialog zu führen und eine Frage gemeinsam zu untersuchen, ist für die Schulung des Geistes grundlegend. In diesem Kapitel schildere ich eine Reihe solcher Gespräche. Keine Gespräche im privaten Rahmen wie das zuvor beschriebene, sondern professionelle Gespräche in beruflichen Zusammenhängen. Ich möchte dabei auf einige typische Schwierigkeiten und Fallstricke hinweisen. Diese Art der Gesprächsführung bildet den Grundstein der sokratischen Schulung und das Herzstück von Platons Ideenlehre. In der Ausbildung der

Führungselite, die Sokrates in Platons *Politeia* skizziert, wird eine kleine Gruppe ausgewählter Kandidaten vom zwanzigsten bis zum fünfunddreißigsten Lebensjahr darin intensiv unterrichtet, um sie für ihre zukünftigen Führungsaufgaben vorzubereiten. Ich stelle mir vor, dass der Inhalt dieser Schulung in etwa der Ausbildung heutiger Führungskräfte entsprochen haben muss, einer Kombination aus universitärem Studium und praktischer Spezialisierung, mit einer spezifischen Kasuistik, ausgewählten Aufträgen und *learning by doing*. Innerhalb dieses ganzen Pakets bildet die Dialektik die Krone all dieser Fächer, den »Schlussstein« der gesamten Ausbildung, wie Sokrates sie nennt. (*Politeia* 534e) Sie erfordert ein intensives Einüben in das Führen von Gesprächen, nicht nur von Debatten, sondern auch von Dialogen und Untersuchungsgesprächen.

Diese Gesprächsführung ist eine große Kunst; die Themen sind oft heikel, es steht einiges auf dem Spiel, die Teilnehmer haben für gewöhnlich entschiedene Meinungen und sind nicht immer dazu bereit, diese in Zweifel ziehen zu lassen. Dennoch ist die Fähigkeit, solche Gespräche zu führen, unverzichtbar, um Visionen und Führungsqualitäten zu entwickeln. Ohne die tiefgehende Analyse einer Frage und ohne die Fähigkeit, diese Analyse in konstruktiver Weise mit anderen zu teilen, kann niemand eine Vision entwickeln oder Einsicht in tragende Ideen erlangen. In diesem Kapitel möchte ich einige Aspekte dieser Kunst der Dialektik und der mit ihr verbundenen Schwierigkeiten darstellen. Die Leser, die sich eingehender damit befassen möchten, verweise ich auf die Literatur am Ende des Buches.

Versetze dich in den anderen hinein

In einem Tagungshaus weitab vom geschäftigen Arbeitsleben leite ich ein Seminar, jeder der zehn Teilnehmer bekleidet den Chefposten einer öffentlichen Organisation. Es handelt sich um ein alljährlich anberaumtes Reflexionstreffen, bei dem die Teilnehmer über

Leadership nachdenken möchten. Die Gruppe ist lebhaft, aber kritisch. Zu Beginn lese ich ihnen ein Gedicht vor, in dem es darum geht, einen Kompass in sich selbst zu finden, den intuitiven Sinn für Gerechtigkeit, auf dem jede Führungskunst beruht. Brav und geduldig hören sie mir zu. »Liest einer von Ihnen manchmal ein Gedicht?« Nein, sie schütteln den Kopf und schauen mich verwundert an. In ihrer Welt hat Poesie keinerlei Bedeutung. Dann machen wir ein paar »geistige Dehnübungen«: Was sind für Sie die drei zentralen Begriffe von Führungsqualität? Was haben Sie über Führung gelernt und von wem? An welchen Punkten sehen Sie bei sich selbst einen Entwicklungsbedarf? Langsam kommt das Gespräch in Gang. Die Atmosphäre ist gut, wir können einen Zahn zulegen.

»Kann jemand von Ihnen einen ›Moment der Wahrheit‹ einbringen?«, frage ich. Im Vorfeld hatte ich sie gebeten, solche Momente in ihrer persönlichen Erfahrung zu suchen, damit wir sie im Seminar reflektieren könnten. Jeder erlebt hin und wieder einen derartigen Moment, einen Moment, in dem man sich als Führungskraft vor eine Wahl gestellt sieht, in dem die eigene Wahrheit gefragt ist. Es sind Krisenmomente im ursprünglichen, griechischen Sinne des Wortes: Man muss ein Urteil fällen, einen Knoten durchhauen, dafür einstehen, wer man wirklich ist. Oft sind das auch Momente, in denen man erwachsen wird, seine Unschuld verliert, in denen man mehr Verantwortung übernimmt. An solchen Erfahrungen lässt sich sehr gut erkennen, was Führungskunst im Wesentlichen ausmacht.

Es ist kurz still, die Teilnehmer schauen sich an. Dann wagt sich einer vor. Er sei sein ganzes Leben lang Kirchenmitglied gewesen, sagt er. Doch irgendwann habe er das Gefühl gehabt, dass all diese Kirchgänger nur mit sich selbst beschäftigt seien und sich für die Welt um sie herum überhaupt nicht interessierten. Alle seine Anstrengungen, daran etwas zu ändern, liefen ins Leere. Das frustrierte ihn immer mehr. Und es erschütterte auch seinen Glauben. Die Beisetzung seiner Großmutter brachte schließlich alles zum Einsturz. Als er von der Feier nach Hause kam, lief er eine Stunde lang in seinem Zimmer auf und ab. Schließlich entschied er sich, aus der Kirche auszutreten. Sein Glaube gehörte damals schon längst der Vergangenheit an. Diese Entscheidung wirkte sich stark auf sein Leben aus. Seine Frau und seine Kinder wurden durch sie nur noch kirchentreuer. Alle Menschen seines vertrauten sozialen Netzwerks behandelten ihn wie einen Abtrünnigen und Verirrten. Trotzdem steht er nach wie vor felsenfest zu seiner Entscheidung, für ihn hat es dazu nie eine Alternative gegeben.

Abstrakten Begriffen eine konkrete Interpretation geben

Das ist eine beeindruckende Geschichte. Ich möchte mit der Gruppe besprechen, was sich daran an Führungskunst erkennen lässt. Zunächst jedoch ergibt sich eine Schwierigkeit im Gespräch. Denn nun beginnen alle, dem Beispielgeber Ratschläge zu geben: Wäre es nicht besser gewesen, früher mit seiner Frau und seinen Kindern darüber zu reden? Lässt sich die Kirche als System denn nicht nur von innen verändern? Das sind keine Fragen, um etwas zu klären, sondern versteckte Urteile, ungebetene gute Ratschläge. Als hätte der Erzähler ein Problem eingebracht, das nun gelöst werden sollte, als hätte er die anderen um Hilfe gebeten, sodass sie sich nun allesamt als Coaches aufspielen dürften. Dazu war seine Schilderung aber ganz und gar nicht gedacht. Offensichtlich ist den Teilnehmern nicht klar, was ein Untersuchungsgespräch ist. Sie erstellen vorschnelle Analysen und geben oberflächliche, unangebrachte Ratschläge.

Ich rufe sie zur Ordnung. Eine sokratische Untersuchung ist eine Selbstuntersuchung, erkläre ich ihnen. Wenn ein Fall, der zum Thema passt, eingebracht wird, gibt das jedem die Gelegenheit, abstrakten Begriffen eine konkrete Interpretation zu geben. »Führungskunst« ist ein Oberbegriff, der alles Mögliche umfasst. Um herauszufinden, was darunter genau zu verstehen ist, braucht man die konkrete Erfahrung eines Gesprächsteilnehmers, in der seiner eigenen Auffassung nach Führungskunst eine Rolle spielt. Dann versucht man, sich ein genaues Bild von dieser Erfahrung zu machen, bis man sich in ihn hineinversetzen kann. Von diesem

Standpunkt aus untersucht man sich selbst: Wie hätte ich mich in dieser Situation gefühlt? Was würde ich tun und aufgrund welcher Auffassung? Diese Analysen werden anschließend miteinander konfrontiert, sodass sich ein komplexes Bild des Themas und des konkreten Falles, der allgemeinen Begriffe und ihrer konkreten Interpretation ergibt. Das ist der Zweck des Gesprächs.

Ein wesentlicher Unterschied zwischen einem oberflächlichen Beratungsgespräch und einem tiefschürfenden Untersuchungsgespräch liegt im Bemühen, sich in den anderen hineinzuversetzen. Nachdem ich als Gesprächsleiter die Teilnehmer darauf hingewiesen habe, erkennen sie den Fallstrick, über den sie gestolpert sind. Es ist viel einfacher, andere zu beurteilen, als sich selbst in die Situation der anderen hineinzuversetzen. Es ist viel einfacher, von außen zu einer Situation Stellung zu beziehen, als sie innerlich nachzuempfinden. Das macht genau den Unterschied zwischen Apathie und Empathie, zwischen einem distanzierten und einem partizipativen Führungsstil aus. Nur ein kleiner Unterschied, doch mit weitreichenden Konsequenzen. Die amerikanische Philosophin Martha Nussbaum sieht in diesem sokratischen Prinzip – der Forderung, sich in andere hineinzuversetzen – den Schlüssel für jegliche gesellschaftspolitische Bildung und eine notwendige Voraussetzung für eine gelingende Globalisierung.

Höre auch, was nicht gesagt wird

Bei einer anderen Gelegenheit führte ich ein Gespräch mit Bankern im Zuge eines Fortbildungsprogramms. Dabei ging es um die Frage »Wie weit reicht meine eigene Verantwortung als Arbeitgeber?« Die Untersuchung wurde wie üblich auf einen Fall zugespitzt, mit einem »Brennpunkt« und einem Standpunkt bzw. Urteil, das mit Argumenten untermauert werden sollte. Wir wählten Jans Beispiel als Ausgangspunkt. Jan erzählte, in seiner Bank sei die Stelle für den »Leiter des Privatkundenbereichs« schwer zu besetzen gewesen. Mehrere Male hatten sie sich schon um Kandidaten für diese Funktion bemüht, doch immer erfolglos. Irgendwann war Jan in einem informellen Rahmen mit jemandem in Kontakt gekommen, der andernorts eine ähnliche Stelle im Bankwesen innehatte. Dieser Mann stand einem Wechsel durchaus positiv gegenüber. Was seine Erfahrung und Ausbildung anbetraf, war er aber nicht ausreichend qualifiziert. Auch psychologische Tests bestätigten diese Einschätzung. Jan sah jedoch keine Alternative. Er dachte, wenn der neue Mitarbeiter Coaching und Weiterbildung bekäme, wären die Risiken wohl zu beherrschen. Also ließen sie sich darauf ein.

Schon wenige Monate später »ertrank« der neue Bereichsleiter in den Turbulenzen seiner Arbeit. Er war den Problemen der Abteilung nicht gewachsen und für Fortbildung und Coaching blieb ihm keine Zeit. Bereits nach einigen Monaten meldete er sich krank. Das war der Moment, in dem Jan erkannte, dass das Ganze gründlich schiefgegangen war. Anschließend kam es in einem Gespräch mit diesem Mitarbeiter zu einem Konflikt über die Abwicklung der Angelegenheit. Das führte zu einer harten juristischen Auseinandersetzung und einem sich lang hinziehenden Krankenstand – letztlich mit der Konsequenz, dass er das Unternehmen mit einer saftigen Abfindung verließ. Danach saß Jan wieder mit seiner schwer zu besetzenden Stelle da.

Wie weit reichte Jans Verantwortung als Arbeitgeber? »Hätte ich mehr für diesen Mitarbeiter tun müssen?«, fragt er sich. Ihn plagen immer noch alle möglichen Zweifel. Einerseits hatte er vorschriftsmäßig gehandelt, andererseits sieht er als Direktor und Arbeitgeber seine Verantwortung darin, derartige Dramen zu verhindern. Aber was hätte er anders machen können? Wir unternahmen einen Versuch, die Argumente zu sichten. Einige Gesprächspartner argumentieren, sie hätten in dieser Situation stärker auf die Unterstützung des Mitarbeiters geachtet. Jan hatte zwar einen Mentor eingesetzt, doch der hatte seine Aufgabe nicht erfüllt. Und als es dann zum Konflikt kam, ging es gar nicht mehr darum, wie er in seiner Funktion zurechtkam, sondern nur noch um die juristischen Aspekte des Arbeitsvertrags. Andere dagegen sind der Meinung, der Mitarbeiter hätte selbst mehr Unterstützung einfordern müssen. Die Initiative für ein Coaching hätte von ihm ausgehen müssen. Als Arbeitgeber könne man nur die Rahmenbedingungen setzen; bei so vielen Mitarbeitern könne man einfach nicht im Blick behalten, wie jeder Einzelne mit seiner Arbeit zurechtkommt.

Welches Argument wog hier am schwersten? Das war wie immer nicht leicht zu entscheiden. Jede Argumentationsanalyse, die den Anschein einer rationalen Erwägung erzeugt, beruht, bei genauer Betrachtung, auf Gefühlen, auf stark persönlich geprägten Einschätzungen. Im Gespräch wurden zwei Verantwortungsdimensionen voneinander unterschieden: die Verantwortung, eine freie Stelle zu besetzen, und die Verantwortung, einen neuen Mitarbeiter gut zu unterstützen. Der ersten war Jan durchaus gerecht geworden, der zweiten nicht, jedenfalls nicht ganz. Darüber waren sich die Teilnehmer einig. Aber was war für diesen Standpunkt nun genau ausschlaggebend? Welches war das entscheidende Argument?

Diese Frage konnte eigentlich niemand richtig beantworten. Nun, sagte jemand, wenn man dem Mitarbeiter Unterstützung zusichert, dann muss man dem als Arbeitgeber auch gewissenhaft nachkommen. Und es gehört zur Aufgabe eines Chefs, die unterschiedlichen Interessen innerhalb einer Organisation auszubalancieren. Doch diese Aussagen sind für eine so spezifische Schlussfolgerung viel zu allgemein. Offenbar spielt im Hintergrund doch eine Idee davon eine Rolle, was in dieser Situation »das Gute« wäre, das, was man tun sollte, allerdings nur als Intuition, für die sich keine Argumente finden ließen. Es handelt sich dabei um eine Vorstellung, die sich ergibt, wenn man sich in die betreffende Person hineinversetzt, die Details der Situation auf sich wirken lässt und überlegt, wie man selbst damit umgehen würde. In ihr liegen offenbar viele Aspekte, die sich nicht artikulieren lassen.

Nach dem Gespräch fragte ich Dick nach seiner Einschätzung. Dick ist Psychologe. In der MBA-Ausbildung, die die Banker durchliefen, war er der Hauptdozent. Er fand die Analyse der Teilnehmer ziemlich oberflächlich, seiner Meinung nach »kam vieles nicht auf den Tisch«. Dick versteht es meisterhaft, zu hören, was nicht gesagt wird.»Es kommt mir so vor, als wolle die Gruppe Jan bestrafen und gleichzeitig belohnen. Wer einen anderen kritisieren kann, sieht sich selbst in der Hackordnung über ihm.« Bei einem der Teilnehmer, einem dominanten Mann, schien dieses Bedürfnis besonders ausgeprägt zu sein. Nach Dicks Eindruck brauchte er die Anerkennung der anderen am stärksten. Indem er sich oft zu Wort meldete, fordert er sie immerzu ein.»Er fühlt sich in seiner Rolle als Führungskraft am wenigsten wohl, daher versucht er, seine Unsicherheit zu kompensieren, indem er zu allem seinen Senf dazugibt«, vermutete Dick.»Die anderen machen das vorerst noch mit, aber bald werden sie ihm Kontra geben.« Damit war eine ganz andere Ebene der Analyse angesprochen. Er betrachtete das Gespräch, das wir geführt hatten, aus einem ganz anderen Blickwinkel. Vielleicht war der erreichte Konsens ja weit eher das Ergebnis der Gruppendynamik als der inhaltlichen Argumentation.

Wie geht man mit eigenen Fehlern um?

Im zweiten Gespräch, einige Wochen später, gingen wir näher auf den Moment ein, in dem Jan klar geworden war, dass alles gründlich schiefgelaufen war. Das war der Brennpunkt des Falles, der entscheidende Moment der Geschichte, in dem das Thema unseres Gesprächs, die Frage, die wir klären wollten, brisant geworden war. Meistens handelt es sich dabei um einen schwierigen, emotional aufgeladenen, verwirrenden Punkt, einen Moment der Wahrheit. Was geschah hier genau? Jan spürte in diesem Moment sowohl Enttäuschung als auch Wut, aber er machte sich auch Selbstvorwürfe und hatte das Gefühl, versagt zu haben.»Ich habe mir zu viel erhofft, den Dingen ihren Lauf gelassen und den Betreffenden zu wenig in die Pflicht genommen.« Als ihm klar wurde, dass es zu spät war, hatte er eine Verteidigungshaltung eingenommen – statt offen zu bleiben und seinen eigenen Anteil an den Schwierigkeiten einzuräumen. Das war ein heikler Punkt. Wie wäre das für die anderen gewesen, wenn sie sich in diesen Moment hineinversetzten?

Die Frage gab der ganzen Untersuchung eine neue Richtung. Plötzlich ging es nicht mehr darum, wie man das Scheitern eines anderen beurteilte, sondern wie man mit den eigenen Fehlern umging. Es ging nicht mehr darum, wie weit die eigene Verantwortung reicht, sondern darum, wie man die eigenen Schwächen und die anderer »managen« konnte. Daraus entwickelte sich ein Gespräch, mit dem auch Dick zufrieden war. Jans Fall war nur noch der Aufhänger, nun ging es um jeden Einzelnen in der Runde. Um das Problem, aufrichtig zu sein, um den Mut, den man aufbringen musste, um eigene Fehler einzugestehen, um die Angst, dass einem der Fehler »angekreidet wird«, um den Druck der Organisation, der Norm zu entsprechen. Und auch um das ganze Spiel aus Verstecken, Ausweichen, Ablenken und So-tun-als-ob. Das war die gemeinsame Selbsterforschung, die Sokrates vorschwebte. Und es wurde nur allzu deutlich, was in diesem Gespräch das entscheidende Argument war: Es ist wichtig, sich selbst so zu sehen, wie man wirklich ist. Der dominante Teilnehmer, der im ersten Gespräch große Reden geschwungen hatte, saß nun still und nachdenklich in der Runde.

Es gibt einen Maßstab

An einem herbstlichen Nachmittag führe ich mit einer Gruppe von Kinderärzten ein Gespräch, in dem es ebenfalls um die Frage geht, wie weit ihre Verantwortung reicht. Der Fall, der zur Sprache kommt, ist bitter: Es geht um die Behandlung eines dreizehnjährigen Mädchens, das an einer Immunerkrankung leidet. Die Ärztin, die die Geschichte erzählt, behandelt ihre Patientin schon seit drei Jahren. Während dieser Zeit haben sich die Eltern des Mädchens getrennt und in einen »Scheidungskrieg« verwickelt. Das Mädchen leidet unter dieser Situation mehr als unter seiner Krankheit. Viele Personen kümmern sich um sie, nicht nur die Eltern und ihre Familie, sondern auch der Richter, das Jugendamt und die Familienfürsorge. Das Mädchen will seine Mutter nicht mehr sehen und wohnt bei seinem Vater. Die Mutter ist nun ebenfalls Patientin: Aufgrund einer Gehirnerkrankung hatte sie eine Charakterveränderung durchgemacht. Sie *stalkt* die Tochter, lauert ihr wider alle Absprachen nach der Schule auf und versucht immer wieder, Kontakt zu ihr aufzunehmen.

Die Kinderärztin ist im Laufe der Zeit für Vater und Tochter zur Vertrauensperson geworden. Sie wird vom Vater ständig zu Hilfe gerufen und per E-Mail und Telefon kontaktiert. Ihre Verantwortung liegt allerdings in erster Linie im medizinischen Bereich. Sie hat weder die Zeit noch die Befugnis oder die Kapazitäten, an der Situation etwas zu ändern, auch wenn diese sich augenscheinlich auf den Gesundheitszustand des Mädchens auswirkt. Doch offenbar ist keiner der anderen Helfer in der Lage, dem Mädchen die Ruhe und Sicherheit zu bieten, die es so dringend benötigt. Sie als Kinderärztin kann das Versagen aller anderen Helfer jedoch nicht auffangen. Wie viel Zeit kann sie dem Fall des Mädchens widmen? Wo soll sie die Grenze ziehen? Wie weit reicht ihre Verantwortung?

Im Gespräch loten wir die unterschiedlichen Positionen aus. Einige sind der Meinung, man müsse sich strikt auf die medizinische Verantwortung beschränken. Man könne und dürfe sich nicht jenseits der Grenzen der eigenen medizinischen Kompetenz bewegen. Das sei die große Kunst in der Medizin, sagt einer von ihnen: optimales Engagement mit maximaler Distanz zu kombinieren. Andere sind der Meinung, man habe darüber hinaus auch noch die Funktion, auf Probleme hinzuweisen. Als Arzt höre und sehe man vieles, was anderen Helfern verborgen bleibe. Es könne wichtig sein, diese Dinge weiterzuleiten, sofern das nicht der Verschwiegenheitspflicht widerspreche. Andere wiederum halten die Rolle der Vertrauensperson für einen wesentlichen Bestandteil des Arztberufes. Das bringe auch Verantwortungen mit sich, die im engeren Sinne nicht medizinisch seien, wie etwa das Abstimmen und Einbeziehen der Hilfe anderer, eine Art von Coaching oder einfach die Aufgabe, ein offenes Ohr zu haben.

Bewusst entscheiden, ob man seinen Gefühlen folgt oder nicht

Einige gehen sogar noch einen Schritt weiter. Es gibt Patienten – und sie gehören zur schwierigsten Kategorie –, die einem ans Herz wachsen. Man ist betroffen, fühlt sich persönlich angesprochen, man möchte sie heilen oder zumindest unterstützen und ihnen helfen. Im besprochenen Fall ist das vielleicht am wichtigsten. Die Kunst in einer solchen Situation liegt darin, seine eigenen Gefühle sehr genau zu kontrollieren, sagt ein anwesender Arzt. Man muss sehr bewusst Maß halten, damit man nicht zum Sklaven seiner Gefühle wird und sich nicht wider Willen von ihnen mitreißen lässt. Man muss bewusst entscheiden, ob man seinen Gefühlen folgt oder nicht, darum geht es.

Aber was ist hier das Entscheidungskriterium? Kann einer aus der Gruppe das angemessene Prinzip, den Maßstab der Verantwortung in diesem Fall formulieren? Solange einem das nicht gelingt, wird man in ähnlichen Situationen immer wieder in Verwirrung geraten. Die Gruppe bemüht sich redlich. Einer der Teilnehmer hat zwar eine klare Vorstellung davon, wie er in diesem Fall handeln würde, kann aber den Maßstab der Verantwortung dennoch nicht benennen. Eine andere Teilnehmerin fügt hinzu, sie habe in Bezug auf diesen Punkt – auf die Kontrolle ihrer Gefühle – im Laufe der Jahre viel gelernt. Doch auch sie kann kein Prinzip formulieren. Die Ärztin, die den Fall eingebracht hat, sagt: »Ich möchte das Gefühl haben, getan zu haben, was ich konnte.« Das ist ein wichtiger Aspekt, aber als Maßstab ist er nicht besonders präzise.

Ein Teilnehmer, der zuvor einen strikt medizinischen Standpunkt vertreten hatte, sagt: »In dieser Situation braucht man jemanden, der den Mut hat, das Ganze auf seine Schultern zu laden.« Und zu seiner eigenen Überraschung fürchtet er, wenn er sich in die Lage der Beispielgeberin versetzt, das könnte er in diesem Falle selbst sein. Er blickt entsetzt, als er das sagt, sein Sinneswandel und die Verantwortung, die sich vor ihm auftut, haben ihn offensichtlich erschüttert.

Ich habe das Gefühl, dass der Maßstab, nach dem wir suchen, bei der gemeinsamen konzentrierten Arbeit fast greifbar im Raum ist. Doch die richtigen Worte zu finden, um genau zu formulieren, was »das Gute« ist, gelingt uns nicht. Es scheint so, als sähen wir nur den Abglanz der Idee: das Handeln, das sich daraus ergibt, die Haltung, die sie bewirkt, den Mut, der dazu erforderlich ist. Doch die Idee selbst entgleitet uns. Trotzdem bewirkt der Versuch, sie zu erfassen, schon eine ganze Menge: Er schafft nicht nur Offenheit und Verbundenheit in der Gruppe, sondern auch eine Ahnung von etwas Wesentlichem, einer tieferen Ebene in uns selbst, einer Wahrheit, die das eigene Ich übersteigt. Aber wie lässt sich dieser Maßstab, an dem man sich selbst misst, benennen?

Was man weiß, kann man in Worte fassen

Sokrates geht davon aus, dass jemand, der etwas weiß, dieses Wissen auch in Worte fassen kann. Es ist fraglich, ob das wirklich stimmt, doch auf diesem Anspruch beruht eine entscheidende Technik, mit der sich ein Untersuchungsgespräch in Gang setzen lässt. Im Dialog mit dem Feldherrn Laches über das Thema, ob Mut eine »Tugend« oder nur eine allgemeine Fähigkeit sei, hält Sokrates seinem Gesprächspartner vor: »Nun vermögen wir von dem, was wir [als Tugend] kennen, doch wohl auch zu sagen, was es ist.«(190c) Laches stimmt dem zu, dennoch gelingt es ihm anschließend nicht wirklich zu formulieren, worin eine spezielle Tugend, nämlich Mut oder Tapferkeit, besteht. Wenn eine Person wissen sollte, was unter Mut zu verstehen ist, dann ja wohl ein Feldherr der Armee? »Es ärgert mich wirklich, wenn ich so wenig imstande bin, zu sagen, was ich denke«, ruft er aus, wie oben bereits zitiert (194 b).

Indem er voraussetzt, dass man eigenes Wissen auch in Worte fassen können muss, bringt Sokrates seinen Gegenspieler in Verlegenheit: Er muss einsehen, dass er keine Formulierung finden kann, die in vielen unterschiedlichen Situationen das Wesen der

Tapferkeit ausmacht. Sokrates lässt ihn wie einen begossenen Pudel dastehen: betreten und sprachlos. Nun ist es in der Praxis auch tatsächlich ziemlich schwierig, einen bestimmten Begriff präzise und angemessen zu bestimmen. Wer kann schon genau erklären, was Integrität ist? Oder was man unter Verantwortung versteht? Was mit abstrakten Begriffen wie Effektivität, Nachhaltigkeit, Sorgfalt genau gemeint ist? Natürlich lässt sich immer irgendeine Erklärung finden, und sei es nur mithilfe des Wörterbuchs. Aber das ist geliehenes Wissen, keine persönliche Einsicht, sondern bloß der sprachliche Anschein von Einsicht. Man verfügt zwar über die Worte, aber nicht über die Einsicht in den Begriff, auf den die Worte verweisen. Laches gibt sich damit nicht zufrieden. Er definiert Mut zunächst als »Beharrlichkeit der Seele«, sodann als »ein vernünftiges Ausharren«(192). Und später ergänzt sein Freund Nikias noch, es sei »ein Wissen, von dem, was zu fürchten ist und was nicht zu fürchten ist« (195), sowie »die Kenntnis des Guten und des Bösen« (199). Doch diese letzte Definition trifft auf jede Tugend, also den ganzen Bereich des Tugendhaften zu, wohingegen Mut doch nur einen Teilbereich der Tugenden verkörpert. Welchen Teil macht nun Mut genau aus? Die beiden Freunde finden es einfach nicht heraus. Daher geraten sie in Streit miteinander und werfen sich gegenseitig vor, nichts von der Sache zu verstehen. Das Gespräch endet mit der Feststellung, dass es wohl besser sei, bei jemandem in die Lehre zu gehen, der etwas davon verstehe.

War dieses Gespräch denn nun sinnlos, weil die Gesprächspartner keine Lösung gefunden haben? Im Gegenteil: Indem Sokrates voraussetzt, dass man eigenes Wissen in Worte fassen können muss, schärft er ihr Bewusstsein für eine stimulierende und drängende Frage: Wie kann ich erklären, was ich in einem speziellen Fall unter »Mut« verstehe, und was es grundsätzlich bedeutet, »in etwas gut zu sein« oder »etwas zu taugen«? Mit welchen Worten kann ich deutlich machen, was ich genau meine, und wie kann ich anderen vermitteln, was Mut besagt und worum es dabei im Kern geht?

Das bedeutet noch lange nicht, dass sich die Einsicht selbst, die

Idee des Mutes oder der Tugend im Allgemeinen, nahtlos und vollständig in Sprache fassen ließe. Wir Menschen sind unzulängliche Wesen: Wir leben in einer fragmentierten Welt, von der wir nur unvollständige oder bruchstückhafte Vorstellungen besitzen. Vom Ganzen, dem Wesentlichen, dem Allumfassenden haben wir oft nur eine Ahnung. Manchmal gelingt es uns, einen Abglanz davon zu erhaschen, der wie ein Lichtstrahl durch den Spalt eines Vorhangs fällt, als würde sich für einen kleinen Moment ein Schleier heben. Doch eine schlüssige Definition, ein in allen Anwendungsbereichen des Begriffs gleichbleibender Grundgedanke ist uns allzu oft nicht vergönnt. Dennoch kann uns der unablässige Versuch, die treffenden Worte zu finden, in die Nähe des Lichts und der Wahrheit führen, oder zumindest die verschiedenen Formen von Scheinwahrheit als Trugbilder entlarven.

Richte deine Aufmerksamkeit auf das entscheidende Detail

Wieder einmal bin ich in einem ganz anderen Gespräch, dieses Mal mit den Spitzen der Staatsanwaltschaft. »Warum ist Gerechtigkeit die letzte der von Platon beschriebenen Tugenden und nicht die erste?«, fragt einer der Teilnehmer. Das ist ein guter Punkt, vor allem in einer Gruppe von Gesetzeshütern. Wir befassen uns mit der Frage, inwiefern die Staatsanwaltschaft von den »drei P« – Politik, Polizei und Presse – unabhängig bleiben kann. Im Beispielfall, der die Gemüter ziemlich erhitzt, geht es um einen Konflikt zwischen den Amtsleitern zweier Behörden. Einige sehen das Problem darin, dass man als Mensch dazu neige, Beziehungen zu knüpfen, während man als Profi Distanz halten müsse. Für andere liegt die Schwierigkeit vor allem in der komplexen Aufgabe, die man zu erledigen hat. Weil man sich dabei anspannt und abschottet, bleibt für Offenheit und Verletzlichkeit kein Raum mehr. Andere wiederum meinen, dass es in diesem Fall gar nicht um Unabhängigkeit gehe, sondern um die Fähigkeit, auch dann noch miteinander in Kontakt zu bleiben, wenn grundlegende Diskrepanzen bestehen. Nach einer ausführlichen Besprechung dieser Gesichtspunkte gebe ich ihnen den Auftrag, selbst zu entscheiden, was den Kern der Angelegenheit, die Essenz der Frage ausmacht. Sie sollen sich bewusst werden, was sie am stärksten berührt. Dann bitte ich sie zu formulieren, was hier, in diesem Fall, die Kardinaltugenden sind, welche persönlichen und professionellen Qualitäten hier erforderlich sind, um dem, was sie berührt, gerecht zu werden: Besonnenheit, Mut, Weisheit und Gerechtigkeit. An diesem Punkt stellte dann einer die Frage: »Warum ist Gerechtigkeit die letzte der Tugenden und nicht die erste?«

Okay, Time-out. Ich erzähle eine Geschichte über das erste dokumentierte *Leadership*-Training in der Geschichte: Platons *Politeia*. In ihr setzt Sokrates die Struktur der Seele eines gerechten Menschen (Bauch, Herz und Kopf) parallel zur Struktur der Institutionen eines gerechten Staates (Finanzen, Ordnung, Gesetz). In beiden Fällen gilt: Gerechtigkeit ist eine Frage der rechten Verhältnisse: »Jedem das Seine«. Die Führung sollte nach Sokrates der Teil übernehmen, der Einsicht in diese Verhältnisse hat: Bei einem Individuum der Kopf, in einem Staat der Gesetzgeber. Wer nicht genug Einsicht in die richtigen Verhältnisse in sich selbst hat, kann als Führer einer Gemeinschaft oder eines Staates nicht die Entscheidungsverantwortung für die Verhältnisse anderer tragen. Wer selbst nicht im Gleichgewicht ist, kann außerhalb seiner selbst kein Gleichgewicht zustande bringen. Daher bilden die personalen Tugenden Besonnenheit, Mut und Weisheit die Voraussetzung für die institutionelle Tugend der Gerechtigkeit – und aus diesem Grund ist Gerechtigkeit die letzte der Tugenden.

Aber diese Geschichte stößt bei der Gruppe auf Zweifel. Ist personale Tugend nicht etwas völlig anderes als institutionelle Führungskompetenz? Wenn nur Menschen, die selbst gerecht sind, für Gerechtigkeit sorgen könnten, wären wir ganz schön übel dran, wendet einer der Teilnehmer ein. Denn wer entscheidet darüber, wer gerecht ist? Haben wir denn Gerechtigkeit nicht aus gutem

Grund von der persönlichen Moral separiert? Ich zögere, darauf einzugehen. Denn ehe man sich's versieht, landet man in einem Metagespräch über alle möglichen prinzipiellen philosophischen Fragen. Für die Betrachtung des Falls, die gerade so gut lief, wäre das der Todesstoß. Aber ich will den Punkt auch nicht unter den Tisch fallen lassen, denn der Teufel steckt im Detail, und dieses Detail ist genau der Grund, warum so viele Untersuchungsgespräche scheitern.

Die Kunst besteht darin, konkret und persönlich zu werden
»Lassen Sie uns das pragmatisch betrachten, nicht prinzipiell«, schlage ich ihnen vor, und weise die Gruppe auf den Unterschied zwischen einer »Frage an sich« und einer »Frage für mich« hin. Sokrates führte nur Gespräche über Letzteres, denn mit Gesprächen über Ersteres gelangt man nie zur Essenz. Solche Gespräche sind abstrakt und allgemein, unverbindlich oder – schlimmer noch – »akademisches Geschwätz«. Die Kunst besteht gerade darin, konkret und persönlich zu werden. Eine sokratische Untersuchung ist eine Selbstuntersuchung. Und auch wenn Gerechtigkeit etwas ist, was das Individuum übersteigt, gelangt man zur Einsicht in sie, wie man in jede Idee Einsicht erlangt: allein durch die Untersuchung eigener Erfahrung anstatt irgendwelcher hypothetischer Thesen. »Ich und Du müssen der Prüfung unterworfen werden«, sagt Sokrates zu Protagoras (*Protagoras, 331c*).

Es gibt auch noch einen weiteren pragmatischen Grund, die Untersuchung persönlich anzugehen. Das Wissen von Profis liegt nicht so sehr in ihren theoretischen Einsichten, sondern vielmehr in ihrer Wahrnehmung der entscheidenden Details. »Das Auge des Meisters« zeigt sich darin, dass es erkennen kann, wo etwas schiefläuft, wo sich erste Anzeichen von Erfolg oder Misserfolg abzeichnen. Gott und der Teufel stecken im Detail; deshalb, um uns die Details vor Augen zu führen, besprechen wir eine Frage anhand eines Einzelfalls. Und meistens stecken die wichtigsten Details nicht in äußeren Ereignissen, sondern vor allem in dem, was in uns selbst vorgeht – auch wenn es sich um die Analyse von Gerechtigkeit handelt.

Sie lassen sich durch meine Erläuterungen vorläufig beschwichtigen und tun, was ich ihnen aufgetragen habe: Sie beschreiben, was sie unter den Kardinaltugenden verstehen. Das führt zu einer ganzen Reihe hervorragender persönlicher Analysen. Darum geht es meiner Meinung nach. Das macht ein gelungenes Gespräch aus: dass Menschen den Mut haben, etwas zu zeigen, womit sie sonst hinter dem Berg halten. Nach dem Gespräch kommen mehrere Teilnehmer zu mir und erklären mir, wie zufrieden, wie froh sie über dieses Gespräch seien. »Endlich ging es mal um uns selbst«, sagt einer, »darum, wie wir ticken und was uns bewegt«. Und ein anderer erzählt, wie es sonst in solchen Meetings zugehe. »Das sind alles begabte Rhetoriker und geübte Juristen, die zu jedem Thema eine dezidierte Meinung haben. Bei all unseren Meetings glauben sie, diese unbedingt kundtun zu müssen. Bei jedem Thema müssen sie ihre Marke setzen und an jedem Baum ihr Bein heben.« Dann hebt er selbst abwechselnd erst das eine, dann das andere Bein, macht »Psst« und zieht dabei ein griesgrämiges Gesicht.

Ohne Idee keine Richtung

Nun komme ich erneut zu einem methodischen Punkt. Auf der Grundlage von Karl Poppers Ideen könnte ich nicht in der hier beschriebenen Weise praktizieren. Karl Popper, einer der bedeutendsten Philosophen des zwanzigsten Jahrhunderts, hat ein Buch geschrieben, das einen Frontalangriff auf Platon darstellt: *Die offene Gesellschaft und ihre Feinde.* Man muss zugeben, es ist ein großartiges Buch, gut geschrieben, äußerst gelehrt. Dieses Buch war und ist noch immer sehr einflussreich, vor allem in liberalen Kreisen. Popper grenzt sich in seinem Buch gegen eine Reihe von Denkern ab, die politische Utopien ersonnen und damit ausnahmslos großes Unheil angerichtet hätten. Platon ist sein erstes Angriffsziel, danach Hegel und Marx. Die jüngste Geschichte hat

Popper recht gegeben, zumindest was den Marxismus anbetrifft. Aber es wird Sie als Leser nicht überraschen, dass ich seine Auffassung zu Platon nicht teile.

Nicht weil Popper ein einseitiges Bild von ihm zeichnet, ihn wörtlich nimmt, wo man das nicht darf, oder ihn in vielen Punkten falsch wiedergibt. Das Problem, das ich mit Poppers Kritik habe, besteht kurz gesagt darin, dass wir, trotz aller bei Utopien gebotenen Vorsicht, in der Praxis nicht ohne Utopien auskommen. Jede Idee ist ihrem Wesen nach eine Utopie. Jedes Gesetz, jeder moralische Maßstab, jedes Ideal ist eigentlich »ein Muster im Himmel« (*Politeia*, 592b), ein Traum, der sich, auch wenn er sich in unseren Lebensverhältnissen nur begrenzt realisieren lässt, deshalb nicht weniger wichtig ist. Sokrates, Platons Lehrer, war in seinen Gesprächen ständig auf der Suche nach diesem Ideal. Wie sollte man Gespräche nach seinem Vorbild führen können, ohne seine Auffassung zur Bedeutung von Ideen zu teilen? Wie sollte man nach Poppers Konzept eine Vision entwickeln können, ohne nach einer Idee zu suchen? Ich halte das für unmöglich.

Poppers Kritik ging ursprünglich aus seiner Wissenschaftsanalyse in seinem früheren Buch *Die Logik der Forschung* hervor. Diese Logik sollte auf dem Prinzip der Falsifizierbarkeit aufbauen: Wissenschaft und Fortschritt entstehen nicht durch wiederholte Beweise der Wahrheit von Theorien, durch ihre Verifizierung, sondern durch das Aufstellen kühner Hypothesen zum Nachweis der Falschheit von Theorien samt ihrer anschließenden Überprüfung. Einfach gesagt: Um herauszufinden, ob alle Krähen schwarz sind, sucht man nicht noch eine weitere schwarze Krähe, sondern behauptet die Existenz weißer Krähen, um anschließend nach einer weißen Krähe zu suchen. Die Validität dieser Umkehrung ist von einigen Kritikern bestritten worden. Gleichwohl nimmt Popper in seinem Buch *Die offene Gesellschaft und ihre Feinde* einen ähnlichen Perspektivwechsel vor. Er behauptet, dass wir uns nicht an einer »utopischen Architektur der Gesellschaft« orientieren dürften, die auf die Realisierung einer Idee abziele. Er plädiert für eine »Stückwerk-Sozialtechnik« (*piecemeal engineering*), die rein pragmatisch vorgehe und nach Lösungen für individuelle Probleme suche. Große übergreifende Ideen würden das Denken gegen das abschotten, was wir durch *trial and error*, Versuch und Irrtum, lernen könnten. Denn jede Idee wirke wie ein Scheinwerfer, der bestimmte Dinge ins Licht rücke, während er andere im Dunkeln belasse. Niemand habe die Wahrheit für sich gepachtet, niemand habe das Monopol auf die besten Ideen, auch die politische Elite nicht. Im Gegenteil, statt dem Führungspersonal langfristig die Möglichkeit zu geben, seine eigenen Ideen in die Tat umzusetzen, sei es wesentlich günstiger, für seinen rechtzeitigen Austausch Sorge zu tragen, damit es kein allzu großes Übel anrichten könne. Auch darin drückt sich eine Umkehrung des Denkens aus.

Die großen Ideale als Richtschnur

Aber betrachten wir nun einmal die Praxis. Ich führe ein Gespräch mit Bankern über die Frage: Wann sollte ich keinen Kredit mehr gewähren? Anhand eines von einem Teilnehmer eingebrachten Falles suchen wir nach dem richtigen Kriterium, der richtigen Perspektive hinsichtlich der Aufgaben einer Bank. Dabei spielen viele Themen eine Rolle: die persönliche Beziehung, das bereits aufgebaute Vertrauen, das unternehmerische Risiko, die Unternehmenskontinuität, das kommerzielle Handeln, die gesellschaftliche Verantwortung. Letztendlich muss man sich für ein Handeln entscheiden, das sowohl nach innen als auch nach außen vertretbar ist. Worauf beruht diese Entscheidung? Die Teilnehmer vergleichen im Gespräch ähnlich gelagerte Fälle miteinander, berufen sich auf ihren gesunden Menschenverstand, auf alle möglichen Normen, auf Anstand, Effizienz und Machbarkeit. Aber in letzter Instanz stützen sie sich auf eine Idee, die in ihrem *Mission Statement*, ihrem Leitbild, formuliert ist: Gemeinsam erreicht man mehr als allein. Es ist wichtig, zu den Kunden, der Gesellschaft und der Zukunft die richtige Verbindung zu schaffen. Es geht darum, engagiert und nahe am Geschehen zu sein. Darum, das, was man zu tun hat, gut zu tun. Das sind hehre Worte, und so sind sie auch gemeint. In unserem Einzelfall der Kreditvergabe werden sie heruntergebrochen und mit den Details der Situation verknüpft. Dennoch: Es sind die großen Ideale, die die Teilnehmer inspirieren, ihnen eine Richtschnur für ihr Handeln und Argumente zu seiner Rechtfertigung an die Hand geben.

Wie würde Popper an einen solchen Fall herangehen? Was könnte er tun, außer den Bankern Vorträge zu halten? Würde er ihnen zu *trial and error* raten? Ich wüsste nicht, wie man sich das in diesem Fall vorstellen könnte. Würde er ihnen untersagen, sich an großen Worten zu orientieren? Das scheint nicht angebracht, wenn man selbst Offenheit propagiert. Würde er untersuchen, welchen Schaden die hehre Idee anrichten könnte? Das mag durchaus nützlich sein, doch es ist nicht dazu angetan, Menschen zu inspirieren. Ich denke, im Hintergrund steht das große Problem, dass Popper der wissenschaftsorientierten akademischen Philosophie verhaftet ist. Für ihn ist die kritische Analyse das einzige probate Mittel, doch in der sokratischen Praxis bedarf man auch einer inspirierenden Synthese. Einer Idee im klassischen platonischen Sinne. Was Popper unterschlägt, ist das Faktum, dass man, um überhaupt Kritik üben zu können, schon einer Idee bedarf: Ohne Idee lässt sich weder Sachverständnis noch Handlungsorientierung gewinnen. Und durch bloßen Pragmatismus und »Stückwerk-Technik« entsteht weder inneres Engagement noch Verbundenheit. Für jede Art »sozialer Technik« braucht man eine Idee und eine Vision.

Sei genau

Ich sitze mit einer Gruppe von Managern am Tisch, die sich eingehend mit Strategieführung befassen. Sie sind lernbegierig, und das müssen sie auch sein, wenn sie es inmitten all dieser theoretischen Analysen aushalten wollen, in denen es um »gesellschaftliche Koordinationsmechanismen«, »abgegrenzte Funktionsbereiche«, um »die zunehmende Versachlichung primärer Prozesse«, das »Schaffen öffentlicher Werte« und, nicht zu vergessen, um »die dynamischen Entwicklungen im Makroumfeld« und »den Diskurs in der Mikrosituation« geht. Die zentrale Botschaft der Masterklasse lautet: Manager müssen eine strikte Orientierung auf ihre strategische Positionierung hin entwickeln. Das ist offensichtlich längst zu ihnen durchgedrungen, sonst säßen sie nicht hier. Aber was bedeutet das genau, sich strategisch zu positionieren? Das ist die große Frage.

Es ist kühl und schummrig in dem kleinen Saal, in dem unser *diner pensant* stattfindet, aber die Atmosphäre ist entspannt und der Wein ist süffig. Ich frage die Manager, wo ihnen in ihrer Arbeit Fragen der strategischen Positionierung begegnen. Daraufhin lassen sie sich über Allgemeinheiten aus, das mangelnde Szenario-Denken in ihrer Organisation, die Komplexität vielschichtiger Kontexte, die Schaffung einer gemeinsamen Verständigungsbasis und die Implementierung einer bestimmten Politik. Dozenten, die ein schlechtes Vorbild geben, bewirken nun einmal Schlechtes. Viele glauben, sie würden erst dann etwas gelten, wenn sie die beschwörende Geheimsprache eines Fachgebiets beherrschen.

»Geben Sie mir ein Beispiel, machen Sie es mal konkret«, fordere ich sie auf. Nun werden die Schilderungen verständlicher. Eine sticht heraus: Sie beschreibt die Ohnmacht einer Teilnehmerin, ihren Chef dazu zu bringen, wie abgesprochen an den Meetings teilzunehmen. Ein wunderbares Beispiel. Man kann noch so schöne Strategiekonzepte entwickeln, in der Praxis hängt alles an diesen einfachen Dingen. Sie hat vieles probiert, doch wenn es darauf ankommt, sind ihrem Chef andere Dinge immer wichtiger. »Sollen wir das Managementteam denn ganz auflösen?«, fragt sie. Diese Frage ist aber nur rhetorisch. Sie hat ihn mehrfach darauf angesprochen, und jedes Mal hat er versprochen, sich zu bessern. Eigentlich ist er ein guter Kerl, ein Macher, ein liebenswürdiger und kommunikativer Initiator. »Aber irgendwann muss man doch auch die Möglichkeit haben, sich mit der Gruppe abzusprechen, man kann doch nicht alles unter vier Augen entscheiden.«

Wir beleuchten den Fall. Dass wir damit den Diskurs in der Mikrosituation und die Vielschichtigkeit strategischer Positionierung untersuchen, haben alle längst vergessen. Und das ist auch gut so. Verschiedene Sichtweisen werden präsentiert, die vom Vorschlag, nichts zu tun, bis zum Ratschlag, sich abzugrenzen oder einen Aufstand zu machen, reichen. Aber welche Frage gilt es hier eigentlich zu beantworten? Die Frage: »Wie gehe ich mit meinem Ärger um?« ist zu psychologisch. »Was kann ich tun, um auf ihn einzuwirken?« ist zu instrumentell. »Wie weit reicht meine Verantwortung für das Team?«, das geht schon eher in die richtige Richtung. »Wann hört man damit auf, einen anderen von der eigenen Sichtweise zu überzeugen?« ist die Frage, die nach Auffassung der Beispielgeberin am ehesten ins Schwarze trifft.

Das richtige Bild finden

Nun schauen wir uns an, welche »Ungeheuer« (Ineffizienz, mangelnder Zusammenhalt) und welche »Götter« (Gemeinsamkeit, Zielorientierung) hier aktiv sind, und welche Opfer »der Held« darbringen muss (die Chance, selbst recht zu haben, die Sache selbst in die Hand zu nehmen) – feststehende Elemente des sogenannten Glasperlenspiels. Das Glasperlenspiel ist eine, in meinem Büro Eidoskoop entwickelte Variante der sokratischen Methode, die dazu dient, die platonische Ideenlehre für den Einzelnen und Organisationen anwendbar zu machen. Sie besteht aus einer systematischen Analyse der Fakten einer Fragestellung, der persönlichen Reaktionen auf sie, ihrer möglichen Interpretationen und schließlich ihrer Zusammenfassung in einer Vision oder Idee. Beispiele dafür finden sich auf den Seiten 98–100 und 143–176 (siehe Kapitel IV »Vertiefe deine Erinnerung« und Kapitel V »Schaue die tragenden Ideen«). Um das Spielfeld abzustecken, machen wir eine Übung mit Ansichtskarten: Was würde man seinem Chef schreiben, um ihm die eigene Botschaft auf einer Ansichtskarte entweder zu forsch oder zu zurückhaltend zu vermitteln? Und wie wäre die Botschaft genau richtig zu formulieren? Das führt zu einigen lustigen Szenen.

Doch dann, eigentlich erst, als wir den Nachtisch schon genossen haben, beginnt es spannend zu werden. Was ist hier ihr Bild, ihre Vorstellung von »dem Guten«? Ein einfaches Bild zu finden, das das Wesentliche der Situation wiedergibt, ist ein wichtiger Aspekt von Strategieentwicklung. Um »eine Situation mit einem Sinn belegen zu können« – wie es eine Definition von Führungskunst fordert –, muss man das richtige Bild finden, ein Bild, das komplexe Zusammenhänge auf einfache Weise verständlich macht und den Kern der Sache trifft. Einer der Teilnehmer beschreibt die Beispielgeberin und ihren Chef als zwei Solo-Instrumentalisten in einer Band, die moderne, experimentelle Musik spielt. So ohne Weiteres ist es nicht möglich, die Musik zu verändern, oder die Art, in der die Musiker spielen. Da sie improvisieren, müssen sie sich sehr gut aufeinander abstimmen, sich Raum lassen, aber sich selbst auch Raum nehmen und ständig nach Möglichkeiten suchen, sich gegenseitig anzuspornen. Ein wunderbares Bild, die Beispielgeberin nickt zustimmend.

Wie lautet nun die Antwort auf die Frage: »Wann hört man damit auf, einen anderen von der eigenen Sichtweise zu überzeugen?« Offenbar gibt es ein Problem mit dem Wort »überzeugen«. Beim gemeinsamen Musizieren geht es nicht darum, sich gegenseitig zu überzeugen, sondern um ein Herausfordern, ein Locken und Reizen. Und damit hört man auf, wenn die Musik an Intensität verliert, wenn sie langweilig wird, ins Stocken gerät oder aus dem Takt kommt. Mit dieser Metapher sind alle einverstanden, das Bild entfaltet seine Wirkung.

Und woran erkennt man in unserem Fall, dass die Musik ins Stocken gerät, dass sie insgesamt kraftloser und fader wird? An einem selbst, daran, wie das Ganze klingt, an dem eigenen Ärger und den vergeblichen Versuchen, das Zusammenspiel zu ändern. Sehr gut. Und was sollte man tun, um das Ganze in die richtige Richtung zu dirigieren? Alle sitzen perplex vor ihrem Kaffee. Ja, diese Frage müssen wir beantworten, denken sie, um beim nächsten Mal, wenn sich so etwas abspielt, angemessen reagieren zu können. Niemand hat nun darauf eine genaue Antwort. Doch der Blick ist geschärft. Sie erkennen, dass die Antwort eher in genauer Selbstwahrnehmung als in Schlagworten zu finden ist. In Strategiesprache übersetzt, würde man sagen: Das Einzige, was effektiv auf die dynamischen Entwicklungen des Makro-Umfelds einwirken kann, ist der Diskurs in der Mikro-Situation.

Zum Nachdenken braucht man Freiraum

Ich komme nun zu einem weiteren zentralen, oft aber unterschätzen methodischen Aspekt: der Bedeutung von Freiraum für gute Gespräche. Freiraum ist womöglich die größte Entdeckung in der Geschichte der westlichen Welt; da ihre Bedeutung schwer zu erkennen ist, zugleich aber auch die am stärksten vernachlässigte Voraussetzung der Dialektik und der Visionsentwicklung. Das zeigt sich bereits in den Anfängen der westlichen Philosophie, die für gewöhnlich mit dem griechischen Denker Thales von Milet angesetzt werden. Thales entdeckte auf seinen Reisen durch den Orient, dass die Ägypter eine Reihe von Faustregeln für die Landvermessung nutzten. Alljährlich trat der Nil über die Ufer und überflutete die Grenzlinien der Felder und Ländereien, die daher immer wieder neu festgelegt werden mussten. Die Bewohner des Nilufers hatten dafür eine Lösung gefunden, eine Möglichkeit, rechteckige Grundstücke abzumessen und so die Grenzlinien ihrer Äcker zu erneuern.

Thales' Genialität lag in seiner Fähigkeit, deren Methode von dem praktischen Problem, zu dessen Bewältigung sie erdacht worden war, zu lösen. Er erkannte, dass sich die Faustregel der Ägypter zu einer Methode verallgemeinern ließ, mit der man alle möglichen Oberflächen berechnen konnte. Das heißt, es gelang ihm, sich davon zu befreien, worin für alle anderen der einzige Wissenszweck bestand: von dem Gedanken, das Wissen müsse nützlich sein, man müsse damit etwas kontrollieren, ein Problem beseitigen. Dadurch wurde eine ganz andere Art des Denkens angestoßen, es wurde möglich, etwas um seiner selbst willen zu betrachten, Wissenschaft und Philosophie zu betreiben oder eine Theorie zu entwickeln, die nicht an irgendeinen praktischen Zweck gebunden war. Thales kann als der erste westliche Denker gelten, der dem Denken einen Freiraum schuf. Er ist der erste Denker, der nicht nur zu den konkreten Problemen, die nach einer Lösung verlangten, auf Distanz ging, sondern auch zu den großen magischen und mythologischen Welterklärungen seiner Zeit. Er vermochte es, sich davon zu befreien, er ging das Wagnis ein, alles zu bezweifeln und zu relativieren. Auf diese Weise gelang es ihm, einen neuen Weg einzuschlagen und nach andersgearteten Erklärungen zu suchen: keine überirdischen, sondern vernünftige, menschliche, irdische Erklärungen.

Diese tiefgreifende Einstellungsänderung zog weitreichende Folgen nach sich. Thales transformierte die Praxis der Landvermessung in die Wissenschaft der Geometrie. Die gesamte westliche Wissenschaft ist aus diesem Sprung zu einem interesselosen, vom Zweck einer unmittelbaren Problemlösung befreiten Denken entstanden. Auf den Wogen der Vorstellungskraft treibend, sucht dieses Denken nach Wahrheiten, die, nutzlos scheinend, tiefschürfender und weitreichender oder auch nur schöner und befriedigender für den menschlichen Geist sind. Und gerade diese Wahrheiten haben sich im Laufe der Geschichte seltsamerweise als besonders nützlich erwiesen.

Die Einstellung einer interesselosen Konzentration, frei von jeglicher Nützlichkeitserwägung, ist die wichtigste Voraussetzung jedes tiefgehenden Gesprächs – eine Haltung, die für praktisch Gesinnte manchmal schwer zu ertragen ist. Zu philosophieren bedeutet, sich frei zu denken, im Kopf Raum schaffen. Es bedeutet, den Mut zu haben, Urteile zurückzustellen, feste Ansichten aufzugeben, sich ins Ungewisse zu begeben; den Mut, sich von gängigen Sichtweisen zu verabschieden. Denken bedeutet, Gedanken zu verändern. Und all das beginnt mit einem Raum-Schaffen, dem Einlegen einer Denkpause, vor, nach oder vielleicht auch während des eigentlichen Handelns. *Scholé* nannten die Griechen das, einen Freiraum – unser Wort für Schule ist davon abgeleitet. Eine Schulung im eigentlichen, philosophischen Sinn ist also eine Übung im Freidenken, ein Raumschaffen im Geist.

Erforsche neben der Sache immer auch dich selbst

Liebe R. und lieber P.,
es ist schon wieder Monate her, dass wir an einem Abend zusammensaßen, um wieder einmal darüber nachzudenken, was wir mit unserem Leben anfangen sollten. Ich hatte mir vorgenommen, einige Vorschläge für Reisen zu machen, etwa mit Pessoa im Gepäck nach Lissabon zu fahren oder mit Montaigne als Führer nach Bordeaux. Aber irgendwie konnte ich das für mich nicht klar bekommen. Ja, so eine Reise sollte an ein Buch, eine Idee gekoppelt sein, an etwas, das einen zum Nachdenken bringt. Aber diese Bücher sind so dick und die Welt ist so groß, was sollte man da aussuchen, ich konnte mich nicht wirklich zu einer klaren Entscheidung durchringen. Gestern jedoch, auf dem Rückweg von einer *sentimental journey* nach Ost-Groningen, ruckelte sich plötzlich alles zurecht. Ich saß im Auto und fragte mich, ob ich denn wirklich noch irgendwo anders hinwollte als zu den Freunden, die in meiner Nähe wohnten. Wie ihr wisst, bin ich nicht so versessen aufs Reisen, daher führte mich diese Frage sofort zu den nächsten altbekannten Zweifeln, warum man überhaupt irgendwohin reisen sollte, und wenn ja, mit wem und wie. Ich erinnerte mich, dass du, R., mit deiner Frau einmal in Weimar gewesen bist, um auf den Fußspuren von Goethe und Schiller zu wandeln. Dort will ich auch noch einmal hin, dachte ich, auch wenn die Herzogin Anna Amalia Bibliothek inzwischen abgebrannt ist. Welche Bücher würden zu einer solchen Reise wohl passen? Nun, zum Beispiel *Die Leiden des jungen Werther*. Ein Kolportageroman, mit dem Goethe damals großen Ruhm einheimste, weil er so triefend sentimental ist. Verrückt eigentlich, dass das Buch damals so eingeschlagen hat, dachte ich. Offensichtlich gab es ein großes Bedürfnis nach Sentimentalität, vermutlich als Gegengewicht zur Aufklärung. Aber dann dachte ich, dass ich als Zwanzigjähriger auch bis zum Hals in allen möglichen Arten von *Encounter* und *Selbstdarstellung* gesteckt habe, all diesem Psychokram, vor dem unseren Alten so grauste und nicht anders mir selbst mit dem Wissen von heute. Die

Geschichte hat sich offenbar wieder einmal wiederholt. Was ist das eigentlich, dachte ich, Sentimentalität? Sollte ein Mensch über seine Gefühle sprechen und wenn ja, wie? Und wann geht man damit zu weit, wann nicht weit genug? Das ist es, dachte ich. Dieses Thema würde ich gerne mal mit euch angehen. Das wäre ein guter Grund, nach Weimar zu fahren. Goethe und Schiller geben dann nur noch einen Anlass; worum es mir eigentlich geht, sind natürlich unsere eigenen Gedanken. Und wie so oft besteht die Kunst darin, eine einfache Frage zu formulieren: Wie sollte man über Gefühle sprechen? Wir könnten Goethes Buch lesen, einen kleinen Bus für die Gruppe mieten und nach Weimar fahren, um uns dort das ein oder andere anzusehen und uns die ganze Zeit über mit dieser Frage zu beschäftigen. Am Anfang erzählt einer, was er an dieser Frage spannend findet, und am Ende hat jeder eine Antwort darauf gefunden. Das Abschlussritual könnte darin bestehen, uns gegenseitig zu erzählen, was wir darüber denken. Bingo!

Wie würde das mit Pessoa funktionieren? Zum Beispiel so: Wir nehmen sein berühmtes *Buch der Unruhe*. Die Frage wäre dann, was das Wort »Unruhe« für euch bedeutet? Spielt es in eurem eigenen Leben eine Rolle? Und um was geht es dabei, was macht euch unruhig und was beruhigt euch? Das würde ich gerne von euch wissen. Eine solche Frage ruft bei mir sofort viele Assoziationen hervor. Aber vielleicht ist der beste Ort, um sich darüber auszutauschen, doch eines der Cafés, die Pessoa regelmäßig besucht hat, oder die Ufer des Tajo, über den er so schöne Gedichte geschrieben hat.

Nachdem ich mir das ausgedacht hatte, fiel mir alles Mögliche ein. Wir reisen nach Paris und lesen davor *Jacques der Fatalist und sein Herr* von Diderot. Er war einer der berühmtesten philosophischen Schriftsteller des 18. Jahrhunderts, Mitglied der französischen Enzyklopädisten, die alles Wissen zugänglich machen wollten. (2013 war das Thema der Biennale in Venedig »Der enzyklopädische Palast«.) Es ist ein schönes, dünnes und verrücktes Buch. Das könnte ein Anlass sein, um zu überlegen, welche Rolle Zufall und Schicksal in unserem eigenen Leben spielen. Was ist Fatalismus eigentlich, ist es etwas Positives oder etwas Negatives bzw. wann ist es das eine und wann das andere? Und in welcher Hinsicht haben wir wirklich das Gefühl, frei zu sein, zu tun, was wir wollen? Das ist heute ja durchaus wieder ein aktuelles Thema bei all den Hirnforschern und deren steilen Thesen. Ich würde gerne wissen, was ihr eigentlich darüber denkt.

Oder wir nehmen die *Essais* von Montaigne. Das Buch ist natürlich viel zu dick, um es ganz zu lesen. Aber wir könnten uns auf ein paar Essays beschränken. Hauptsache, wir erkunden, welche Rolle in unserem Leben »ausprobieren« und »versuchen« spielt. Denn ein Essay ist ja im buchstäblichen Sinne ein Versuch. Montaigne wagte mit jedem seiner Essais einen Versuch, gerade das macht den Charme des Werkes aus. Natürlich könnten wir dazu sein altes Schloss in Bordeaux besuchen. Dabei sollten wir auch über den Unterschied zwischen dem, was wir können, und dem, was wir nicht können, reden. Und darüber, was wir ausprobieren. Wann wird dieses Ausprobieren zu einem Können? Habe ich in meinem Leben immer das ausprobiert, was ich schon konnte, oder gerade das, was ich nicht konnte? Und warum finden wir Ausprobieren bei Montaigne so attraktiv, bei Politikern aber unangebracht? Nun ja, es gibt eine Menge Fragen, die zu bedenken sich lohnt.

Oder wir nehmen uns den *Ulysses* von Joyce vor. Was könnten hier Fragen sein? Zum Beispiel: Wie erzähle ich eine Geschichte? Wir tun das auf ganz unterschiedliche Weise. Aber warum gerade so und nicht anders? Und wie erzähle ich meine eigene Geschichte, die Geschichte meines eigenen Lebens? Kann ich dafür ebenso viele unterschiedliche Stile finden, wie sie James Joyce für Daedalus und Leopold Bloom gefunden hat? Gibt es einen unter ihnen, den ich als den wahren Stil betrachte, die wahre Geschichte, die wiedergibt, wie ich wirklich bin? Ich weiß, mit all diesen Themen beschäftigen R. und ich uns immer wieder. Und es war etwas ganz Besonderes, dem tatsächlich einmal in Dublin nachzugehen, das fügte dem Gespräch einen wesentlichen Aspekt hinzu. An anderen Orten wird das wohl ebenso sein, was schon Grund genug wäre, sich hin und wieder auf den Weg zu machen.

Wir könnten auch noch einen Schritt weitergehen. Angenommen, wir nähmen Bach als Thema. Wir würden Maarten 't Harts Buch lesen, nach Eisenach und Köthen reisen und uns sein Standbild anschauen. Natürlich würden wir uns das ein oder andere anhören. Aber die Frage, die mich am meisten interessiert, wäre etwa die Folgende: Wo oder wann gleicht dein eigenes Leben der Musik von Bach? Oder hatte es nie Ähnlichkeit damit? Auch nicht mit den Violinsonaten? Das glaube ich nicht, das kann ich mir nicht vorstellen. Dann hast du sie dir wohl nie richtig angehört. Und so weiter.

Auf jeden Fall bekam ich, nachdem ich mir all diese Gedanken gemacht hatte, Lust zu reisen. Nicht um Tourist zu spielen, sondern um mich, euch und die Handvoll Freunde, die mitreisen wollen, ein wenig zu enträtseln und anzustacheln. Um Ideen zu formulieren, nicht *in abstracto*, sondern auf uns selbst, auf unseren eigenen Leib zugeschnitten, darauf, wie wir selbst gestrickt sind. Ein jeder weiß doch: Wenn man auf Distanz geht, schafft man Nähe, rückt man sich selbst und den anderen dichter auf den Pelz.

Was denkt ihr, sollten wir uns noch einmal treffen, um zu überlegen, was wir mit unserem Leben anfangen wollen? Sollten wir zur Terminplanung übergehen, damit wir uns diese Zeiten möglichst freihalten und Flüge, Züge und Hotels buchen können?

Herzliche Grüße
Jos

III. Suche das poetische Argument

Vor einigen Jahren erhielt ich eine Anfrage für einen großen Auftrag bei einer Bank: Es ging um eine Reihe sokratischer Gespräche zur Rolle des Geldes und den Platz des Bankers innerhalb der Gesellschaft. Ich hatte gerade ein Buch über die sokratische Methode veröffentlicht und die ersten Schritte auf dem Markt unternommen. Der Strategie-Direktor hatte mich zu einem Gespräch in die Bankzentrale eingeladen. Sein Büro befand sich hoch oben in einem der gläsernen Türme, mit weitem Blick über die Stadt – die aus diesem Blickwinkel klein und unbedeutend wirkte. Ich nahm an, er wolle von mir wissen, wie ich die philosophischen Gespräche mit den Bankern zu strukturieren gedachte, und hatte mich darauf vorbereitet, ihm meine Pläne kurz vorzustellen. Einleitend legte ich mit bescheidenem Stolz mein Buch auf den Tisch und schob es in seine Richtung. Er besah sich den Einband, und bevor ich überhaupt ein Wort sagen konnte, begann er mir weitschweifig darzulegen, dass die sokratische Methode ein grundlegendes Defizit aufweise. Er rate mir, dieses Defizit zu beheben, da meine Rolle bei seiner Bank sonst bald ausgespielt sei.

Nach Ansicht des Direktors lag das Defizit darin, dass Sokrates nur analytisch vorgegangen sei: Er habe Behauptungen zerpflückt, nach Prämissen gesucht und die Logik der Argumentation geprüft. Das sei ja innerhalb der akademischen Philosophie schön und gut, in der Praxis brauche man allerdings etwas ganz anderes als eine Analyse, nämlich eine Synthese, eine Verbindung, eine gemeinsame Idee. Eine Organisation sei keine wissenschaftliche Institution, dozierte er, sie sei ein Theaterstück, das gut aufgebaut sein müsse, bei dem Menschen dabei sein wollten, weil es ihrem Leben einen Sinn gebe. »Eine Organisation ist eine Gruppe, die

eine Idee verbindet«, schärfte er mir ein. Ich solle mich darauf ausrichten, solche Ideen zu finden.

Das Ganze sehen

Auch wenn sein Bild von Sokrates nicht ganz zutreffend war, sind
mir seine Bemerkungen doch dauerhaft in Erinnerung geblieben.
Sie haben mich auf die Spur dessen gebracht, was man den »analytischen Trugschluss« nennen könnte: die Annahme, dass man
der »Wahrheit« in einer Frage oder dem Kern einer Sache allein
mittels Analyse auf die Spur kommen könne, durch das Sezieren
von Aussagen und Argumenten oder die systematische Kritik der
Prämissen. Doch das ist bestenfalls eine Hälfte der Geschichte.
Man braucht auch die andere Hälfte, etwas ganz anders Gearte-
tes, um Zusammenhang, Sinn und auch Wahrheit zu finden, zumindest die Art von Wahrheit, die einen mitreißen kann. Platon
nannte das *Synopsis*, wörtlich übersetzt, die Fähigkeit zur »Zu-
sammenschau«, zum Sehen des Ganzen. Hierfür braucht man
Fantasie und Kreativität, genuine Fähigkeiten von Dichtern und
Künstlern. Denn schließlich muss man etwas »verdichten«, um
eine große Zahl von Fakten, Argumenten und Bedeutungen in
einem Bild oder in *einer* Geschichte fassen zu können. Damit »er-
schafft« man buchstäblich Wirklichkeit – unser Wort Poet leitet
sich vom griechischen *poiein* her, das »erschaffen« bedeutet. Ein
Dichter ist jemand, der Wirklichkeit schafft. Er ersinnt Gleichnisse
und Metaphern, die so stark sind, dass sie uns das Gefühl vermitteln, wir erkennten die Wirklichkeit selbst. Er findet Worte für
das, was wesentlich ist, und er kann sichtbar machen, was verborgen war. Worte wie: »Eine Organisation ist eine Gruppe, die eine
Idee verbindet.« Oder: »Gib dem Hungernden keinen Fisch, sondern eine Angel.« Mit Bildern schafft man Übersicht und Bedeutung, und einen Rahmen, innerhalb dessen man argumentieren
kann. Natürlich müssen die Argumente logisch gültig und faktisch zutreffend sein. Doch der Rahmen definiert das Spielfeld und
bestimmt, was wesentlich ist.

»Framing« heißt das heute. Es ist eine entscheidende politische

Fähigkeit und ein zentraler Aspekt der Führungskunst. Und zugleich ein vernachlässigter Aspekt, vor dem viele zurückschrecken. »Warum eigentlich?«, fragte ich einen etablierten Denkberater. »Mir ist schon klar, dass die Sprache von Künstlern nicht unmittelbar mit der Sprache von Managern und Führungskräften verbunden ist. Aber ist es nicht so, dass Berater ihre Klienten dazu bringen möchten, ›out of the box‹ zu denken? Das gehört doch zu ihrem grundlegenden Handwerkszeug.« Er antwortete: »Ich habe Angst, dadurch in so eine Art Sinngebungsporno hineinzugeraten.« Die Wortwahl fand ich bemerkenswert, ein Hinweis auf Phantasie und poetisches Talent, genau auf das, wovon er sich fernhalten wollte. Doch es ist mir nicht gelungen, ihn von der Furcht vor seinem eigenen Talent zu befreien.

Zu Beginn des Dialogs *Phaidon*, eines analytischen Gesprächs über die menschliche Seele, berichtet Sokrates, er habe einen wiederkehrenden Traum, in dem ihm der Auftrag erteilt werde: »Sokrates, übe und treibe die musische Tätigkeit!« (60e) Genau darum geht es hier, um die Suche nach Verdichtung, das Auffinden von Worten und Bildern, die so stark sind, dass sie Wirklichkeit erschaffen. In diesem Kapitel beschreibe ich eine Reihe tragender Ideen, die alle mit dem poetischen Argument zusammenhängen: dem Formulieren des Wesentlichen, des Kerns dessen, was uns berührt. In der Praxis der Dialektik und der Schulung des Geistes ist das Artikulieren dieses Kerns eine grundlegende Technik.

Erkenne, was dich berührt

Das poetische Argument spielt in einem sokratischen Gespräch von Anfang an eine große Rolle. Man analysiert eine Frage, sucht Beispiele dazu, formuliert eine Untersuchungsfrage und geht den unterschiedlichen Ansichten dazu nach. Wenn man diese Ansichten ausgetauscht und kommentiert hat, kommt der Zeitpunkt, an dem zu klären ist, worin für jeden hier der Kern der Sache liegt. Das erkennt man nicht mit dem Kopf, sondern mit dem Herzen.

Die Frage lautet also: Was geht mir in dieser Frage zu Herzen? Was berührt mich am stärksten? Das ist der Ausgangspunkt, von dem aus erkundet werden kann, welche Vortrefflichkeit hier nötig ist, welche Meisterschaft von uns gefordert wird, um dem, was uns berührt, gerecht zu werden.

Manche nehmen diese Fragen zum Anlass, sich selbst auf einer tiefgehenderen Ebene zu untersuchen: Was macht mich eigentlich aus? Worum geht es mir, was muss ich lernen, was ist meine »nächste Entwicklungszone«, wie die Pädagogen das nennen? Andere blocken diese Fragen ab. Sie sind nicht imstande zu benennen, was sie berührt oder ihnen zu Herzen geht. Nicht etwa, dass sie es nicht formulieren könnten, es ist einfach so, dass es anscheinend nichts gibt, was sie berührt. Sie verstehen die Frage nicht einmal. Für sie handelt es sich um eine rein begriffliche Untersuchung, bei der es um die Analyse von Denkweisen und Auffassungen geht – und nicht darum, was sie berührt.

Anders, als viele meinen, ist für Sokrates das Gefühl ein entscheidender Teil jeder Untersuchung. Bei ihm dreht sich ein Gespräch immer und von Anfang an darum, was uns berührt. Ob es nun um Freundschaft oder Gerechtigkeit geht, um Sprache oder Schönheit, um Mut oder Wissen, nie ist das Gespräch eine rein rationale Analyse, immer liegt ihm das ein oder andere starke Verlangen (*Eros*) oder eine »heilige Entrüstung« (*Thymos*) zugrunde.

Natürlich ist die Methode des Sokrates die vernünftige Argumentation und ihr Ziel eine scharfe Einsicht in einer Fragestellung. Doch das ist nicht nur eine Sache des Denkens, auch das Gefühl spielt hier eine wesentliche Rolle. Der in Platons Höhlengleichnis beschriebene Aufstieg vom bloßen Mutmaßen zum konkreten Urteilen und dann weiter zum Argumentieren und zur Erkenntnis ist – anders als viele Philosophen meinen – nicht nur eine kognitive Entwicklung. Es ist auch und vielleicht sogar wesentlich eine affektive Entwicklung, wie die analoge Geschichte der »Liebesleiter« belegt, die Sokrates in den Worten von Diotima, »einer Frau vom Stande der Seherinnen«, wiedergibt.

Diotima schildert, wie sich die Liebe während eines Menschenlebens entwickelt. Zunächst verliebt man sich in *eine* Person: Eine himmlische Berührung trifft einen jäh und lässt der Seele Flügel wachsen, mit denen man in höhere Sphären aufsteigt. Später jedoch verliebt man sich in mehr als eine Person, man verlangt danach, vielen etwas zu bedeuten, für die Gesellschaft wertvoll zu sein, einen Beitrag für sie zu leisten und von anderen anerkannt zu werden. In einer weiteren Phase verliebt man sich in das Wissen und das Können selbst, in die Kenntnis davon, wie sich etwas verhält, wie die Dinge laufen und warum alles so funktioniert, wie es funktioniert. Das eigene Begehren richtet sich mehr und mehr auf Einsicht und Weisheit, bis man schließlich zu der Einsicht gelangt, was Liebe und Berührtsein eigentlich bedeutet, was ihr Wesen ausmacht.

In dieser ganzen Schulung der Liebe geht es nach Sokrates' Auffassung im Grunde nur um eines: die Entfaltung des eigenen Berührtseins, dem Kultivieren dessen, was das eigene Herz berührt. Darin liegt der Quell aller Entwicklung und aller Kultur, in dem Wissen, was mich berührt, wo mich der Eros mit seinen Pfeilen trifft.

Doch im selben Dialog, dem *Symposion*, zeigt Sokrates auch, dass das Wissen darum, was einen berührt, erst am Beginn des Ganzen steht. Man muss auch lernen, damit umzugehen, es auf die richtige Weise zu entwickeln. Das wird bei Alkibiades deutlich, der betrunken zur Runde stößt. Als Alkibiades hört, dass es in dem Gespräch um Liebe geht, will er gleich enthüllen, wie es mit der Liebe zwischen ihm und Sokrates abgelaufen ist. Er erzählt, er habe eine Zeit lang versucht, Sokrates in sein Bett zu locken. Doch habe ihn Sokrates, als es endlich so weit gewesen sei, mit keinem Finger berührt, obwohl er seinerseits ebenfalls in Alkibiades verliebt gewesen sei. Noch immer kann Alkibiades nicht begreifen, warum er Sokrates nicht dazu verführen konnte, etwas von seiner geistigen Schönheit im Tausch gegen seine eigene körperliche Schönheit hinzugeben. Dem Leser der Geschichte ist es jedoch sofort klar: Alkibiades befindet sich noch in einem primitiven Entwicklungsstadium der Liebe. Er weiß zwar, dass er berührt ist, weiß aber nicht, wie er damit umgehen sollte. Sokrates hingegen zeigt in seinem Verhalten nicht nur, wie sehr er berührt ist, er weiß auch, was ihn berührt und auf welche Weise damit umzugehen ist.

Das ist es, was man später die platonische Liebe nennen wird, die Beherrschung der Begierde, die Überwindung starker körperlicher Impulse durch eine noch stärkere geistige Einsicht. Wenn mich nichts berührt, ist das keine Kunst. Spannend wird es erst, wenn ich mich sehr wohl berührt fühle und auch weiß, was mich berührt.

Wähle die Bahn göttlichen Wahnsinns

Aber woher weiß ich, was mir am stärksten zu Herzen geht? Was bedeutet es, mein Berührtsein zu entfalten? Ich war Teil der 68er-Generation. Damals veranstalteten die Provos, eine anarchistische Protestbewegung, mitten in Amsterdam Happenings, sie hingen Transparente mit Texten wie »Unter dem Pflaster liegt der Strand« auf und propagierten die sexuelle Revolution, die freie Liebe. Die Besetzung des sogenannten *Maagdenhuis* (des Präsidiumsgebäudes der Universität von Amsterdam) im Jahr 1969 führte zu einer Eruption des Protests gegen die festgefügte Ordnung, insbesondere gegen das autoritäre Bildungssystem, aber auch gegen die breite Masse mit ihrem »falschen Bewusstsein« und ihrer »emotionalen Abgestumpftheit«. Denn all diese braven, langweiligen Bürger erkannten nicht, dass sie ausgebeutet und unterdrückt wurden, während das echte, pralle Leben direkt vor ihrer Nase an ihnen vorbeizog. Wir, die Studenten, glaubten dagegen sehr wohl zu wissen, was Berührtsein und wirkliches Leben bedeuteten. Wer dieser Auffassung nicht zustimmte, litt eben an ideologischer Verblendung und hatte das falsche Bewusstsein. Das konnten wir mit unserem Marx in der Hand alles haargenau erklären, zumindest, wenn jemand bereit war, uns zuzuhören. Wozu mein Vater beispielsweise wenig Geduld hatte – was mich damals sehr verärgerte, heute kann ich das sehr gut nachvollziehen.

Mittlerweile, ein halbes Jahrhundert später, sind all diese Begriffe wie »falsches Bewusstsein« ebenso von der Bildfläche verschwunden wie Marx, die Sowjetunion und der Eiserne Vorhang. Doch das Phänomen der Abgestumpftheit ist ganz und gar nicht verschwunden, auch wenn ich den Grund dafür weniger in den Klassenverhältnissen und der Gesellschaftsstruktur sehe, sondern eher in den persönlichen Wunschvorstellungen und im Umgang mit dem inneren Gefühlshaushalt. Selbst wenn man alle störenden äußeren Einflüsse ausschalten könnte, weiß man noch längst nicht automatisch, was man eigentlich will. Im Gegenteil, oft hat man nicht die leiseste Ahnung, was man wirklich will. Oder man glaubt, es in einem Moment zu wissen, um im nächsten schon wieder anders darüber zu denken. Wie findet man heraus, was man wirklich will? Und gibt es überhaupt so etwas wie einen wirklichen Willen?

Wie erkennt der Wagenlenker den richtigen Kurs?

Sokrates erzählt dazu eine Geschichte, in der der Mensch mit dem Wagenlenker eines Pferdegespanns verglichen wird. Eines der Pferde ist schwarz und lässt sich nur schwer zügeln. Es ist bockig, eigensinnig und unberechenbar. Das andere ist weiß und arbeitswillig und viel leichter zu führen. Der Wagenlenker versucht in seinem Wagen, sein Gespann so zu lenken, dass es den Göttern, die hoch am Himmel erhaben ihre Bahn ziehen, folgen kann. Wenn es dem Wagenlenker gelingt, die Pferde in einen harmonischen Einklang zu bringen, wachsen ihm Flügel und er kann der Spur der Götter folgen. Wenn sich das schwarze Pferd jedoch aufbäumt, sich nicht fügt, muss er aufgeben und stürzt mitsamt seinem Gespann in die Tiefe. Dort unten verliert er die Götter aus dem Blick und muss mühsam versuchen, sein Gespann wieder auf Kurs zu bringen. (*Phaidros*, 246–248)

In diesem Bild geht es um das Problem des Willens. Wir Menschen haben unterschiedliche Willensformen, die grob gesprochen vom Bauch, vom Herzen oder vom Kopf bestimmt werden. Der Bauch will essen, trinken und Sex – alles was Befriedigung bringt. Er ist schwer zu bändigen und unersättlich. Wo immer er eine

Chance für sich sieht, folgt er seinen Begierden, alles andere schert ihn nicht. Das Herz ist der Hort der heiligen Empörung, der Passion und der Ambition, für andere bedeutsam zu sein. Dieser Wille ist viel vernünftiger und dienstbereiter und hat nicht nur sich selbst im Blick. Freilich vermag er nicht zu entscheiden, was das Beste für das Ganze ist. Das nun ist die Aufgabe des Kopfes, des Wagenlenkers in unserem Sinnbild. Er muss sich darum bemühen, seine Pferde im Zaum zu halten, das Ganze zu lenken, den Kurs zu bestimmen und darauf zu achten, dass jeder in angemessener Weise zum Zuge kommt.

Aber wie erkennt der Wagenlenker, welcher Kurs der richtige ist? Das ist einer der merkwürdigsten Aspekte bei Sokrates und Platon. Man würde meinen, indem er vernünftig nachdenkt und immer weise und besonnen ist. Doch gerade im Dialog *Phaidros* vertritt Sokrates einen ganz anderen Standpunkt. Den richtigen Kurs bestimmt man nicht mithilfe blutleerer Vernunft, sondern durch das, was Sokrates »göttlichen Wahnsinn« nennt (244–245). Denn es gibt Formen des Wahnsinns, die über jeden Verstand hinausgehen. Eine davon ist der Rausch der Liebe, der erotische Wahnsinn, die Verliebtheit, die uns Flügel verleiht. Eine andere ist die Besessenheit von den Musen, die Bezauberung durch Musik, Tanz oder einen der anderen musischen Bereiche. Sie erzeugen Enthusiasmus, wörtlich »eine Besessenheit von den Göttern«. Sie führen den Menschen auf die Bahn der Götter, zu den »Gefilden der Wahrheit« (248 b), wo er die ewigen universellen Ideen sehen kann. Sie ermöglichen es ihm, über sich selbst hinauszugehen und den Schimmer seines ursprünglichen Wesens wahrzunehmen. Die Kunst liegt allein darin, diesen göttlichen Wahnsinn von den niederen Formen des Wahnsinns zu unterscheiden. Denn diese können schwerwiegenden Schaden verursachen.

»Und wie kann das gelingen?«, wird man sich fragen. Vielleicht indem man unter dem Pflaster den Strand sieht oder das Poetische inmitten aller Argumente. Man muss keine Happenings veranstalten oder sich der freien Liebe hingeben, um sich das Gefühl dafür zu bewahren, was einen erhebt, wofür das eigene Herz schlägt oder wovon man träumt. Eros ist der große Schrittmacher im Leben, der Vermittler zwischen Himmel und Erde, der uns Flügel wachsen lässt. Er kann uns erheben und uns einen, wenn auch noch so kurzen, Blick auf das gönnen, was wir wirklich wollen. Dagegen sehen die anderen Willensformen blass aus.

Ewig geht vor Augenblick

Aber wie steht es dann um das Verhältnis von Gefühl und Verstand? Was wiegt schwerer? Lässt sich das entscheiden? Nehmen Sie nur einmal den gestrigen Tag. Ich werde früh wach, noch vor sechs. Draußen ist es dunkel. Aufstehen, waschen, rasieren, anziehen, die festen Routinen des Morgenrituals. Ich ziehe keine Jeans an, sondern etwas Ordentliches, denn ich arbeite heute mit Pflegedienstleitern. Ohne nachzudenken gehe ich nach unten, setze Teewasser auf, schalte die Kaffeemaschine an. Während des Frühstücks nehme ich mir die Zeitung vor, Ajax hat verloren, Streit im Kabinett. Als ich ins Auto steige, wird es hell. Morgenrot erhellt den Himmel im Osten, es verspricht, ein schöner Tag zu werden. Neunzig Kilometer Fahrt – ohne nachzudenken. Die Anfangszeilen des Gedichtes der niederländischen Dichterin Ida Gerhardt, das ich heute vortragen werde, gehen mir durch den Kopf:

Der Reisegefährte

Aufgebrochen zu Unzeiten,
allem abhold, planlos reisend,
jede Überlegung meidend,
mich an meiner Freiheit weidend
in dem Tanze lichter Fäden,
weiß ich treulich in der Tasche
den Kompass, den nahe Arkel
ich als Kind einst früh am Morgen
fand auf einer Straßenböschung.

Ein wunderbares Gedicht, finde ich. Ich sehe sie als junges Mädchen auf dem Fahrrad, in aller Herrgottsfrühe zur Schule fahren. Allem trotzend, so wie jeder Teenager, jede Überlegung meidend und sich an ihrer Freiheit weidend. Irgendwo in der Nähe von Arkel findet sie ihren Kompass. Was soll man sich darunter vorstellen? Vermutlich, dass sie dort ihre Bestimmung spürt, den Willen, eine Dichterin zu sein. Oder dass sie hier den Entschluss fasst, ihr Leben der Dichtkunst zu weihen. Und was war eigentlich noch mein Kompass? An diesem Morgen will es mir nicht einfallen. Bei Hundertzwanzig auf der Autobahn sehe ich Kühe und Pferde reglos auf der Weide stehen, mit ein wenig Mist an den Hufen und sicherlich auch »dem Tanz lichter Fäden« um den Kopf, denn der Herbst hat bereits Einzug gehalten.

Ein Kompass gibt die Richtung an, weist den Weg. Wohin wollte ich selbst noch mal? Welches ist meine Richtung – abgesehen von Arnheim und dem Gespräch mit den Plegedienstleitern?

Am liebsten würde ich mal wieder auf dem Fahrrad sitzen, tage- oder wochenlang, ununterbrochen. Fern von dem Tempo, der Hektik, der Verantwortung. Inmitten der Reglosigkeit der Natur, der Leere des Raums. Aber das ist einfach nur die Sehnsucht nach Urlaub, den der Kontrast zwischen der Autobahn und der Natur heraufbeschwört. Zwischen Hast und Ruhe, Gedränge und Leere, einem Mangel und einem unendlichen Reichtum an Zeit liegen nur zehn Meter Böschung. Wie ernst zu nehmen ist dieser Wunsch, wie früher wieder entlang der niederländischen Grenze zu radeln? Nicht besonders ernst, denke ich. Es ist eine liebgewonnene Erinnerung, Teil eines nie verblassenden Gedankenspiels, das in meinem Kopf abläuft: Ich reagiere auf das, was ich sehe, lote meine eigene Stimmung aus, alle möglichen Fetzen und Bilder ziehen vorbei, Wünsche, Erinnerungen, Pläne, Sorgen. Eigentlich sind es nur einzelne Wörter, die noch keine Geschichte, keine zusammenhängende Idee bilden. Sie haben noch keine Bedeutungsmacht, sie haben nicht die Ladung, deren es bedarf, um ein Handeln auszulösen und real zu werden. Dazu sind sie noch zu blass, zu flüchtig. Es sind nur Richtungsanzeiger zu möglichen Welten.

Die Bausteine meines Lebens

Was ich in Wirklichkeit tue, beruht auf viel stärkeren Worten, Grundworten wie »Gespräch«, »Philosophie«, »Sokrates« und »Ideen«. Das sind für mich Worte mit Gestaltungskraft. Sie stehen für Entscheidungen, die ich schon vor langer Zeit getroffen habe, die ihren Wert und ihre Wirkung auch dann behalten, wenn ich wieder einmal planlos reise und »allem abhold« bin. Von ihnen werde ich nicht so leicht abfallen oder sie aufgeben, sie bilden die Pfeiler meiner Praxis, die Bausteine meines Lebens. Ihretwegen sitze ich im Wagen nach Arnheim und nicht irgendwo weit weg auf dem Fahrrad. Diesen Worten gilt es, gerecht zu werden, wird mir bewusst. Sie haben für mich den gleichen Gehalt wie für Ida Gehrhardt das Auffinden des Kompasses in ihrem Gedicht. Es setzt sich wie folgt fort:

Der mein Stolz war, der es noch ist,
den ich Boreas getauft hab.
An dem niemals etwas falsch war.
Geh ich südwärts oder zickzack,
unbestechlich, unerbittlich
zeigt die Magnetnadel nordwärts.
Endlich wieder vereint reisen,
zwei, die sich zusammenfügen,
zwei, die sich die Waage halten.

Großartig formuliert, finde ich. Ähnlich geht es auch mir. Ich bin noch immer stolz auf die Entdeckung meines Ideals, auf die schlichte Erkenntnis, dass es in der Philosophie um das Gespräch geht, dass es einen Funken gibt, der sich aus sich selbst speist, dass Sokrates eine Nachfolge verdient, auch wenn man ihm nicht das Wasser reichen kann. Diese Dinge stellen für mich den Nordwind Boreas dar. Es ist ein richtungsweisendes Bild, eine richtungsweisende Vorstellung, die mitten im Getriebe der Welt rein und unantastbar bleibt. An der wirklich nie etwas falsch war. Die unbestechlich und unerbittlich den Weg weist, unabhängig von Stimmungen oder Wünschen, Erfolgen oder Fehlschlägen. Und die zu mir gehört, ich fühle mich ihr mittlerweile gewachsen, ich kann ihr die Waage halten – was übrigens lange gedauert hat.

Natürlich verliere ich sie immer wieder aus dem Blick. Ich wehre mich gegen jedes Joch, auch gegen eines, das ich mir selbst auferlegt habe. Ich bin wie Ida Gehrhardt immer noch allem abhold, und Reisepläne hasse ich wie die Pest. Der Kompass, den Ida Gerhardt wohl verwahrt in ihrer Manteltasche wusste, ist zugleich auch eine Aufgabe, eine Last, manchmal eine Qual. Aber doch eine, die ich für kein Gold der Welt eintauschen würde.

Lernen heißt sich erinnern

Ich weiß noch, wann ich diesen Kompass das erste Mal bemerkte. Eines Tages während meiner Schulzeit erklärte uns unser Niederländischlehrer, wir könnten wohl sehen, dass sich eine Billardkugel, die von einer anderen getroffen werde, in Bewegung setze, nicht jedoch, dass sich die Kugel deshalb fortbewege, weil sie von einer anderen Kugel getroffen werde. Ursache-Wirkungs-Beziehungen seien keine Wahrnehmungen, sagte er. Kausalität sei etwas, das wir der Wahrnehmung auferlegten, etwas, mit dem wir die Wahrnehmung ordneten.

Ich erinnere mich, dass ich in diesem Moment aus meinem Dauerschlaf erwachte und hochschreckte. Das war ein völlig neuer, unerhörter Gedanke. Zunächst glaubte ich ihm nicht. Als ich keinen Einwand dagegen fand, war ich verblüfft. Und je länger ich darüber nachdachte, desto aufgeregter wurde ich. Wie die Welt aussah, hing also offenbar nicht davon ab, wie sie war, sondern wie wir – ohne uns selbst darüber klar zu sein – die Wahrnehmung ordneten. Dieser Gedanke stellte für mich eine Revolution dar. Zum ersten Mal hatte ich das Gefühl, etwas von dem zu hören, wofür ich all die Jahre zur Schule gegangen war und das ich bisher schmerzlich vermisst hatte. »Als werde ein Vorhang aufgezogen, von dem ich nicht wusste, dass er sich öffnen ließ«, schrieb Kopland, wie schon erwähnt: »Als kehrte ich an einen Ort heim, an dem ich noch nie gewesen war.« Für mich bedeutete das den Beginn des Philosophierens.

Jeder hat wohl ähnliche Erfahrungen. Man erlebt etwas, das für andere flüchtig und unbedeutend ist, sodass sie völlig daran vorbeigehen. Für einen selbst jedoch hat es eine wundersame Bedeutung. Ohne dass man es begreift, bleibt es einem im Gedächtnis haften, und man beschäftigt sich weiter damit. Wie ist das möglich? Was passiert da genau?

Für Sokrates bildet dieses Phänomen den Ausgangspunkt all seiner Fragegespräche. Wir haben ein »verborgenes Wissen« in uns, eine Art Wiedererkennen von Verwandtschaft, die sich in speziellen Momenten »aufhellt«, als werde man berührt oder auf besondere Weise herausgefordert, wie durch die Fragen oder Schilderungen eines guten Lehrers. Platon gibt an verschiedenen Stellen seines Werkes Beispiele dafür, einfache und auch komplexere.

So untersucht Sokrates im *Phaidon* beispielsweise den Begriff der »Gleichheit« (74a). Auch Gleichheit ist, wie Kausalität, nichts, was man wahrnimmt, sondern etwas, das man der Wahrnehmung auferlegt, etwas, was der Wahrnehmung vorangeht. In der Sprache der Philosophen heißt das: Sie ist a priori. Man kann Dinge erst dann als gleich oder ungleich wahrnehmen, wenn man über den Begriff »Gleichheit« verfügt. Dieser Begriff selbst kann nie aus der bloßen Wahrnehmung abgeleitet werden. Also muss man schon über ihn verfügt haben, bevor man wahrzunehmen begann, bevor man die Dinge unterscheiden konnte. Es ist ein »dunkles Wissen«, wie es Leonard Nelson nennt, ein deutscher Philosoph, der in den 1920er-Jahren die sokratische Methode erneuerte. Es ist ein Wissen, das sich erst erhellt, wenn man gründlich darüber nachdenkt. Und es ist evident, dass man über den Begriff verfügt, andernfalls könnte man ihn nicht anwenden. Um ihn zu erhellen, muss man ihn sich jedoch in Erinnerung rufen. Zu lernen, was Gleichheit ist, was Kausalität ist – oder alles andere rein »Geistige« wie das Wahre, Schöne und Gute –, bedeutet nichts anderes, als sich dessen zu vergewissern, was man eigentlich schon weiß, es bedeutet, sich an das zu erinnern, was man immer schon »gewusst« hat.

Das berühmteste Beispiel dafür findet sich im *Menon*. Dort zeigt Sokrates, dass ein Diener, der nie in Mathematik unterrichtet worden ist, durchaus in der Lage ist, ein mathematisches Problem zu lösen, vorausgesetzt, man stellt ihm die richtigen Fragen. Wenn man ihn methodisch, Schritt für Schritt, an das Problem heranführt, kann man sein verborgenes Wissen aktivieren. Wissen, über das er schon lange verfügt und das ihm daher nicht erst vermittelt werden muss. Ähnliches gilt auch für die Erkenntnis dessen, was uns lieb und teuer ist. Auf die ein oder andere Weise wissen wir das, auch wenn wir selbst nicht wissen, dass wir es wissen. Darum geht es in der Geschichte der Diotima im *Symposion*. Im *Phaidros* geht Sokrates sogar so weit, den »göttlichen Wahnsinn« der Liebe zur wichtigsten Richtschnur eines Politikers zu erklären.

Das ist eine von Sokrates' bedeutenden Lehren: Erforsche das poetische Argument, das heißt die Dinge, die dich berühren, die Erfahrungen, die du nicht loslassen kannst. Denn hier erhellt sich apriorisches Wissen, hier liegen deine wirklichen Werte, zeigt sich deine natürliche Verwandtschaft zu gewissen Dingen. Das sind die Erfahrungen, in denen man »heimkehrt«. Ethik, die Kunst des guten Lebens, bedeutet wörtlich »der Ort, an dem man gemeinsam zu Hause ist« (vom griechischen Wort *éthos*: die Gewohnheit, der Aufenthaltsort). Dieses Lernen ist kein Anhäufen äußerer Kenntnisse. Es ist eine Sache sorgsamen Erinnerns.

Einsicht ist ein Reinigungsritual

Als ich vor Jahren mit den sokratischen Gesprächen begann, hegte ich die Hoffnung, dass die Vernunft die Menschen schon von allein zur Einsicht in die Wahrheit führen würde, wenn es mir nur gelänge, sie eine Zeit lang zum gemeinsamen Nachdenken zu bewegen. War es nicht das, was Nelson und die anderen Kantianer gelehrt hatten, das »Selbstvertrauen der Vernunft«? Und tatsächlich, es funktionierte. In den Gesprächen, die ich damals leitete, spielte es sich vor meinen Augen ab: Gemeinsames Denken führt zu einer deutlichen Vertiefung der Einsicht und zu herrlichen Streifzügen durch die Welt des Geistes. Aber diese Gespräche benötigen doch eine Menge Zeit: manchmal eine ganze Woche. Und die Menschen, die sich davon angesprochen fühlten, betrachteten Philosophie vor allem als ein Hobby, dem man sich nur zum Spaß, ohne ein konkretes Interesse widmet, oder als eine alternative Form der Urlaubsgestaltung.

Auf dem Markt ist das ganz anders. Dort haben die Menschen wenig Zeit und jede Menge Interessen. Dort kommt auch der Philosophie eine ganz andere Rolle zu. Man widmet sich ihr nur, wenn dazu eine Notwendigkeit besteht, wenn man dringend eine Idee, eine Vision, eine Untersuchung der Werte oder eine Abstimmung unterschiedlicher Auffassungen braucht. Die Interesselosigkeit, die Feriengespräche von Anfang an prägt, muss hier erst erlangt werden. Auf dem Markt sind die Menschen primär an Resultaten interessiert, an Problemlösungen und klaren Analysen, die zu Vereinbarungen führen und die Dinge vorantreiben. Eine tiefere Einsicht in ein Thema wird erst dann interessant, wenn sie unumgänglich ist, wenn sie notwendig ist, um vorwärtszukommen. Hierin lag in meinen Augen Sokrates' große Kunst: nicht darin, Gespräche mit Menschen zu führen, die kein Interesse verfolgen, sondern in der Fähigkeit, Menschen mit konkreten Interessen so weit zu bringen, dass sie über ihre Interessen hinausgehen, ihre Interessen in einen größeren Kontext stellen oder sich einer Art Interesselosigkeit zuwenden.

Ein solches Gespräch hat bestimmte Phasen und Merkmale. Einige der zentralen Aspekte beleuchte ich hier näher. Das Gespräch bewegt sich von einer Untersuchung der Fakten zu einer Untersuchung der Person und der zugrunde liegenden Ansichten. Es führt von einer Diskussion (Rhetorik) zu einem Dialog (Dialektik), schließlich zu einer schöpferischen Vorstellung und dem »poetischen Argument« (Grammatik, Poetik). Was anfangs wie die Analyse einer komplizierten konkreten Frage wirkt, nimmt nach und nach die Form einer Selbsterforschung an. Besonders der aus der Tugendlehre hervorgehende Auftrag, zu untersuchen, was in einem bestimmten Fall das Vortreffliche ist, also die Meisterschaft oder »Tugend«, um die es Sokrates in seinen Gesprächen immer wieder ging, führt zu einer Reinigung des Denkens und des Gefühls. Welcher Mut ist in einem konkreten Fall erforderlich? Oder welche Beherrschung erfordert er? An diesem Punkt kommt das poetische Argument erst deutlich zur Geltung. Hier wird sichtbar, um was es in der Frage wirklich geht.

Wir sind es gewohnt, eine Erkenntnis als das Ergebnis einer abstrakten, unpersönlichen Analyse zu betrachten. Doch in Wirklichkeit ist es eine innere Reinigung, eine Überprüfung der eigenen persönlichen Wahrhaftigkeit in Hinsicht auf etwas Wesentliches, das über die eigenen Interessen hinausgeht. Die Kunst besteht darin, diese Wahrhaftigkeit in den Blick zu bekommen. Oft entsteht die sogenannte Wahrhaftigkeit aus Unwahrhaftigkeit und Tugend aus Untugend, sagt Sokrates. Man ist aus Furcht vor noch größerem Übel mutig, man beherrscht sich und entsagt gewissen Annehmlichkeiten, weil man fürchtet, andernfalls auf etwas verzichten zu müssen, was man noch stärker begehrt (*Phaidon*, 68d-e). Diese Art der Vortrefflichkeit ist nur eine »Art Schattenbild […] ohne Gesundheit und Wahrheit«. Wonach man sucht, ist eine Läuterung von diesen Vorstellungen. »Die Einsicht in die Tugend ist selbst eine Art Reinigungsritual.« (69b-c)

Gehe über die Grenzen des Verständlichen hinaus

Eines Abends im Frühling sitze ich mit Freunden beim Essen. Wir sprechen mal wieder über das Älterwerden, einer von uns geht in einem Monat in Rente. Einige haben diese Schwelle schon lange passiert, für andere liegt sie noch in weiter Ferne. Doch wir alle sind »Erfahrungsexperten«. Was tut man, wenn man aufhört zu arbeiten?, lautet die Frage. Wer bin ich noch ohne meine berufliche Identität? Für einen von uns ist das kein Thema, er hat einfach weitergearbeitet, wenn auch in gemäßigtem Tempo. Ein anderer ist völlig ausgestiegen, doch dass er nun »keinen Beitrag« mehr leistet, nagt an ihm. Ein Dritter ist darüber nur froh, er schätzt das Fehlen jeglichen Drucks. »Ich habe schon seit drei Tagen vor, das Drahtgeflecht des Hühnerstalls zu reparieren.« Bisher ist er noch nicht dazu gekommen. Einer erzählt von einem gemeinsamen Bekannten, der sein Leben »im fünften Gang« gelebt hat. Nun wird er achtzig und hat zum ersten Mal derart mit körperlichen Beschwerden zu kämpfen, dass er gezwungen ist kürzerzutreten. Das hat ihn so aus der Bahn geworfen, dass er depressiv wurde. »Was kann man tun, um das zu vermeiden?«

Wir lassen Abwesende außen vor und richten unser Augenmerk auf uns selbst. Einer nach dem anderen wird unter die Lupe genommen. Muss jeder Mensch einen Beitrag liefern? Dazu gibt es unterschiedliche Auffassungen, schon deshalb, weil unklar ist, was als Beitrag anzusehen ist. Trägt man denn nicht schon dadurch genug bei, dass man einfach da ist? Oder liegt das Problem vielmehr darin, dass das eigene Leben nur sinnvoll ist, wenn man für das, was man tut, Anerkennung erntet und daraus einen gewissen Status herleiten kann? Das klingt wie ein Seitenhieb. »Und dennoch stimmt es«, sagt der Angesprochene. Ein anderer aus unserer Runde sieht darin einen fragwürdigen Psycho-Trick: Erst redet man jemand ein Problem ein, und dann versucht man, es zu lösen. »So macht man jeden Therapeuten glücklich.« Seiner Meinung nach sollte man sich darum überhaupt nicht kümmern. »Du kannst doch alles einfach so lassen, wie es ist, und nach einer Haltung suchen, die zum Nicht-Auflösen des Problems passt? Lerne, den Status quo zu akzeptieren, das ist das Geheimnis.« Das sind schöne begriffliche Scharmützel, finde ich, bei denen wir uns das Essen schmecken lassen.

Nach und nach wird das Gespräch persönlicher. Hinter dem Wunsch des Beispielgebers, einen Beitrag zu leisten, verbirgt sich anscheinend eine gewisse Traurigkeit. Ganz klar wird es nicht, doch der Abschied war wohl schwierig, es gab einen Konflikt bei der Arbeit, und er hatte selbst das Bedürfnis, »die Autobahn« zu verlassen. Nachdem er auf dem »Parkplatz« gelandet war, verspürte er dennoch eine Art von Bedauern, ein Heimweh: Er wusste nicht, was er jetzt tun sollte. Das Geheimnisvolle an seiner Geschichte verstärkt unser Engagement noch. Manche vergleichen dies mit dem »Belastungspunkt«. Jemand weist darauf hin, dass wir hier sitzen und darüber reden, wer wir sind und was wir tun sollten, »als wären wir noch Teenager«. »Wir sind inzwischen so alt geworden und wissen es eigentlich immer noch nicht richtig.« Tragen wir mit unserem Gespräch vielleicht zu etwas bei? Wozu denn genau? Vermutlich zu etwas, das mit Freundschaft zu tun hat. Doch was das genau ist, kann niemand sagen. Wir möchten etwas klären, was uns immer wieder entgleitet.

»Ist nun dies nicht eben die eigentliche Hauptmelodie, deren Durchführung das Werk der Dialektik ist?«, fragt Sokrates Glaukon in der *Politeia*. In unserer Wahrnehmung sehen wir zunächst alle Dinge, die uns umgeben, und danach erst das Licht der Sonne, das alles sichtbar macht. Aber in die Sonne können wir nicht schauen. »So ist es auch im Gebiet des Begreifens«, sagt er. Man versucht, »durch Gespräche zum Wesen eines jeden Dinges durchzudringen. Und man gibt nicht auf, bis man den Kern des Guten erfassen kann. Aber so, wie man in der Wahrnehmung der Sonne, die Grenze des Sichtbaren erreicht, so gelangt man auch hier an die äußerste Grenze des Begreifbaren«. (532a-b*)

Es gibt Menschen, die eine solche Passage bei Platon wie Wissenschaftsphilosophie lesen, wie Erkenntnistheorie oder Metaphysik. Ich lese sie als Lektion dazu, wie man Gespräche mit Freunden führt, eine Lektion, die zur Einsicht führt, dass das Wesentliche immer unsagbar bleibt. »So gelangt man auch hier an die äußerste Grenze des Begreifbaren.« Wir reden miteinander, wir versuchen uns gegenseitig und uns selbst zu ergründen, wir bemühen uns mit Kräften, unsere Erfahrungen in Worte zu fassen. In unserem ganzen Hin und Her spielen wir mit Ideen, drängen wir uns zu Präzisierungen, nehmen wir aneinander Maß, hoffend, uns damit nicht nur dem Wesen einer Frage, sondern auch dem

Wesen jedes Einzelnen von uns anzunähern. Und letztlich ist jedes Wort unzureichend, es ist nur ein Verweis auf etwas anderes, etwas Übersteigendes oder Transzendentes. Es ist immer wieder aufs Neue Mystik für Anfänger. Die höchste Vorstellung davon, was »das Gute seinem eigentlichen Wesen nach ist«, kann durchaus darin liegen, dass man kapiert: Ich kann es mir nun vornehmen, das Drahtgeflecht des Hühnerstalls zu reparieren, und es drei Tage lang nicht schaffen. Oder die Vorstellung kann auch darin liegen, darüber zu grübeln, worin der eigene Beitrag zu dieser Welt wohl bestehen mag. Das, wonach Sokrates suchte, ging über das Verstandeswissen hinaus, es lag jenseits der äußersten Grenze dessen, was verstanden werden kann. Es ist nicht in einer Aussage fassbar – genau, wie man Freundschaft nicht in Worte fassen kann. Alles, was man darüber sagt, ist nur ein Fingerzeig auf Unsagbares.

Sei offen für die große Reglosigkeit

Frühmorgens, bevor wir die Biennale in Venedig besuchen, jogge ich am Ufer von Cannaregio entlang. Das Licht ist herrlich und es ist noch nicht zu warm. Nach vierzig Minuten, als ich schon fast wieder zurück bin, sehe ich eine kleine alte Frau an einer Brücke im Schatten eines Baumes stehen. Ihr Haar ist weiß, sie trägt ein hellgrünes Kleid und hat ein Einkaufswägelchen dabei. Sie steht da einfach nur, schaut sich um, entwirrt das Armband und das Uhrband an ihrem Handgelenk, schaut sich erneut um. Als hätte sie überhaupt nichts vor, nicht einmal einzukaufen oder nach Hause zu gehen. Keuchend trabe ich an ihr vorbei.

   Plötzlich kehrt sich in meinem Geist alles um. Mir kommt es so vor, als sei diese unscheinbare Frau, die dort alleine steht, ein Sinnbild der großen Reglosigkeit, der stillen Unberührtheit von allem. Gewöhnlich nehme ich sie nicht wahr, weil ich viel zu sehr mit anderem beschäftigt bin. So laufe ich der Stille, der Ruhe der Unbewegtheit geradewegs davon. Doch manchmal, unversehens, in den unerfindlichsten Augenblicken, drängt sich die Reglosigkeit durch die Hetze, den Trubel und alle Geschäftigkeit hindurch. Wie ein Küken, das von innen durch die Schale bricht. Und statt Aufregung nur regloses Staunen hervorruft: Alles scheint stillzustehen und seine elementare Unbewegtheit zu offenbaren. Als sähe ich plötzlich: So ist es, das ist es, es muss sich nicht ändern, es ändert sich im Grunde nie etwas.

Ich schaue mich um. Dort steht sie. Irgendwie löst diese Frau, so, wie sie dasteht, dieses Gefühl in mir aus. Sie ist, was sie ist, sie ist, wer sie ist, dort, wo sie ist. Einzig und allein sie selbst. Sie muss nirgendwohin, sie muss nichts tun. Wo sie ist und was sie tut, genügt ihr. Dann sehe ich, dass sich die Reglosigkeit um sie ausbreitet, bis zum Baum und seinem Schatten, bis zu der Brücke und den Häusern, alle Dinge um sie herum stehen unbewegt da und sind, was sie sind (mag sich das auch idiotisch anhören). Und das Gleiche gilt für das Licht, die Luft, das Wasser, die Möwen. Sogar für die Menschen am Kai oder in einem Boot. Selbst wenn sie sich bewegen oder mit irgendetwas beschäftigt sind, sind sie doch auch Teil der großen Reglosigkeit, einer fast greifbaren Stille, einer Art Unveränderlichkeit, die immer vorhanden ist. Und es ist mir glasklar, dass nichts, was ich denke oder tue, dem auch nur ein Jota nehmen oder hinzufügen kann. Als ich hundert Meter an ihr vorbei bin, schaue ich mich um. Sie steht noch immer da und sieht mir verträumt nach.

Die Geschichte hat noch eine Fortsetzung. Später am Tag besuchen wir eine von Venedigs 178 Kirchen. Es ist wenig los, außer uns sind ein paar alte Frauen dort. Wir schauen uns die barocke Ausstattung, ein paar Fresken und die Orgel an. Wie alle Kirchen weckt auch diese bei mir gemischte Gefühle. Was für ein Segen, dass wir von diesem geistigen Terror erlöst sind, den die Diener des Herrn jahrhundertelang ausübten! Und was für ein Verlust an Sinn, Kultur, Spiritualität und Transzendenz! Innerhalb von fünfzig Jahren sind hier all diese Kirchen auf reine Museen reduziert worden. Von heiligen Orten sind sie zu touristischen Attraktionen geworden. Und das geistige Leben, das dazugehört – die Gebete und Gesänge, Feste und Liturgien, Ideen und Ideale, das vitale

Zentrum des Gemeindelebens –, ist gänzlich verschwunden, untergegangen im Malstrom der Geschichte. Ich habe das selbst erlebt. Mein Vater war Dirigent eines Kirchenchores. Ab einem Alter von sechs oder sieben gingen wir jeden Morgen mit ihm in die Kirche. Jeder Tag begann für uns mit Beten und stillem Knien in einer unbequemen Bank. Meine Brüder und ich waren allesamt Messdiener, wir kannten die lateinischen Texte auswendig.

Heute sind wir nicht mehr kirchlich gebunden, ebenso wenig wie unsere ganze Kultur. Aber offenbar hat sich die Reglosigkeit des kirchlichen Geschehens so stark unter meiner Haut eingenistet, dass sie Teil meines Systems geworden ist. Gespeichert als physische Erinnerung an ein Innehalten, an die kurze Zeit des Alleinseins mit mir selbst und etwas Höherem – Gott war für mich damals noch eine lebendige Präsenz. Hin und wieder kommt die Erinnerung daran erneut auf, in Form einer körperlichen und zugleich metaphysischen Empfindung. Als sei ich wieder sieben oder zehn und nach der Messe noch für kurze Zeit in der großen Leere der Kirche zurückgeblieben, um die Gebete aus meinem Messbuch zu lesen. »Verstehst du, was da steht?«, fragte mich der Kaplan einmal, der sein Brevier las und mich alleine dasitzen sah. »Ja, natürlich«, sagte ich entrüstet, auch wenn ich kaum eine Ahnung hatte, was die Worte bedeuteten. Aber meiner Verbundenheit mit etwas, wofür ich damals kein anderes Wort hatte als »Gott«, war ich mir sehr wohl bewusst.

Mittlerweile würde ich das nicht mehr so zu bezeichnen wagen, ohne daran zu zweifeln. Doch auch von Sokrates weiß man, dass er regelmäßig in Reglosigkeit verfallen ist, als sei er in tiefes Nachdenken versunken. Gelegentlich blieb er sogar Stunden an der gleichen Stelle stehen. Auf die Frage, was er tue, gab er immer die Antwort, er bekomme »ein göttliches Zeichen« oder sei mit »etwas Göttlichem« verbunden. Für ihn war das Transzendente eine lebendige Realität. Ja, mehr noch, seine Gespräche waren darauf ausgerichtet, die große Reglosigkeit, die Stille und Ergriffenheit zu finden, für die man über die Jahrhunderte eigens so viele Bauten errichten sollte.

In unserer Zeit funktionieren diese traditionellen Formen der Ergriffenheit nicht mehr. Es müssen neue Formen dafür gefunden werden. Ich denke, heute gilt es, zum Ursprung zurückzukehren, zu Sokrates und seinen Gesprächen über Ideen und Ideale, Gesprächen darüber, was wir als heilig erachten, weil es uns berührt, oder was für uns reglos und unantastbar ist. Wie etwa gute Kunst, eine ganze Biennale – manchmal mutet mich das wie der neue, moderne Gottesdienst an.

Lerne, ohne Idee zu sein

Nicht immer lässt sich ein poetisches Argument oder eine richtungsweisende Idee finden, so sehr wir uns das auch wünschen. Auch das ist eine meiner tragenden Ideen geworden. Vor ein paar Jahren wurde mir das in aller Schärfe deutlich, als ich eine lange Fahrradtour von Spanien aus zurück in die Niederlande unternahm. Ich hatte mir einige Monate frei genommen und daher genug Zeit dafür. Lange schon hatte ich mich darauf gefreut, wochen- oder vielleicht sogar monatelang ungestört allein durch unbekannte Landschaften zu radeln. Wenig Gepäck, keine Eile und kein klar umrissenes Ziel zu haben, schien mir die ultimative Freiheit zu sein. In meiner Phantasie malte ich mir immer aus: Wenn es links schön ist, biege ich nach links ab, wenn es rechts schön ist, nach rechts. Und ich stellte mir vor, dass ich so in aller Gemütsruhe quer durch Frankreich streifen würde.

Am ersten Tag fuhr ich von Cadaqués (Nordspanien) nach Port-Vendres (Südfrankreich). In Frankreich gibt es viel mehr Fahrradwege, dort sollte mein großer Streifzug beginnen. Am zweiten Tag fuhr ich in die Pyrenäen. Ohne auf die Karte zu schauen, nahm ich einen Weg nach links, der vielversprechend aussah. Er erwies sich als ein heftiger Anstieg. Das mag ich, auch wenn es nicht das ist, was ich unter gemütlichem Radfahren verstehe. Erst als ich zwanzig Kilometer hinter mir hatte, schaute ich doch mal nach, wo ich ungefähr war. Zu Mittag essen oder eine Tasse Kaffee trinken konnte man hier nirgends. Ich hatte zwar etwas Proviant dabei, aber um zu übernachten, musste ich auf jeden Fall wieder bergab fahren. Um es kurz zu machen, am Ende des Tages logierte ich, nach hundert Kilometer Fahrt, in einem Hotel unweit von Port-Vendres. Ich hatte zwar eine herrliche Fahrradtour hinter mir, fand es aber dennoch unbefriedigend. Ich war nicht weit genug vorangekommen.

Am selben Abend studierte ich eingehend die Karte und entschied mich für eine ungefähre Route bis nach Albi, einem Etappenziel, an dem ich einen Freund besuchen wollte. In etwa einer Woche konnte ich bei ihm sein. Ich war erstaunt, welchen Effekt diese Entscheidung hatte. Am folgenden Tag und den Tagen darauf gelang es mir, durchaus gemütlich vor mich hin zu fahren. Es war mir egal, wie weit ich kam – pro Tag fuhr ich nicht mehr als achtzig Kilometer. Und wenn es mich nicht zu weit von meiner eigentlichen Richtung abbrachte, konnte ich, wenn es mir gefiel, immer noch nach links oder rechts abbiegen. Das Ziel, für das ich mich entschieden hatte, bot mir Ruhe, Überblick und das Gefühl, nicht wie ein kopfloses Huhn durch die Gegend zu irren, sondern etwas mit Sinn und Verstand zu tun.

Es wirkt wie ein Widerspruch: Ich kann nur umherstreifen, wenn ich weiß, wo ich hinwill. Ich kann erst dann ziellos sein, wenn ich irgendwo ein passendes Ziel habe, nicht nur in weiter Ferne (Amsterdam), sondern auch in der Nähe (Albi). Einfach grundlos und ziellos irgendwo zu sein, liegt mir nicht. Einfach etwas zu tun oder irgendwo hinzugehen, gibt mir schnell ein Gefühl der Richtungslosigkeit oder sogar der Sinnlosigkeit und macht mich entsprechend melancholisch. Ich bin, glaube ich, eher ein Pilger als ein Vagabund. Ich brauche ein sinnvolles Ziel, eine Bestimmung, einen Grund zu leben.

Aber der Punkt ist: Manchmal – öfter, als mir lieb ist – verliere ich diese Bestimmung aus dem Blick. Ich kann dann kein geeignetes Ziel in der Nähe finden, kein Albi. Und Amsterdam, das höhere Ziel, ist so weit entfernt, dass meine Hoffnung, dort je anzukommen, verfliegt. Es bleibt mir nichts anderes übrig, als willkürlich nach links oder rechts abzubiegen – grundlos, planlos. Und hoffnungslos. Diese Vorstellung kann mich sehr durcheinanderbringen, für mich stellt sie die »dunkle Nacht« dar, wie sie die Mystiker beschreiben. Als ob man sehend blind und hörend taub sei. Als ob man sich tastend den Weg bahnen müsse, ohne an irgendetwas erkennen zu können, ob man überhaupt vorankommt. Oder schlimmer noch, sich vielleicht sogar noch weiter von seinem Ziel entfernt.

Dass man eine Idee nicht finden kann, heißt nicht, dass es sie nicht gibt

Das rückt die Ideenlehre in eine ganz neuartige Perspektive. Auch für Sokrates und Platon ist die Philosophie eine Reise, eine Pilgerfahrt zu einer Idee. Eine Suche nach der eigenen Bestimmung, nach einer Erkenntnis oder einer Antwort, nach dem einen oder anderen sinnvollen Ziel. In gewissem Sinne ist es auch eine Reise nach Hause, zu einem Ort, an dem man bleibt, oder zumindest zu einem Rastplatz. Aber die größte Schwierigkeit dieser Reise besteht nicht darin, diesen Ort zu finden oder das Ziel zu erreichen. Die größte Schwierigkeit liegt darin, weit davon entfernt zu sein, noch lange nicht angekommen zu sein, und in der Zwischenzeit nicht zu wissen, was die richtige Richtung ist, welche Abzweigung man nehmen soll, ob man vorwärtskommt oder nicht. Sokrates scheint darin offenbar sehr gut gewesen zu sein. Er behauptete immer wieder, nichts zu wissen, jedoch anders als seine Gesprächspartner immerhin zu wissen, dass er nichts wisse. Viele seiner Streifzüge, vor allem in den frühen Dialogen, endeten in einer sogenannten Aporie, der Erkenntnis eines Nichtwissens, einer Verwirrung, einer Ausweglosigkeit. Aber diese Düsternis war für ihn kein Grund, das Ziel aufzugeben, Sokrates hielt weiter an seiner Suche fest. Denn dass man eine Idee nicht finden kann, bedeutet nicht, dass es sie nicht gibt.

Das ist der große Unterschied zu unserer Zeit, in der Relativismus und Nihilismus allen objektiven Zielen abgeschworen haben. Die meisten Menschen glauben, dass die Tatsache, keine Idee finden zu können, Beweis genug dafür sei, dass es keine Ideen gebe. Dass Ideen bloß subjektive Konstrukte seien und ein beliebiger Abzweig im Prinzip ebenso gut sei wie jeder andere. Und dass es daher Unsinn sei, nach gültigen Ideen zu suchen, die über das hinausgingen, was bloß auf der eigenen zufälligen Vorliebe beruhe. Ganz anders Sokrates. Er war der Überzeugung, aus der Tatsache, dass man seinen Weg nicht finden kann, folge nicht, dass es diesen Weg nicht gibt. Er hielt es für lohnenswert, den Punkt, an dem es knifflig wird, genauer zu untersuchen – so, wie er es in vielen Dialogen getan hat (*Phaidon, Menon, Politeia, Parmenides*). Und er glaubte, dass nur Götter fortwährend Ideen schauen könnten – aus diesem Grund waren sie ja gerade Götter (*Phaidros* 294c). Wir Menschen können nur mit wechselndem Erfolg danach streben. Götter sind im Besitz der Weisheit, wir haben nur die Philosophie, die Sehnsucht nach der Weisheit.

Sag Wahrheit ganz, doch sag sie schräg

Ich möchte in diesem Zusammenhang noch auf einen anderen Aspekt des poetischen Arguments eingehen. Es klingt dramatisch und doch ist es wahr: Ich habe mich in meinem Leben sehr oft gefürchtet und habe das immer zu verbergen versucht. Ich hatte Furcht vor Menschen, Gesprächen, Zusammenkünften, Auftritten. Furcht vor Kontakt, vor Nähe und davor, mich bloßzustellen. Ob es nun um eine Leitlinienreflexion mit den Spitzenvertretern der Justiz geht oder um ein Fest mit den Nachbarn, es gibt immer einen Moment, in dem ich die Neigung verspüre zu flüchten. Ich will weg, will verschwinden, mir eine Ausrede einfallen lassen, plötzlich krank werden, einen Notfall vortäuschen, alles, um nicht dabei sein zu müssen. Mit Aussagen wie: Angst gehört dazu, es ist eigentlich eine gesunde Anspannung, es geht jedem so, du gewöhnst dich daran, Nervosität macht dich aufmerksamer und so weiter habe ich gelernt, dem nicht nachzugeben. Aber in Wirklichkeit habe ich mich nie daran gewöhnt, die Angst ist nie verschwunden. Ich habe nur gelernt, etwas besser damit umzugehen.

»Wovor fürchtest du dich denn um Himmels willen?«, könnte man fragen. Das habe ich mich selbst auch schon öfter gefragt. Und bisher habe ich darauf noch keine gute Antwort gefunden. In seinem Leben geht ein Mensch nun einmal Risiken ein, man kann gedemütigt, gerüffelt oder ausgebuht werden. Es gibt viele Kontexte, in denen das gelegentlich oder oft passiert. Man kann auch scheitern, sich blamieren oder sich Ablehnungen einhandeln. Das sind schmerzhafte Erfahrungen – und im Übrigen oft auch sehr lehrreiche. Doch wie schwierig solche Dinge auch sind, sie sind nicht der Grund für meine Angst. Mit derartigen Schwierigkeiten kann ich im Allgemeinen gut umgehen. Es geht um etwas anderes, das tiefer sitzt und grundlegender ist.

Furcht vor der eigenen Demaskierung

Ich glaube, dass ich mich eigentlich, bei Lichte besehen, am meisten vor mir selbst fürchte. Davor, dass ich, wenn ich unter Menschen bin, etwas von einem anderen wollen könnte, Aufmerksamkeit zum Beispiel oder Wertschätzung und Ähnliches mehr. Oder dass das Gegenteil eintritt, dass ich jemand für einen Narren halte, einen Dummkopf, einen eingebildeten Lackaffen, der Unsinn daherredet. Denn sobald ich von einem anderen etwas möchte oder eine Meinung zu ihm habe, besteht die Gefahr, dass meine Impulse die Oberhand gewinnen und über meine bewusste Haltung triumphieren. Dann könnte ich mein wahres Gesicht zeigen, meine Wünsche, meine Abneigungen, meine primitiven Impulse, dann könnte ich die Maske ganz fallen lassen. Davor fürchte ich mich, vor meiner eigenen Demaskierung. Dass ich anderen gegenüber offen und ungeschützt meine andere Seite zeige, meine kindischen, asozialen, egoistischen Anteile, das ist ein unerträglicher Gedanke.

Für Psychologen und Therapeuten ist das gerade der Ansatzpunkt, um erkennen zu können, was sich in unserem Inneren abspielt, um es zulassen zu können und ihm eine Stimme zu geben, statt es zu unterdrücken. »Wo Es war, soll Ich werden«, lautet Freuds berühmtes Diktum. Erst wenn man seine Maske abzusetzen und das Unbewusste bewusst zu machen vermag, kann man damit umgehen, denn so wird es Teil des eigenen Ichs. In der Zeit, in der ich mich noch mit Therapien beschäftigte, war das eine meiner heiligen Überzeugungen. Ich erinnere mich an ein leidenschaftliches Gespräch mit meiner damaligen Schwiegermutter, bei dem es um den Wert von Konventionen ging. Sie war in gewissem Sinne eine aristokratische Dame, bei der Höflichkeit hoch im Kurs stand. Meine Freundin und ich behaupteten, Konventionen mache die Menschen verlogen; man wisse nie, woran man mit ihnen sei, es gehe ihnen nur um Verbergung und den schönen Schein. Sie behauptete dagegen, Konventionen gäben den Menschen Freiheit, nicht nur dafür, sich behutsam kennenzulernen, sondern auch dafür, die eigene Position zu bestimmen. Das Spiel von Enthüllung und Verbergung war ihrer Meinung nach grundlegend für jeden gesellschaftlichen Umgang. Höflichkeit und Respekt diene dazu, Raum zu schaffen, und das sei eine größere Kunst, als rundheraus die Wahrheit zu sagen. Das ist mir immer in Erinnerung geblieben.

Heute glaube ich an den Wert von Masken und damit auch an den Wert von Angst. Natürlich, alle Philosophie ist eine Suche nach der Wahrheit, nach Enthüllung und Unverborgenheit. Aber nicht auf Kosten von Respekt, Freiheit und anderen Werten. Angst kann dabei sehr heilsam sein, die Kunst besteht allein darin zu wissen, wovor man sich fürchten muss. Sokrates zeichnet in der *Politeia* ein Bild unterschiedlicher Charaktere anhand ihrer jeweiligen Ängste. Das eine Extrem ist der tyrannische Charakter, der Charakter eines Abhängigen, der vollkommen von seinen eigenen Bedürfnissen beherrscht wird. Er fürchtet sich ständig davor, dass er seine Bedürfnisse und Begierden nicht befriedigen kann. Das andere Extrem ist der aristokratische Charakter, dem es darum zu tun ist, sich vom Besten (*aristos*) beherrschen zu lassen (*kratein*). Er bemüht sich in erster Linie darum, Einsicht in die richtigen

Verhältnisse zwischen dem Körperlichen und dem Geistigen zu erlangen, zwischen Befriedigung und Entsagung, zwischen sich und den anderen. Der Aristokrat versucht, eine möglichst klare Vorstellung davon zu entwickeln, was maßgebend und angebracht ist. Hier hat Angst einen ganz anderen Inhalt und eine andere Funktion, die ich auch nicht mehr mit dem Wort »Angst« beschreiben würde. Es ist keine einengende Furcht, keine beklommene Erregung, sondern eine konzentrierte Aufmerksamkeit.

Dieses Gefühl verspüre ich auch manchmal, vor allem wenn ich erst einmal im Gespräch bin, aufgenommen in das Spiel von Enthüllung und Verbergung. Aber zuvor, zu Anfang, bevor es so weit ist, verspüre ich den Drang, mich bei der geringsten Unzufriedenheit aus dem Staub machen zu wollen. »Es ist eine Aufgabe, eine gute Übung«, halte ich mir dann selbst vor. »Es gehört dazu und es gehört zu dir.« Vom Kopf her weiß ich das, aber mein Körper will weg. Ich erinnere mich an das Gedicht von Emily Dickinson: »Sag Wahrheit ganz, doch sag sie schräg, Erfolg liegt im Umkreisen.«[8] Das ist es, was ich tue. Ich führe mich selbst über alle möglichen vertrauten Umwege, ich gebe den Narren, den Spaßmacher, denjenigen, der so tut, als sei er nicht dabei. Es ist die einzige Möglichkeit, dem Tyrannen meiner Angst zu entkommen. Auch das ist ein Aspekt des poetischen Arguments.

8 Emily Dickinson, *Sämtliche Gedichte*, übers. von Gunhild Kübler, Hanser Verlag, München 2015. Nr. 1263.

IV. Steige auf aus der Höhle

In einem Seminar für Führungskräfte erzählte ein freundlicher, bescheidener Mann, ein Psychiater, wie man ihn in den Verwaltungsrat einer großen Pflegeeinrichtung berufen hatte. Er hatte zugesagt, obwohl er wenig administrative Erfahrung hatte und als Mensch, der nach Harmonie strebte, mit den Hahnenkämpfen der Führungsriege wenig am Hut hatte. Als er die neue Funktion übernahm, stieß er auf ein gewaltiges Chaos, das unerfreuliche Erbe seines Vorgängers. Und er sah sich sogleich vor die Aufgabe gestellt, die Institution drastisch umzukrempeln. Außerdem lagen von längst fälligen Renovierungen bis hin zu finanziellen Veruntreuungen offenbar alle möglichen Leichen im Keller. Und zu allem Unglück geriet er gleich zu Beginn mit einem seiner Kollegen, dem Finanzchef, über den einzuschlagenden Kurs in Streit. Schon nach kurzer Zeit war ihm klar, dass es so nicht weiterging. »Einer musste gehen, entweder er oder ich.« Ihm war also so ziemlich alles aufgebürdet worden, was ihm zuwider war. Einer der Teilnehmer fragte ihn, wie er es geschafft habe, dabei den Kopf über Wasser zu halten, und warum er nicht selbst gegangen sei. »Wenn ich mich nicht dagegen zu Wehr gesetzt hätte, wäre es bei uns nur noch ums Geschäft gegangen. Dann wäre die Organisation völlig seelenlos geworden«, sagte er. Und er fügte hinzu: »In all diesem Elend wollte ich für meine Mitarbeiter ein Leuchtzeichen der Hoffnung sein.«

Ich war beeindruckt. Ein Leuchtzeichen der Hoffnung und ein Quell der Beseeltheit zu sein, das ist es, worum es bei Führungskunst geht. Die Fähigkeit, Menschen durch eine Idee, ein Ideal, zu verbinden, kann als ein wesentliches Element von Führungskunst verstanden werden. Dazu muss man sehr genau wissen, worin dieses Ideal besteht. Das wusste er offenbar. Und dann muss man auch den Mut haben, dafür einzustehen, sonst war womöglich in kürzester Zeit schon alles verspielt. Die Entwicklung eines Ideals gleicht dem Auspacken eines Geschenks: Was dabei zum Vorschein kommt, ist eine Überraschung. Und nicht immer ist das, was sich als Ideal enthüllt, nur schön und angenehm. Es kann auch eine Aufgabe, eine Prüfung sein. Im Fall dieses Psychiaters war es das gewiss. Ich konnte mir gut vorstellen, wie entmutigt er war. Unter solchen Umständen das Ideal lebendig zu erhalten, erfordert Mut – und großen Glauben, starke Hoffnung und, jawohl auch das, eine gehörige Portion Liebe.

Ideale ins Wort zu setzen und zu beleuchten, ist ein erster Schritt beim Aufstieg aus der Höhle. Das verlangt, wie im Fall dieses Verwaltungsratsmitglieds, nicht nur, die Situation zu durchdenken. Es verlangt auch und vor allem, sich dieser Prüfung zu stellen, sich von Vertrautem zu lösen, unbekanntes Terrain zu betreten und den Mut zu haben, über sich selbst hinauszugehen, zu etwas Größerem aufzusteigen, zu etwas, das die eigene Person übersteigt. Ideale haben heute einen ambivalenten Status. Als Individuen haben wir alle möglichen kleinen Ideale: ein schönes Haus, eine interessante Arbeit, das Wohlergehen der Kinder usw. Doch den großen gemeinschaftlichen Idealen gegenüber sind wir misstrauisch. Sozialismus, Liberalismus, Konservatismus, jegliche Ideologie ist uns suspekt geworden. Das ist nicht erstaunlich, denn das vergangene Jahrhundert hat uns schmerzlich vor Augen geführt, welche Katastrophen es verursachen kann, sich rigoros gesellschaftlichen Idealen zu verschreiben. Begeisternde kollektive Zukunftsvisionen bewirken leicht mehr Negatives als Positives. Dann entscheiden wir uns doch lieber für die offene Gesellschaft, wechseln das Führungspersonal beizeiten aus und erklären unter dem relativierenden Einfluss der Globalisierung jede Ideologie für gescheitert. Das alles sind Einstellungen und Überzeugungen, die sich von den großen Visionen, dem Glauben an eine leitende gemeinsame Zukunftsvision distanzieren. Wir wollen heute keine großen Leitfiguren, keine Helden mehr, wir leben in einer postheroischen Gesellschaft.

Wir brauchen Ideale

Doch auch diese Medaille hat ihre Kehrseite. Ohne Visionen, ohne Glauben oder Ideale leben wir der Zukunft abgewandt, so als würden wir im Zug rückwärtsfahren. Alle, die ein leeres Zugabteil betreten, wählen darin allerdings für gewöhnlich einen Platz, von dem aus sie in Fahrtrichtung schauen können. Es liegt in unserer Natur, nach vorne blicken zu wollen, wir sind als Einzelne und im Kollektiv Vorwärtsfahrer. Jeder will wissen, wohin die Reise geht. Zukunft ist mit Hoffnung verbunden und diese Hoffnung ist wichtig. Was bleibt von unserem Leben, wenn die Hoffnung aus unserem Leben entschwindet? Hoffnung ist nicht nur ein irrationales Gefühl oder ein primitiver Optimismus. Es ist auch das Vertrauen darauf, stark genug zu sein, die Zukunft zu gestalten, und es ist die Zuversicht, den eigenen Willen umsetzen zu können. Hoffnung ist mit Wissen und Einsicht verbunden. Sie birgt das Versprechen in sich, dass es besser werden kann, dass man es selbst in der Hand hat, etwas zu verändern. Ein Ideal zu enthüllen, ist quasi die Einlösung eines solchen Versprechens.

In diesem Kapitel gehe ich der Frage nach, was es bedeutet, ein Ideal oder eine Idee zu enthüllen. Ich gehe detaillierter auf die Prämissen und die Methodik des Aufstiegs aus der Höhle und eine Reihe technischer Möglichkeiten ein, die uns dabei zur Seite stehen. Was mich am meisten an diesem Psychiater beeindruckt hatte, war übrigens, dass es ihm nicht bloß um die Erkenntnis eines Ideals oder die damit verbundene Hoffnung ging, sondern dass er auch davon sprach, selbst diese Hoffnung zu sein. »Ich wollte für meine Mitarbeiter ein Leuchtzeichen der Hoffnung sein.« Auch das ist Führungskunst: eine Idee buchstäblich zu verkörpern.

Fasse in Worte, was du zu wissen hoffst

Lassen Sie uns zunächst auf Platons Höhlengleichnis zurückkommen, das ich bereits auf Seite 42 angesprochen habe. Platon zeichnet in Form eines Gleichnisses ein markantes Bild der Situation und der richtigen Art und Weise, damit umzugehen. Stell dir vor, sagt Sokrates, du würdest gemeinsam mit anderen in einer dunklen Höhle sitzen. Du wärst an Händen und Füßen gefesselt und könntest nur geradeaus schauen. Hinter dir befände sich eine Mauer und wiederum dahinter ein Feuer. Zwischen beidem – Mauer und Feuer – bewegen sich die Menschen, die uns in ihrer Macht haben. Diese Menschen tragen allerlei Gegenstände hin und her, die ihre Schatten an die Wand vor dir werfen. Da du und die anderen Gefangenen nie etwas anderes gesehen habt als diese Schatten, haltet ihr diese Schatten für die Wirklichkeit. Genauso denken wir heute, wenn wir das, was wir in der Zeitung lesen oder im Fernsehen sehen, oder das, was uns an Bildern präsentiert wird, für die eigentliche Wirklichkeit halten. Doch wenn man diese Bilder genauer untersucht, zeigt sich schon bald, dass sie falsch sind. Manche sind regelrechte Illusionen, andere nur Halbwahrheiten, wieder andere ein kurioses Gemisch aus blinden Flecken, persönlichen Wunschträumen und allgemein bestehenden Vorurteilen. Der Akt, in dem dir bewusst wird, dass du eigentlich in einer dunklen Höhle sitzt, es aber auch so etwas wie das Licht gibt, ist, sagt Sokrates, der natürliche Beginn der Befreiung, wie schmerzhaft diese auch sein mag. Du entledigst dich deiner Fesseln, schaust dich um und fühlst dich – trotz des eigenen inneren Widerstandes – dazu gedrängt, zum Licht hinaufzusteigen.

Da du jedoch an das Dunkel gewöhnt bist, wirst du vom flackernden Licht des Feuers zunächst geblendet. Und dann, wenn sich die Augen an das Licht gewöhnt haben, erscheint dir die Welt, mit der du dich vertraut wähntest und die du zu kennen glaubtest, in Wirklichkeit völlig anders. Die Schatten waren ganz und gar nicht echt, sondern nur klägliche, deformierte Widerspiegelungen der Wirklichkeit. Das kann außer Befremdung auch Euphorie auslösen, denn du erkennst, dass du auf dem richtigen Weg bist. Doch dieser Schritt ist erst der Beginn der Befreiung. Dein Ziel ist es, die Höhle zu verlassen und in das volle Sonnenlicht emporzusteigen. Wenn es dir gelingt, dieses Licht zu erreichen, geschieht noch einmal das Gleiche wie zuvor: Du wirst zunächst von dem gleißenden Sonnenlicht geblendet, das heißt, du wirst dem entfremdet, was du zu wissen glaubtest. Es dauert eine ganze Weile, bis sich deine Augen so daran gewöhnt haben, dass du klar sehen kannst. Aber dann siehst du das, was es zu sehen gibt, in einem hellen, beständigen Licht, das zudem noch wärmt und die Natur, die dich umgibt, wachsen lässt. Und nun kannst du auch einen Abglanz der Sonne, der Quelle des Lichts, auffangen, auch wenn ihr Licht zu stark ist, um direkt in es hineinschauen zu können.

Der Prozess des Aufstiegs aus der Höhle zum Licht umfasst den Aufstieg von einer niedrigen Erkenntnisstufe, die Sokrates »Mutmaßen« oder »die Einbildung« nennt, über die Begriffsbildung und die Entwicklung kognitiver Schemata, zur Bildung umfassender und gut artikulierter Vorstellungen bis hin zur unmittelbaren Einsicht in das Wesen einer Sache. Zur Schau einer Idee führt ein Weg voller Hindernisse, der viel von uns verlangt: große Selbsterkenntnis, die Geduld, Wirrnisse und Entfremdung zu überstehen, sowie die Fähigkeit, in all dem das poetische Argument zu suchen. Doch alles beginnt damit, dass wir, wie der Psychiater im vorhergehenden Abschnitt, zum Ausdruck bringen, wo wir hinwollen, was wir zu wissen hoffen. Und »wissen« ist wohlgemerkt ein Tätigkeitswort, es beschreibt einen Prozess, nicht nur ein Resultat. Es verweist auf ein Handeln, nicht nur auf dessen Ergebnis. Zudem neigen wir dazu, *wissen* und *wollen* voneinander zu trennen. In der Praxis der Dialektik sind beide jedoch eng miteinander verwoben. Das zeigt sich zum Beispiel an der folgenden Geschichte.

Das Zeitliche ist das bewegte Abbild
des Ewigen

Eines Mittags sitzen die Veranstalter des sokratischen Cafés in Amsterdam mit mir am Tisch. Wir führen ein Übungsgespräch. Jung sind sie und vom sokratischen Ideal stark beeinflusst. Sie möchten über das Thema »Lernen« sprechen oder vielmehr darüber, wann man damit aufhören sollte. Die meisten von ihnen sind nicht nur Gesprächsleiter, sondern auch Dozenten und Lehrer. Sie haben sich wohl schon öfter gefragt, wann es für einen ihrer Schüler besser sein könnte, mit dem Lernen aufzuhören. Ihrer Ansicht nach ist es für die Bearbeitung des Themas am günstigsten, einen Fall einzubringen, in dem einer von ihnen tatsächlich einen Lernprozess abgebrochen hat. Darin sahen sie die beste Möglichkeit für eine instruktive Untersuchung.

Der Beispielgeber erzählt ein einfaches Beispiel – denn ihm ist klar, dass sich solche Beispiele für diese Art von Gespräch am besten eignen. Vor einigen Jahren hat er aufgehört, Fahrstunden zu nehmen. Er hatte zu dem Zeitpunkt schon viele Fahrstunden hinter sich, dennoch fiel ihm das Fahren noch immer schwer. Aus irgendeinem Grund wollte es ihm einfach nicht gelingen. Gas zu geben, zu kuppeln, zu schalten, zu lenken und gleichzeitig noch konzentriert darauf zu achten, was sich um ihn herum abspielte, fand er einfach schwierig. Er machte oft Fehler. »In der fünfzehnten Fahrstunde fuhren wir über eine Straße mit vielen Ampeln. Ich musste immer wieder Gas geben, abbremsen und schalten. Das lief nicht besonders gut. Irgendwann sagte der Fahrlehrer zu mir: ›Lass uns eine kurze Pause machen und einen Kaffee trinken gehen.‹ So tranken wir also in der Zeit, für die ich ihn bezahlte, Kaffee und er aß einen Burger.« Seine Entrüstung darüber war noch immer zu spüren.

Dann fuhren sie weiter. Aber immer wieder ging etwas schief. Die nächste Fahrstunde sagte er ab. Und danach machte er keine weiteren Termine mehr. Er dachte: »Wenn sogar der Fahrlehrer so wenig Vertrauen in mich setzt, dass er mit mir lieber Kaffee trinken geht, welchen Sinn hat es dann noch, es weiter zu versuchen?« Er hat seine Fahrstunden aufgegeben.

Wir klären die Details des Falls. Wie fühlte er sich? Miserabel. Was hatte er zu dem Fahrlehrer gesagt? Nichts. Hat er sich gleich dafür entschieden aufzuhören? Er hat auf jeden Fall sofort daran gedacht. Und so weiter. Nun haben wir also eine Frage, einen Fall und einen Brennpunkt. Und uns ist bewusst, dass sich uns die Frage »Wann sollte man besser aufhören, etwas zu lernen?« immer wieder stellen wird, wenn wir sie nicht ein- für allemal klären.

Wir decken zuerst den zugrunde liegenden Syllogismus auf. Das ist die kompakteste Form der Argumentation: Aus einer allgemeinen Major-Prämisse und einer konkreten Minor-Prämisse ergibt sich eine Schlussfolgerung: Wenn A dann B; A, also B. Die Major-Prämisse lautet in diesem Fall: »Wenn man erkennt, dass man keine Fortschritte macht oder nur frustriert wird, sollte man besser eine Pause machen und mit seinem Lehrer über die Frage nachdenken, ob man weitermachen soll oder nicht.« Die Minor-Prämisse lautet dann: »Das war hier der Fall, ich war frustriert.« Und die Schlussfolgerung: »Also war es gut, mit dem Lernen aufzuhören.« Die Form des Syllogismus ist noch nicht ganz so, wie sie sein sollte, doch können wir sie noch weiter präzisieren, wenn wir uns in den Beispielgeber »hineinversetzen«.

Was würde ich in dieser Situation tun?

Dabei stoßen wir auf ein methodisches Problem: Wir sind aufgefordert, uns in den Beispielgeber hineinzuversetzen. Was aber ist damit eigentlich genau gemeint? Sollten wir uns vorstellen, wir seien in seiner Situation gewesen, sollten wir uns ähnliche eigene Erfahrungen vergegenwärtigen oder vielleicht nur unsere Meinung zu der Situation äußern? Das Problem ist schnell gelöst. Das Grundprinzip des sokratischen Gesprächs ist Selbsterforschung. Um die eigenen Prämissen untersuchen zu können, muss man sich ein eigenes »Urteil« bilden. Aus meiner Sicht sollte man sich dazu am besten vorstellen, »in den Schuhen des Beispielgebers zu stehen«, man sollte sich in seine Lage versetzen und sich dann fragen, was man in dieser Situation tun würde. Das ist die stärkste und am wenigsten unverbindliche Form des Nachempfindens, auf diese Weise bildet man sich am leichtesten ein eigenes Urteil.

Danach gehen wir die ersten Schritte auf dem Weg der Dialektik. Einer der Teilnehmer erklärt, er hätte anstelle des Beispielgebers auch aufgehört, Fahrstunden zu nehmen, aber nur bei diesem Fahrlehrer, nicht überhaupt. Eine andere Teilnehmerin sagt, sie wäre aus dieser frustrierenden Situation »geflüchtet«. Im Nachhinein wären ihr jedoch wohl Zweifel gekommen, ob ihre emotionale Entscheidung richtig gewesen wäre. Ein Dritter hätte die Situation ganz anders beurteilt, für ihn wäre sie gerade ein Grund gewesen, weiterhin Fahrstunden zu nehmen. Das ist die erste Ebene der Untersuchung, die Widerlegung (elenchos). Die Standpunkte widersprechen sich und es entsteht Verwirrung. Es scheint, als würde das, wonach wir suchen, immer weiter aus dem Blickfeld geraten. Das kennen die Teilnehmer nur allzu gut aus ihrer eigenen Erfahrung mit dem sokratischen Café, daran sind sie also gewöhnt.

Dann widmen wir uns der zweiten Ebene, dem Klären der Tugenden, die in dieser Situation eine Rolle spielten, ein Schritt, der vor allem in den frühen platonischen Dialogen im Zentrum steht. Ein Gesprächsteilnehmer meint, in einem solchen Fall gehe es im Wesentlichen darum, eine Verbindung zueinander zu haben. Man könne nur etwas lernen, wenn es zwischen Lehrer und Schüler eine Verbindung gebe. Das erfordere gerade am Belastungspunkt, an dem es schmerzlich und anstrengend werde, den Mut, miteinander in Kontakt zu treten, eine wie immer geartete Scheu abzulegen und zu erkennen, dass es ein Problem gebe (also die Tugend des Maßhaltens und der Besonnenheit). Doch für einen anderen Gesprächsteilnehmer spielen diese Tugenden hier überhaupt keine Rolle, in seinen Augen geht es einfach nur darum einzusehen, was man tun sollte, und darum, die richtige Balance zu finden. Das sind schon deshalb interessante Differenzierungen, weil beide ihre Beiträge mit Verve präsentieren. Aber wir haben keine Zeit mehr herauszufinden, welches die richtige Definition jeder dieser Tugenden wäre. Immerhin machen wir uns noch klar, dass es hier offenbar um eine Erkenntnis geht, die nicht rein kognitiv ist. Eine Erkenntnis, zu der mehr als der Kopf gebraucht wird.

Wie wäre das Gespräch wohl weitergegangen, wenn wir mehr Zeit gehabt hätten? Das Problem ist, dass die höheren Erkenntnisebenen einer gründlichen Schulung bedürfen, die nur wenige mitbringen. Doch für die Veranstalter eines sokratischen Cafés ist eine solche Schulung natürlich wichtig. Auf der dritten Ebene steht die Perspektive, aus der man eine Frage betrachtet, im Zentrum. Auf dieser Ebene befasst man sich nur noch mit Begriffen, mit möglichen Interpretationen und kognitiven Rahmensetzungen. Sokrates setzt hier einiges voraus, zum Beispiel die Vorstellung, dass Wissen ein Erinnern ist, dass das, was wir erleben, dem Gesetz von Ursache und Wirkung unterliegt, dass jeder Mensch eine besondere Aufgabe hat, für die er sich womöglich irgendwann selbst entschieden hat. Die Kunst besteht darin, sowohl in Bezug zur Fragestellung als auch zu sich selbst zu Einsichten zu gelangen. Die Herausforderung besteht darin, auf dieser Grundlage Definitionen als Vorstellungen des Guten zu entwickeln – in unserem Fall Definitionen davon, was es bedeutet, mit dem Lernen aufzuhören. In der Dialektik geht es um die Artikulation und das Abwägen dieser Vorstellungen oder – wie Sokrates es nennt – um die Bestimmung der Grenzen im Unbegrenzten.

Damit gelangt man auf die vierte Ebene, die Sokrates mit unterschiedlichen Begriffen als »das Eine«, »die Form«, »die Essenz«, »das Grundmuster« oder als »die Idee« bezeichnet. Manche verwenden dafür auch den Begriff »Archetypus«. Es handelt sich hierbei um eine nicht-hypothetische Einsicht in Bezug auf die Sache und auch auf die eigene Person, auf die eigene Haltung oder Disposition als der Voraussetzung, in einer solchen Situation wirklich weise zu handeln. Eine Idee ist wie ein Gesetz, sie ist eine Vorstellung davon, wie man selbst und wie die Situation wäre, wenn alles seine »Idealform« hätte. Während die Welt sich stets verändert, bleibt dieses Gesetz immerzu unveränderlich. Als ob wir selbst und unsere Erfahrungen Variationen eines Themas wären, ein »fortschreitendes Abbild der in Einheit beharrenden Ewigkeit«. (*Timaios*, 37d) Dieses Gesetz in den Blick zu bekommen, ist das letztendliche Ziel der Untersuchung.

Nimm den längeren Weg

Sokrates sagt an unterschiedlichen Stellen in der *Politeia*, er skizziere nur, was für Führungskunst und Gerechtigkeit erforderlich sei. Um in beides wirkliche Einsicht zu erhalten, müssten seine Gesprächspartner »den längeren Weg« nehmen (435d, 504c). »Sage also, was ist das Wesen der dialektischen Kunst, in welche Arten zerfällt sie und über welche Wege verfügt sie?«, fragt Glaukon. Aber Sokrates antwortet, Glaukon könne ihm wohl kaum folgen – schon deshalb, weil er sich den Vorstudien noch nicht genügend gewidmet habe. (532e-533a) Sie bestehen aus Arithmetik, Geometrie, Bewegungs- und Harmonielehre. Diese Disziplinen befassen sich allesamt mit den grundlegenden Essenzen: Sie wenden sich von »dem Werden« der wahrnehmbaren Wirklichkeit ab und richten den Geist auf »das Sein«, auf das, was den Phänomenen zugrunde liegt, auf die in aller Veränderlichkeit gleichbleibende Tiefenstruktur. Führungskunst und Gerechtigkeit setze Einsicht in diese Dinge voraus, behauptet Sokrates. Aber warum?

Nehmen wir ein einfaches Beispiel. Wer sich mit Geometrie befasst, der ist sich dessen bewusst, dass ein von ihm gezeichnetes Dreieck verglichen mit der perfekten »Dreieckigkeit«, die es nachahmt, immer unvollkommen ist. Die Berechnungen, die er anstellt, oder die Operationen, die er vornimmt, betreffen eigentlich nicht die gezeichnete Figur, sondern die perfekte Idee oder Form, die die Dreieckszeichnungen nur unvollkommen abzubilden vermögen (und deren Idealform sich auch das mathematische Dreieck nur annähert). Ähnlich bleibt auch der Musiker, der eine Melodie spielt, immer hinter dem Ideal zurück, das er nachzuahmen versucht. Die Unterschiede in den Tonhöhen seines Spiels und die Veränderungen im Timbre sind lediglich hörbare Annäherungen an die unhörbare, perfekte Harmonie, die er anstrebt. Denn jeder hörbare Ton ist unrein, jeder Akkord ein Kompromiss, jede Musik ist ein Versuch, die grundlegenden Tonverhältnisse, die der Musiker spielt, zu harmonisieren, indem er sie beispielsweise gleichermaßen schweben lässt. Sowohl in der Geometrie als auch in der Musik beziehen wir uns bei dem, was wir sehen und hören – ohne uns dessen bewusst zu sein –, auf ideale Verhältnisse als einer Norm für das von uns Wahrgenommene. Ideen sind maßgebend, buchstäblich tonangebend für unsere sinnliche Wahrnehmung. Und in beiden Fällen geht es darum, Harmonie zu schaffen, das heißt, die verschiedenen Einzelelemente in richtiger Weise zueinander in Beziehung zu setzen, sodass sie in all ihrer Komplexität eine Einheit bilden können. In einem Fall nutzen wir dazu Linien und Winkel, im anderen Klänge und Tonhöhen.

Welche der Tonleitern, Modi oder Ordnungsprinzipien man auch wählt, jede von ihnen ruft einen ganzen Komplex von Möglichkeiten auf sowie die Frage, wie daraus ein elegantes »wohlklingendes« Ganzes erzeugt werden könne. Der größte Test für zukünftige Führer besteht laut Sokrates darin, ob für sie »die Verwandtschaft der einzelnen Wissensfächer miteinander sowohl wie mit der Natur des Seienden in klarem Zusammenhang hervortritt« (537c). Dazu müssen sie lernen, in allen praktischen und dilemmatischen Situationen die zugrunde liegenden Essenzen zu erkennen, also die idealen Formen bzw. Ideen. In der Geometrie werden diese aus verschiedenen Arten von Linien, Winkeln und Figuren und deren mathematischen Verhältnissen gebildet. In der Musik sind sie aus verschiedenen Arten von Tonleitern, Melodien und harmonischen Motiven, deren Modulationen und Spannungsfeldern aufgebaut. In der Philosophie setzen sie sich aus verschiedenen Arten von Wahrheit, Gerechtigkeit und Deutungsperspektiven zusammen sowie dem ganzen Arsenal moralischer und begrifflicher Dilemmata, die sich darum ranken.

Der Sinn der Sache liegt natürlich nicht darin, dass alle Regierungschefs und alle Führungskräfte Mathematiker oder Musikwissenschaftler werden. Es geht vielmehr darum, zu erfassen, in welcher Weise räumliche und musikalische Figuren die wahrnehmbaren Ausdrucksformen grundlegender Ideen und maßgeblicher Verhältnisse sind. Und darum, zu erkennen, dass das Gleiche auch für das individuelle und gesellschaftliche Leben gilt: Auch hier wird die Harmonie oder Disharmonie von der Qualität der grundlegenden Ideen bestimmt. Eine Führungspersönlichkeit muss dazu in der Lage sein, sie in Gesprächen zu untersuchen und zu analysieren. Sie muss unterschiedliche Perspektiven entwickeln, ihre Prinzipien vergleichen und die beste, wahrhaftigste, melodischste auswählen können. Man erwartet von ihr, dass sie innerhalb des Kraftfelds einer Gruppe oder einer Gemeinschaft Harmonie schaffen kann. Das erfordert Einsicht in die Gesetze der Komposition und das Handwerk der Freiheit. Dieses Studium ist »der längere Weg«, den Sokrates meint. Er ist anspruchsvoll, grundlegend und unverzichtbar. Lassen Sie uns dazu ein konkretes Beispiel betrachten.

Bestimme das Eine in der unbestimmten Zweiheit

Der Direktor einer Pflegeeinrichtung steht vor der Aufgabe, in Bezug auf die räumliche Ausstattung Einschränkungen vornehmen zu müssen. Damit stößt er bei den Mitarbeitern auf Widerstand. Sie empören sich darüber, dass sie Arbeits- und Behandlungsräume verlieren. Doch irgendwo muss schließlich eingespart werden. Wenn die Quadratmeterzahl nicht verringert wird, müssen die Pflegeleistungen beschnitten werden. Die Frage, die nach Ansicht des Direktors untersucht werden muss, ist Folgende: Wie kann man die Qualität der Pflege beibehalten, wenn man weniger Räumlichkeiten zur Verfügung hat? Er fürchtet, die Einschränkungen könnten ein Abwandern der Mitarbeiter zur Folge haben oder sein Vorgehen könnte sie in eine zynische Haltung drängen. Er selbst würde die Kürzung des Budgets gern als Chance zu internen Neuerungen nutzen. Das würde allerdings drastische Entscheidungen und deren Durchsetzung erfordern, also eigentlich eine Neuausrichtung der Organisation.

Dem Direktor steht nun eine ganze Skala von Handlungsoptionen zur Verfügung. Um diese gut zu sichten, ist es ratsam, die beiden Extreme der Skala zu explizieren, die äußeren Begrenzungen des Spielfeldes zu definieren. Er tut das folgendermaßen: »Ich kann in zwei Richtungen denken: Entweder setze ich schnell und nach rein ökonomischen Gesichtspunkten die neue Art des Arbeitens und deren Konsequenzen in den Heimen durch oder ich lasse jede Pflegeabteilung einen eigenen Plan zur Kostensenkung entwickeln.« Es ist eine Entscheidung zwischen einer betriebswirtschaftlichen und einer menschlichen Einstellung, zwischen einem finanzgesteuerten und einem beratungsorientierten Vorgehen, zwischen dem angelsächsischen, rein marktwirtschaftlich ausgerichteten und dem rheinischen, mehr auf Ausgleich bedachten Modell. Zwischen diesen zwei Extremen liegen alle möglichen Mischformen, Abstufungen größerer oder kleinerer Eingriffe sowie stärkerer oder schwächerer Autonomie der Heime. Die Skala als Ganzes ist unbestimmt, daher wird sie in der Dialektik als »die unbestimmte Zweiheit« bezeichnet.

Die Frage ist natürlich, für welche Festlegung man sich in diesem Fall entscheiden soll, welche »Abgrenzung« oder »Definition« die beste ist. Wie soll man den Knoten durchhauen und mit welcher Begründung? Diese Grundentscheidung ist »das Eine«, nicht nur in dem Sinne, dass es sich um eine definitive Entscheidung aus einer Vielzahl möglicher Entscheidungen handelt, sondern auch in dem Sinne, dass diese Entscheidung, wenn sie gut ist, Einheit schafft: auf der inhaltlichen Ebene zwischen unterschiedlichen Argumenten und Perspektiven, aber auch sozial zwischen den Beteiligten, mit ihren zahlreichen unterschiedlichen Interessen. Eine Einheit zu bilden, bedeutet, Vorlieben und Abneigungen, Gefühl und Verstand, Ambitionen und Widerstände aufeinander abzustimmen. Es bedeutet, dass das Ganze – dem ich und alle anderen angehören – eine Einheit bildet und »in Form« kommt, also mit der optimalen Form übereinstimmt.

Diese »Form« oder »Idee« – Sokrates verwendet beide Begriffe – ist ein Idealbild, das über unsere unvollkommene, irdische Wirklichkeit hinausgeht. Es ist eine Vision oder ein Maßstab aus der Ideenwelt, der transzendenten, metaphysischen Wirklichkeit, die – verglichen mit unserer alltäglichen Realität, die von Illusionen, Wunschträumen und anderen Trugschlüssen zusammengehalten wird – eigentlich die einzig echte ist. Aus diesem Grund führt Sokrates immer wieder untersuchende Gespräche: um echtes Denken zu lernen und einen Schimmer der Ideen zu erhaschen. Denn nur in dieser Ideenwelt kann man eine Richtschnur dafür finden, wie man inmitten all diesen Scheins sein Leben führen soll.

Für das Eine werden häufig bildhafte Worte verwendet, die das rein Rationale übersteigen. These und Antithese kann man nur in einer Synthese »aufheben«, wenn man die Diskussion buchstäblich auf ein anderes Niveau, auf eine höhere Ebene verlagert. In unserem Fall zeichnet der Direktor schließlich folgendes Bild: »Einen Sack Murmeln kann man nicht durch eine enge Öffnung zwängen. Aber wenn man die Murmeln aus dem Sack nimmt, passen sie einzeln durch die Öffnung und können sich mithilfe der Schwerkraft ihren eigenen Weg bahnen.« Übersetzt in gängige Strategiesprache bedeutet das: »Unterteile die Themen und gib jedem seinen eigenen Raum.« Oder: »Spiele mit offenen Karten und gib jedem seine eigene Verantwortung.« Es ist eine Mischform aus rheinischem und angelsächsischem Modell, mit dem Schwerpunkt auf Ersterem. Und es ist ein richtungsweisendes Bild, eine Vision, die das konkrete Vorgehen prägt.

Doch ist das Bild von dem Sack Murmeln nun wirklich »das Eine«, das in der unbegrenzten Zweiheit die richtige Begrenzung schafft? Hat der Pflegedirektor damit den Abglanz einer verbindenden Idee erschaut oder wird er von einem Irrlicht geleitet? Ich denke eher Ersteres als Letzteres. Sein Bild ist zwar handlungsorientiert und nicht sinnorientiert und eher suggestiv als von begrifflicher Schärfe geprägt, es entfaltet seine Wirkung nur, wenn die Argumentation ausreichend expliziert wird. Dennoch scheint es mir auf einer authentischen, grundlegenden Intuition zu Balance und Harmonie, zum richtigen Maß und Timing zu beruhen. Das ist ein wichtiger Aspekt bei der Bestimmung des Einen – allein auf der Grundlage eines bloßen Schriftstücks kann dies kaum gelingen. Denn in Geschriebenem vermittelt sich zu wenig vom Kontext und der Färbung, der persönlichen Haltung und Intonation, davon, wie jemand spricht und welche Erläuterung er gibt, inwiefern er diesem »Orakeltext« selbst Glauben schenkt, und von ähnlichen Dingen, die sich rein sprachlich nicht fassen lassen.

Diese Zweifel über den genauen Status eines Bildes oder Textes haben in der akademischen Philosophie zu einem wahren Schulstreit über die Frage geführt, was der eigentliche Kern von Platons Lehre sei. Findet er sich in den Schriften, die wir von ihm kennen? Oder liegt der Kern seiner Lehre in dem, was er mündlich gelehrt hat, in der sogenannten »ungeschriebenen Lehre«? Es gibt, denke ich, gute Gründe, Letzteres anzunehmen. Worum es wirklich gehe, schreibt Platon, lasse sich nicht in Worte fassen, sondern »aus häufiger fortgesetzter Unterredung gerade über diesen Gegenstand sowie aus innigem Zusammenleben entspringt es plötzlich aus der Seele wie aus einem Feuerfunken das angezündete Licht und bricht sich dann selbst weiter seine Bahn.« (*Siebter Brief,* 341c-d)

Dennoch ist zugleich auch deutlich, dass in dieser »fortgesetzter Unterredung gerade über diesen Gegenstand« immer eine Reihe dialektischer Techniken eine Rolle spielen, so wie die Bestimmung der Grenzen und der rechten Mitte in der unbestimmten Zweiheit des Großen und Kleinen. Sie sind stabile feste Eckpfeiler der Ideenlehre und elegante, nützliche Untersuchungsinstrumente in der Praxis des Dialektikers. Im Abschnitt »Vertiefe deine Erinnerung« werde ich näher darauf eingehen.

Suche die musikalische Definition

Aber lassen Sie uns zunächst noch einige andere Techniken betrachten, die im zuvor geschilderten Fall ebenfalls eine Rolle spielten, etwa das Ausarbeiten einer Definition. Sokrates war der »Erfinder« der Definition, sagte Aristoteles. In all seinen Gesprächen
versucht er, seine Gesprächspartner dazu zu bewegen, die Bedeutung bestimmter Begriffe in Worte zu fassen. In heutigen Gesprächen wären das Begriffe wie Gerechtigkeit oder Lernen, Richtlinien-
kompetenz, Pflegequalität oder irgendein anderer Kernbegriff,
dem man begegnet, wenn man sich mit einer Frage eingehend
befasst. So entwickeln sich Untersuchungen in der Praxis eigentlich immer: Man beginnt ein Gespräch über eine Frage, z.B. über
Zusammenarbeit, richtiges Entscheiden, Verantwortung oder was
auch immer, und landet schließlich bei der Definition eines für die
Gesprächspartner und das Gespräch wesentlichen Begriffes.

Die Suche nach Definitionen ist kein rein verbales oder intel-
lektuelles Spiel, kein Jonglieren mit Wörtern und Bedeutungen.
Im Gegenteil, sie ist ein Präzisionsinstrument, mit dem man sich
selbst und die Realität untersuchen kann. Rechenschaft über die
eigenen Ansichten zu einem Thema ablegen zu können, indem
man deren Kernbegriffe definiert, ist für Sokrates ein Gradmesser
von »Musikalität«. Das heißt ein Gradmesser für die Harmonie
zwischen dem, was man sagt, und dem, wer man ist, oder dem,
wie es sich wirklich verhält. Wer eine solche Harmonie schaffen
kann, »scheint mir durchaus der wahre Tonkünstler zu sein«, lässt
Platon Laches im gleichnamigen Dialog mit Sokrates sagen, »der
zum schönsten Einklange nicht etwa eine Lyra gestimmt hat, überhaupt nicht Instrumente der Kurzweil, sondern in Wahrheit sein
eigenes Leben harmonisch gestaltet hat übereinstimmend in Wort
und Werk«. (*Laches*, 188c-d)

In der Praxis ist es teuflisch schwer, diese Harmonie zu finden.
Wie wir schon sahen, versucht Laches, eine Definition des Begriffs
»Mut« zu finden (vgl. S. 68). Das führt zu allen möglichen wüten-
den Versuchen, aber keiner davon erweist sich wirklich als hin-

reichend. Mut beschreiben Laches und sein Mitstreiter Nikias nacheinander als die Fähigkeit, dem Feind standzuhalten und nicht vor ihm zu fliehen; als eine Beharrlichkeit der Seele; ein vernünftiges Ausharren oder gerade auch ein unvernünftiges Ausharren; als ein Wissen, was zu fürchten ist und was nicht; als eine Vorsehung oder Wahrsagerei, als die Torheit, keine Angst zu kennen; als ein Wissen von allem Übel, das sich ereignen wird und das man fürchten wird, und ein Wissen vom Guten, das sich ereignen wird und das man nicht fürchten muss; als ein Wissen vom Gutem und vom Übel, das sich in Zukunft ereignen wird, heute ereignet und irgendwann in der Vergangenheit ereignet hat, und schließlich als Kenntnis von allem Guten und Bösen (190e-199d).

An diesem Punkt des Dialogs sind alle Teilnehmer, vor allem Sokrates, davon überzeugt, dass das Gespräch gescheitert ist: Das, was sie suchten, konnten sie nicht finden. Schließlich ist »die Kenntnis von allem Guten und Bösen« eine Definition des Begriffs »Tugend« an sich. Mut kann aber unmöglich als das Ganze der Tugend angesehen werden, da es nur ein Teil davon ist (199e). Hier bricht der Dialog ab und lässt uns in Verwirrung zurück. Welches die richtige Definition von Mut ist, bleibt unklar. Das ist Platons Kunstgriff, uns in die »Musik« dieser Untersuchung einzubeziehen und dazu herauszufordern, selbst herauszufinden, was wir unter Mut verstehen – und außerdem zu erkunden, inwiefern wir selbst in Harmonie sind und ob unsere eigenen Worte und Taten miteinander in Einklang stehen.

Die Suche nach einer Definition wird oft als ein lästiger Zeitvertreib intellektueller Wortklauber betrachtet. Und tatsächlich ist die Gefahr groß, sich bei der Frage, was etwas ist, und dem Versuch, dies in die richtigen Worte zu fassen, von der Wirklichkeit zu lösen und in sinnlose Sprachspielereien zu verstricken. »Gedanken ohne Inhalt sind leer«, sagt Kant, und »Anschauungen ohne Begriffe sind blind«. Um zu einer fruchtbaren Definition einer Idee zu gelangen, bedarf es beider, und zwar zur gleichen Zeit: Das Schärfen der Anschauung und das Entwirren der Begriffe geht Hand in Hand. Gelingt beides, bilden sie gemeinsam die Krone der Dialektik, den Schlussstein des Wissensgebäudes. In einer konkreten, praktischen Situation die richtigen wegweisenden Ideen zu erkennen, ist ein wesentlicher Bestandteil der Führungskunst. Sokrates nennt das eine »Gabe der Götter an die Menschen«: »Alles, was bis jetzt in Bezug auf kunstmäßige Erfindungen erreicht worden ist, ist auf diesem Wege kund geworden.« (*Philebos*, 16c-e)

Denke reich

Sokrates behauptet in der *Politeia*, eine Gemeinschaft, ob es sich nun um eine Organisation oder den Staat als Ganzes handele, werde am besten von Menschen geführt, die, »was das Schöne, Gerechte und Gute anlangt, die Wahrheit geschaut« hätten. (520 c) Denn nur so lasse sich verhindern, dass sich die Entscheidungsträger ständig mit Scheinfragen, irrealen Vorstellungen von der Wirklichkeit und mit Machtkämpfen beschäftigten. Die Herrscher, so denkt er, müssten Philosophen sein. Denn diese betrachteten ihr Führungsamt nicht als begehrenswerte Position oder als eine Gelegenheit zur Machtausübung, sondern als notwendiges Übel. Sie verfolgten ein anderes, ein höheres Lebensziel: das Ziel, Einsicht in das zu erlangen, was wirklich gut sei, und gedanklich zum Wesen einer Sache vorzudringen. Philosophieren sei eine notwendige Bedingung dafür, in der Praxis etwas sinnvoll zu gestalten.

Diese Einsicht zu erlangen und eine Sache wirklich zu durchdringen, erfordert ein gründliches, langwieriges Studium. Es gibt natürlich viele Fächer, die sich mit praktischen Themen beschäftigen, aber diese »träumen wohl vom Seienden, können sich aber kein reales Bild davon machen, weil sie von Vorurteilen ausgehen und Dingen, die sie nicht wirklich wissen.«(533c*) Nur wer seinen Geist schule und zu philosophieren lerne, entwickele die Fähigkeit, seine Vorurteile beiseite zu schieben und die eigenen Ausgangspunkte und »das eigentlich Prinzip, auf das man bauen kann« zu untersuchen (ebd.).

Der Frage, was dieses »eigentliche Prinzip«, dieser »voraussetzungslose« Ausgangspunkt der Untersuchungen (511b), der »Schlussstein« des Gebäudes der Dialektik (534b) eigentlich ist, sind endlose theoretische Abhandlungen gewidmet worden. Doch erst, wenn man sich mit der Dialektik vertraut macht, wenn man sokratische Gespräche führt, um Ideen zu finden und zu untersuchen, bekommt man ein Verständnis dafür, denke ich. Das ist es, was Nelson »Wahrheitsgefühl« genannt hat, ein Ins-Wort-Setzen der »unmittelbaren Vernunfterkenntnis«, die selbst nicht wiederum bewiesen werden kann und auf die sich alle Beweise stützen. Eine Form des Wissens, die sich nicht weiter rechtfertigen lässt. Die nur »als Tatsache des Selbstvertrauens der Vernunft« ans Licht gebracht werden kann. Ähnlich wie das Bild von den Murmeln, das oben zur Sprache kam (S. 126). Im nächsten Kapitel werde ich diesen Versuch, die Essenz einer Sache in Form eines Bildes, eines Symbols oder eines Urteils darzustellen, als »Orakel« bezeichnen. In diesen Orakeln liegen, wenn sie uns gelingen, die eigentlichen Anfänge des Denkens.

Ein interessanter, manchen mitunter merkwürdig erscheinender Aspekt dieses Prinzips liegt darin, dass man reich denken muss, um ihn erkennen zu können. Sokrates weist mehrmals ausdrücklich darauf hin. Eine Gemeinschaft wird nur dann wirklich gedeihen, wenn »die wirklich Reichen herrschen, reich nicht an Gold, sondern an dem, woran der Glückselige reich sein muss, an tugendhafter und einsichtsvoller Lebensführung«. (521a) Reich zu denken bedeutet, der »wahren Muse« im eigenen Denken den Platz einzuräumen, der ihr von Natur aus zukommt, den ersten Platz (548c). Das heißt, das Primat des eigenen Denkens liegt in der Philosophie und der Poesie, in der Harmonie und den richtigen Verhältnissen der Dinge zueinander, in der Musikalität und der Abstimmung aufeinander, es liegt in allem, was mit Kunst zu tun hat, besonders in der Versinnbildlichung der Ideen. Und umgekehrt beginnt jeder Niedergang damit, dass man anderen Dingen wie Sport, Geld, Macht oder Status mehr Gewicht beimisst als den Musen. Das ist für Sokrates ein erstes Zeichen des Verfalls.

Eigentlich gibt es vier Formen des Denkens, sagt Sokrates (547b), parallel zu den vier Formen des Wissens: das Mutmaßen, das Glauben, das Denken und die Einsicht (533e). Die Vertreter der ersten beiden Denkformen, der eisernen und ehernen, sind von dem Verlangen nach Geld und Eigentum und nach Dingen wie Grund- und Hausbesitz geprägt. Sie begleitet ständig das Gefühl der Armut und des Mangels. Die Vertreter der beiden anderen Denkungsarten, der silbernen und der goldenen, streben nach Erkenntnis und Meisterschaft. Ihr Charakteristikum ist ein Gefühl der Fülle und die Überzeugung, dass genug für alle da sei. Es ist so ähnlich wie die Sache mit dem halb vollen und dem halb leeren Glas, die Fakten sind dieselben, aber die Haltung dazu ist radikal verschieden. In einer Haltung der Armut, sagt Sokrates, lässt sich nicht anständig regieren. Dazu braucht man ein Bewusstsein des Reichtums. Nur dann wird »der beste Teil der Seele (...) hinangeführt zu dem Anblick des Besten unter allem Seienden«. (532c)

Vertiefe deine Erinnerung

Viele der Gespräche, auf die ich in diesem Buch verweise, basieren auf dem Glasperlenspiel. Dieses Spiel ist eine Versinnbildlichung des Aufstiegs aus der Höhle sowie ein Hilfsmittel, sich in Dialektik zu üben. Es ist hier nicht der Ort, um detailliert darauf einzugehen (siehe dazu *Spelen met ideen* und *De jacht op een idee*). Aber in einem Überblick über die Schulung des Geistes im Sinne von Sokrates und Platon darf es sicherlich nicht fehlen. Ich gehe hier nur auf einige Aspekte ein, die mit Musik in Zusammenhang stehen. In den folgenden Kapiteln stelle ich dazu ausgearbeitete Beispiele vor.

Das Glasperlenspiel ist ein Leitfaden, der dazu dient, mithilfe von zehn Perlen bzw. zehn Argumentations-*Orten* eine Idee zu kreieren. Die Grundstruktur des Glasperlenspiels bildet der pythagoreische Tetraktys, ein Dreieck, das die Zahl 10 abbildet: 1 + 2 + 3 + 4:

1	●	Vision
2	● ●	Pole
3	● ● ●	Person
4	● ● ● ●	Fakten

In der Regel arbeitet man sich im Glasperlenspiel von unten nach oben vor. Von einer Analyse der Fakten über eine Untersuchung der Person zu einer Bestimmung der Pole, des Spielfelds der Bedeutungen bis zur Formulierung der Idee. Die Figur illustriert den Suchprozess. Aber man kann sie auch – wie es Pythagoras, Platon und der Neoplatonist Plotin, jeder auf seine eigene Weise, getan haben – als metaphysisches Schema lesen, das die Grundstruktur der Wirklichkeit widerspiegelt. In diesem Fall verkörpert die Figur Folgendes: das Eine, die Monade, die Perle an der Spitze, bringt die Zweiheit hervor, die Dyade, die Spaltung. Das heißt, die Quelle, das Gute ruht nicht nur in sich selbst, sondert ergießt und veräußert sich zu Subjekt und Objekt, Mann und Frau, Dunkel und Licht, Gleichheit und Verschiedenheit, zu einer ganzen Skala fundamentaler Begriffspaare, die Pythagoras das Unbegrenzte (*apeiron*) oder die »unbestimmte Zweiheit« nennt. Diese Zweiheit muss eine Bestimmung erhalten, indem man ihr eine Grenze (*peras*) setzt. Platon deutet diese beiden Begriffe in seiner Kosmologie (*Timaios*) als empfangende Formlosigkeit der Materie und als Form bzw. Idee, die durch den göttlichen Intellekt des Demiurgen, des »Schöpfers«, miteinander verschmolzen werden.

Die unbestimmte Zweiheit manifestiert sich in der menschlichen Seele auf der Ebene der Wahrnehmung in drei Formen des Begehrens nach dem Einen: das Begehren nach Einsicht (Kopf), Harmonie (Herz) und Befriedigung (Bauch). Jedes dieser Begehren ist für einen der drei Seelenteile charakteristisch. Gemeinsam entscheiden sie darüber, wie wir die Außenwelt, die untere Ebene, wahrnehmen. In dieser Welt wirken die sogenannten vier aristotelischen Ursachen: die materielle Umgebung, der Anlass, durch den sie zu dem geworden ist, was sie ist, der Zweck, der in ihr liegt, und ihre Wesensqualität (Materialursache, Wirkursache, Zweckursache und Formursache).

Die beiden unteren Ebenen des Dreiecks (3+4) repräsentieren die sinnliche Welt, oder zumindest unsere Wahrnehmung davon. Die beiden oberen stehen für die intelligible Welt, die, folgen wir Platons Linien- und Höhlengleichnis, nur mit dem Intellekt zu erfassen ist. Die philosophische Schulung der Führungselite in der *Politeia* sieht ein jahrelanges Training in Dialektik vor. Durch das Einüben in eine an diesem Schema orientierte Analyse soll die Führungsriege dazu befähigt werden, die sinnliche Wahrnehmung zu übersteigen und die Ideen zu schauen. Diese Schulung umfasst zwei Teile, den praktisch-moralischen und den theoretisch-mathematischen Teil. Im ersten Teil stehen die Fächer des *Triviums* im Zentrum: Überzeugen (*retorica*), Untersuchen (*dialectica*) und Schreiben (*grammatica*), bezogen auf konkrete Führungsaufgaben und die sich daraus ergebenden Dilemmata. Im zweiten Teil geht es um die Fächer des *Quadriviums*: Arithmetik, Geometrie, Bewegungs- und Harmonielehre. Diese hatten andere als die bei uns heute üblichen Inhalte, sie befassten sich unter Rückbezug auf Definitionen und Lehrsätze aus der Axiologie (Wertelehre) und der Kosmologie mit der Bestimmung der richtigen Verhältnisse.

Musik ist zu Klängen transformierte Mathematik

Dabei spielt Musik eine wichtige Rolle. Was wir vernehmen, wenn wir Musik hören, ist nichts anderes als zu Klängen transformierte Mathematik, die unmittelbar unsere Seele berührt, als erkenne die Seele sie wieder, als wären Mathematik, Musik und Seele einander gleich. Alle Musik beruht auf den Zahlenverhältnissen des *Tetractys*. Während beim Schwingen einer Seite ihr Grundton zu hören ist, erklingt beim Greifen der Seite auf drei Viertel ihrer Länge (3:4) eine Quarte. Bei zwei Drittel der Länge (2:3) eine Quinte und in der Hälfte (1:2) eine Oktave. Sämtliche anderen Verhältnisse, die ganze Tonleiter mit all ihren Harmonien, leiten sich davon ab. Die Kunst des Dialektikers ist mit der des Musikers vergleichbar. Es ist eine Art begrifflicher Mathematik: In vielerlei Fragen bestimmt er, was Rhythmus, Harmonie und Melodie anbetrifft, das richtige Verhältnis. Solche Analysen durchzuführen, verlangt nicht nur begriffliche Präzision, es stellt auch große Ansprüche an das Vorstellungsvermögen und die metaphorische und poetische Kraft. Faktenkenntnis und logische Argumentation genügen nicht, um eine Idee zu schauen oder eine inspirierende Vision zu entwickeln.

Sokrates geht in seinen Gesprächen davon aus, dass das Wissen des Einen, nach dem er stets auf der Suche war, eigentlich schon bei jedem vorhanden ist. Doch dieses Wissen ist ein »dunkles Wissen«, das uns meist nicht klar vor Augen steht. Sich dieses Wissen in Erinnerung zu rufen, sich bewusst zu machen, was man eigentlich schon weiß, darauf kommt es entscheidend an. Dieser Prozess erfordert auf allen Ebenen Genauigkeit. Schon in seinen Gefühlen und Wahrnehmungen, den beiden unteren Ebenen, aufmerksam zu sein, statt dahinzudämmern und sich in seinen eigenen Träumen zu verfangen, ist alles andere als leicht. Viel schwieriger ist es, deren Sinn in Worte zu fassen oder die äußere und innere Wahrnehmung angemessen zu interpretieren. Damit betreten wir den Bereich des *Logos*, die dritte Ebene des schöpferischen Wortes und der grundlegenden Ideen, die die Wirklichkeit zu dem machen, was sie ist, und uns zu dem, was wir sind.

Der Zweck der Übung besteht darin, jeden Tag aufs Neue im Wirrwarr von halb artikulierten, sich ständig verändernden und kaum bewussten Bedeutungen einen Schimmer der in sich selbst ruhenden Einheit des Einen einzufangen, des Ausgangspunkts und Bestimmungsortes all dessen, was man will, das, was man immer vermutet und nur selten ganz erfährt. Plotin berichtet, in seinem Leben sei es ihm nur viermal gelungen, völlig damit eins zu sein. Und doch, sagt Platon, sei sie ständig anwesend. Denn was wir in dieser Welt erlebten, sei eigentlich ein »fortschreitendes Abbild der in Einheit beharrenden Ewigkeit« (*Timaios*, 37d). Diese Ewigkeit entfliehe jedoch ständig aus unserer Erinnerung.

It don't mean a thing if it ain't got that swing

Ein Kritiker würde sich hier allerdings fragen, ob der Vergleich zwischen Ideenlehre und Musik nicht doch in die Irre führt. Betrachten wir die Musik heute nicht mit ganz anderen Augen als zu Sokrates' Zeiten? Nehmen Sie folgendes Beispiel. 1976 wurde Louis Andriessens Bühnenwerk *Der Staat* uraufgeführt. Das Stück des niederländischen Komponisten erregte großes Aufsehen. Es bestand aus einer explosiven Kombination aus sich wiederholenden Klangmustern, treibenden Rhythmen und schmetternden *Big-Band-Clustern* aus dem Jazz. Rezensenten nannten es »einen herabstürzenden Betonblock« und »einen unverhohlenen Lobgesang auf primäre Energie, ohne zivilisatorische Hemmungen«. Andriessen schrieb das Stück nach eigener Aussage als Anklage gegen Platons Staat und dessen rigide Formen und Strukturen. Er verwandte dazu bewusst Tonleitern, die Platon ablehnte: »Jeder kann sehen, dass Platons Aussage, die mixolydische Tonleiter müsse wegen ihres ungünstigen Einflusses auf die Charakterbildung verboten werden, absurd ist«, lautete seine Erklärung. Außerdem wollte er zeigen, dass Musik nicht von den jeweiligen sozialen und politischen Umständen unabhängig ist. Im Gegenteil, unsere Art, Musik zu hören und sie zu bewerten, wird seiner Meinung nach ganz und gar davon bestimmt. Der Unterbau bestimmt den Überbau und nicht umgekehrt, sagte Marx, und Andriessen stimmte ihm zu.

Andriessens Auffassungen sind exemplarisch für eine weitverbreitete Fehlinterpretation von Platons Musiktheorie. Platon lehnte tatsächlich einige Arten von Musik ab, und er hat auch versucht, den Einfluss der Musik einzudämmen. Aber aus anderen Gründen, als viele annehmen. Es ging ihm weder um eine totalitäre Herrschaft des Staates noch darum, das Individuum zu beschneiden oder gar Kreativität und Spiel zu verbannen. Es ging ihm um die Frage, was Führungskunst ausmacht, was ein gerechter, ein in sich ausbalancierter Mensch ist, wie das eine das andere beeinflusst. Die Ablehnung, die seine Analysen erfahren haben, beruht, zumindest teilweise, auf einem Missverständnis.

Zunächst einmal hatte ein Musiker in der Antike eine andere gesellschaftliche Stellung als heute. Er war keine marginale Figur in der Gesellschaft, sondern eine Mischung aus Theologe, Prophet, Priester, Professor, Erzieher und Arzt. Ein Musiker war ein Schamane, jemand, der Kenntnis von den geheimnisvollen Kräften hatte, die die Menschen bewegen, verführen und bezaubern konnten. Ein Musiker besaß nicht nur die technische Fähigkeit, ein Instrument zu beherrschen und schöne Lieder zu schreiben. Er verstand sich auch und vor allem auf die *Harmoniai*, die Kräfte, die das Handeln und den Gemütszustand der Menschen bestimmten, die Stimmungen schwermütig oder heiter werden ließen und auf wunderbare Weise eine Einheit aus der Vielfalt von Tönen und Wahrnehmungen schufen. Jede Tonleiter oder Harmonie besteht aus gewissen Verhältnissen, aus Tonabständen, die für einen bestimmten Gemütszustand und eine Charakterstruktur kennzeichnend sind. Hier wirken im Kleinen dieselben Kräfte, die im Großen, in der »Harmonie der Sphären«, den Kosmos lenken und zusammenhalten. Seinerzeit wurde angenommen, dass diese Sphärenklänge in den unterschiedlichen Tonleitern hörbar und in den mathematischen Verhältnissen der Saitenlängen messbar seien.

Sowohl Mathematik als auch Harmonielehre waren Teil der Philosophie. Sie stellten grundlegende Gesetzmäßigkeiten der Phänomene dar. Sie wurden in einer nur Eingeweihten zugänglichen symbolischen Geheimsprache formuliert, mit der auf etwas verwiesen wurde, das sich nicht direkt zum Ausdruck bringen ließ. Die Musik nahm dabei einen besonderen Platz ein: Sie war die hörbare Expression von etwas Wesentlichem, Ungreifbarem, das alles durchdrang, sowohl das tiefste Wesen der menschlichen Seele als auch die Grundstruktur des Weltalls. Platons Schulung in Führungskunst hatte den Gedanken zum Ausgangspunkt, dass ein Herrscher sich damit auskennen sollte. Wer andere leitet, sollte wissen, wie er sich mit der natürlichen Ordnung in Einklang bringen konnte. Er sollte Einsicht in deren grundlegende Gesetzmäßigkeiten, die Grundursachen des Gleichgewichts und der Harmonien erlangen. Es war also nicht verwunderlich, dass Harmonielehre, die Lehre der Verhältnisse, in der Philosophie einen wichtigen Platz einnahm.

Die Wirkung der Musik auf den Geist

Nun wurde von den damals gängigen Tonleitern die mixolydische als klagend und die ionische als sentimental und weichlich angesehen (*Politeia*, 398e-399a). Platon war der Meinung, jemand, der eine leitende Funktion innehabe, dürfe kein jämmerlicher oder sentimentaler Mensch sein. Wer eine leitende Position anstrebe, dürfe daher seine klagenden und sentimentalen Seiten nicht verstärken, er müsse sie vielmehr zurückdrängen oder dagegen ankämpfen. Das scheint mir auch heute noch eine gültige Beobachtung. Es ist übrigens heute kaum vorstellbar, wie diese Tonleitern vor 2500 Jahren wahrgenommen wurden. Wenn man sich klarmacht, dass es Jahrhunderte gedauert hat, bis die große Terz als konsonant wahrgenommen wurde, was für uns heute ganz selbstverständlich ist, muss es uns für immer ein Rätsel bleiben, wie Tonleitern mit Quarttönen und großen Tonsprüngen in dieser Zeit empfunden wurden. Selbst die Mehrstimmigkeit ist erst eine Erfindung des 11. Jahrhunderts. Die Entwicklung der Musik, vor allem auch im 20. Jahrhundert, hat unser Gehör drastisch verändert. Komponisten wie Stravinsky, Schönberg und auch Andriessen haben völlig andere Hörmuster geschaffen. Verglichen damit sind die Tonleitern, die Platon verabscheute, *Peanuts*, nicht mehr als eine unschuldige Spielerei.

Lehnte Platon musikalische Neuerung denn nicht ab? Auch das ist ein Missverständnis. Platon war sogar auf vielen Gebieten ein revolutionärer Reformer. So, wie ich die Sache sehe, hatte er nichts gegen neue Musik, sondern nur etwas gegen musikalische Prinzipien, die nichts taugten, weil sie von dem, was die Harmonie erforderte, falsche Vorstellungen vermittelten. Er hatte zum Beispiel etwas gegen Prinzipien, nach denen sich harmonische Verhältnisse aus einer Mentalität des Klagens oder der Sentimentalität heraus bilden ließen. Nach damaligem Verständnis hätte das so geklungen, als behauptete man, eine Leitfigur könne ein Jammerlappen, ein Softie oder ein Feigling sein. Dass Grundtöne überflüssig seien, war für Platon so, als behauptete man, dass Grundrechte überflüssig seien. Dass Tonabstände willkürlich sein könnten, wirkte auf Platon so, als wollte man jede Rechtsordnung aus den Angeln heben. In der Welt konnte sich vieles verändern, damals wie heute, aber nicht diese Grundprinzipien, die Ausgangspunkte des Rechtsstaates. Genau diese Prinzipien wollte Platon mit seiner Ablehnung bestimmter Tonarten schützen.

Der große Unterschied zwischen unserer Zeit und der Zeit Platons liegt darin, dass sich der enge Zusammenhang zwischen Musik und übriger Welt aufgelöst hat. Die Entmythologisierung des Denkens hat uns nüchtern und sachlich – und auch zynisch und entfremdet – werden lassen. Duke Ellingtons *It don't mean a thing if it ain't got that swing* ist eine schöne Nummer, deren Titel wir als Metapher verwenden. Aber wir glauben natürlich nicht daran. Offiziell gibt es zwischen Swing und Bedeutung, zwischen Musik und Botschaft keinen Zusammenhang mehr – inoffiziell allerdings durchaus, jeder in der Welt des Films, des Fernsehens und der Reklame ist davon überzeugt. Für Sokrates und Platon war beides, Harmonie und Ideen, noch eng miteinander verbunden, sie waren zwei Seiten einer Medaille. Und da die politischen Führer eine erzieherische Aufgabe hatten, war es von großer Bedeutung, diesen Zusammenhang und damit auch die richtigen Verhältnisse, die richtigen Formen des Swing, gut zu ergründen, um eine ausgewogene Ordnung schaffen zu können. Sowohl in seinem Inneren als auch in seinem Umfeld.

Louis Andriessen glaubte übrigens etwas anderes, sein Credo lautete: *It don't mean a thing if it* does *have that swing.* Er hielt reinen Swing für etwas Verderbliches, das uns nur einlullt. Musik müsse kantig sein, verwirrend, energisch, lärmend und schnörkellos. Das war nicht nur ein musikalisches, sondern auch ein politisches Credo, denn auch Andriessen verband politische Ideen mit seiner Musik. Aber angesichts der Tatsache, dass sich die enge

Verbindung zwischen Musik und Politik schon lange aufgelöst hatte, hatten seine Ideen auf dieser Ebene nie eine konkrete Auswirkung. Zum Glück, denke ich.

Lass dich von den Besten leiten

Ich möchte hier noch einmal auf einen Aspekt des Aufstiegs aus der Höhle zurückkommen, den ich schon auf Seite 38 erwähnt habe, die Rolle des sokratischen Nichtwissens. Denn dieses zeitigt Konsequenzen, die heutzutage nicht ohne Weiteres akzeptiert werden. Sokrates ist im kollektiven Gedächtnis vielleicht am stärksten durch seinen Satz verankert: »Ich weiß, dass ich nichts weiß.« Er behauptete, dass er nicht viel Wertvolles wisse, dass er aber – anders als die Menschen, die er befragte – auch nicht vorgab, etwas Rechtes und Ordentliches zu wissen (*Apologie*, 21d). In dieser Hinsicht war er also weiser als seine Gesprächspartner. Dieses Bewusstsein seiner eigenen Unwissenheit führte ihn zu dem Schluss, dass man sich, wenn man sich mit etwas nicht auskennt, jemanden suchen solle, der Bescheid weiß, ihm folgen und ihn als Leitenden anerkennen solle. »Und doch, was wäre dies anderes als jene verrufene Unwissenheit, die in der Einbildung besteht zu wissen, was man nicht weiß«, sagte er zu seinen Richtern. Und »dem Besseren – er sei nun Gott oder Mensch – den Gehorsam zu verweigern, das, weiß ich, ist nichtswürdig und schändlich«. (*Apologie*, 29b)

Wäre es nicht schrecklich gewesen, führt Sokrates als Beispiel an, wenn er in einer der Schlachten, an denen er als Soldat beteiligt war, seinen eigenen Plänen gefolgt wäre und nicht an dem Platz geblieben wäre, den man ihm zugewiesen hatte? In einem gerechten Staat sollte man sich an die Instruktionen desjenigen halten, der sich mit der Kriegsführung auskennt. Dasselbe gilt in noch stärkerem Maße für den Auftrag, den Sokrates »von Gott« bekommen hat, den Auftrag nämlich, sein Leben der Philosophie zu weihen und seine Mitbürger über die Art ihrer Lebensführung zu befragen. »So befiehlt es der Gott, dessen könnt ihr gewiss sein«, hielt er seinen Richtern vor (*Apologie*, 30a). Wenn es etwas gibt, gegen das man nicht rebellieren kann, dann doch wohl gegen einen »göttlichen Auftrag«, wenn einer wohl besser und erhabener ist als man selbst, dann doch wohl »der Gott«.

Eine solche Auffassung ist heute für viele schwer nachzuvollziehen. Einem Überlegenen zu gehorchen, jemandem, der besser ist als man selbst, ist längst nicht mehr selbstverständlich. Gehorsamkeit ist überhaupt keine wünschenswerte Eigenschaft, und dass es Menschen gibt, die besser sind als wir selbst, ist sicherlich keine populäre Vorstellung. Im Gegenteil, wir sind lieber unser eigener Leitstern und fühlen uns jedem anderen gleichwertig. Jede sachlich und qualitativ noch so begründete Autorität ist von vornherein verdächtig, ebenso wie jede Einschränkung der individuellen Freiheit. Und ist das nicht auch richtig so? Ist es nicht gerade ein großer Fortschritt unserer Zeit, dass traditionelle Autoritäten das Feld für eine offene demokratische Gesellschaft räumen mussten?

Ein Mensch wächst an seinen Idealen

Seltsamerweise stand die Autorität auch schon vor 2500 Jahren, zu Sokrates' Zeiten, zur Diskussion. Athen hatte sich zu einer direkten Demokratie entwickelt, in der gewöhnliche Bürger in einem gewissen Turnus einen Sitz in den höchsten politischen Organen innehatten. Gerade darauf zielt Sokrates' Kritik ab: Der Staat wurde von Leuten ohne Sachverstand geführt. Leute ohne das erforderliche Fachwissen, ohne Vision davon, was das Beste ist, Leute, die nicht in der Lage waren, darzulegen, welcher Kurs günstig und welche Politik die richtige wäre. Ja, die sogar ihre eigene, private Lebensführung nicht wirklich rechtfertigen konnten. Immer wieder mussten sie in den Gesprächen mit Sokrates einräumen, nicht erklären zu können, warum sie so handelten, wie sie handelten, warum sie dachten, wie sie dachten, warum sie danach strebten, wonach sie strebten. Und immer wieder legte Sokrates ihnen die Frage vor, ob es denn nicht besser wäre, auf die

Suche nach einem Menschen zu gehen, der Sachverstand habe, oder auf die Suche nach etwas, das ihnen wirklich als Kompass dienen könne, nach einer wegweisenden Idee, die stark genug wäre, einer gründlichen Untersuchung Stand zu halten – gewissermaßen nach »einem Gott«, der sie übertreffe.

Sokrates' »Ausgangspunkt« war es, dass wir sowohl in Hinblick auf uns selbst als auch in Hinblick auf die Gesellschaft als Ganzes eine Vermutung hegen, was das Beste sei: ein besseres Ich, eine bessere Gesellschaft, ein übersteigendes Ideal. Doch eine Vermutung ist noch keine Erkenntnis. Eine klare Vorstellung vom »Besseren« (*beltiōn, Apologie,* 29b) zu gewinnen, verlangt große Anstrengungen, Selbsterforschung und philosophische Reflexion. Diese Erkenntnis zu erlangen, ist nicht jedem gegeben. Doch nach ihr zu streben, ist das Einzige, was uns zu tun bleibt, wenn wir nicht wie kopflose Hühner durch die Gegend rennen wollen, ohne zu wissen, was eigentlich das Beste ist.

Und eigentlich ist es auch nicht entscheidend, ob wir unser Ziel erreichen oder nicht. Schon durch das Bemühen und den beharrlichen Versuch, ein klares Bild davon zu erlangen, was das Beste ist, wird man ihm ähnlich. Ein Mensch wächst an seinen Idealen. »Wer mit dem Göttlichen und Harmonischen umgeht, wird selbst harmonisch und göttlich, soweit dies einem Menschen möglich ist«, sagt Sokrates in der *Politeia* (500d*).

V. Schaue die tragenden Ideen

Alles fließt, alles ist in ständiger Veränderung, sagte Heraklit – wobei er seine eigene Aussage dem offenbar enthoben sah. Nichts in der Welt bleibt gleich, alles ist im Fluss, verkündete er. Ausgenommen die Gesetze, die das Veränderliche beherrschen, sowie unsere Versuche, diese Gesetze zu erkennen. Denn das möchten wir alle ja nur zu gerne. Schließlich ist eine Welt in ständiger Veränderung unsicher, wankelmütige Menschen sind nicht verlässlich, und Wörter in permanentem Bedeutungswandel sind nicht zu gebrauchen.

»Bei Lichte besehen sind alle menschlichen Unterfangen – unsere Charakterbildung, unsere Ehe, unser Gewerbe – auf das Unvergängliche hin ausgerichtet«, schreibt der 2015 verstorbene niederländische Philosoph René Gude. Alles Wertvolle möchten wir dauerhaft, permanent, am liebsten für immer besitzen. Faktisch sind wir ständig von Veränderungen umgeben, doch geistig widersetzen wir uns ihnen und versuchen, ihnen zu entkommen. Eine Familie, eine Firma, eine politische Partei: Jede Organisation gründet auf einer Idee, einer Idealvorstellung, die sich auch dann nicht verändert, wenn die widerständige Wirklichkeit zu ihr in Konflikt gerät. Dass das eigene Unternehmen keinen Gewinn abwirft, ist kein Grund, das Streben danach aufzugeben. Im Gegenteil, man hält an seiner Idee fest und arbeitet umso härter. Inmitten der Veränderungen trachten wir immerzu nach dem Beständigen. Ideen sind unsere Eichpunkte, die Normen, die Messlatten, die wir an die unbeständige Wirklichkeit anlegen. »Unveränderlichkeit ist der Triumph des Geistes über die Fakten.«

Das große Vorbild für Unveränderlichkeit ist die Mathematik, eine vollkommen ideale Wissenschaft. Doch auch die empirischen Wissenschaften bemühen sich darum, möglichst viele unveränderliche Ideen und unantastbare Gesetze zu formulieren. Desgleichen die Ethik: Auch hier geht es um die Erkenntnis dauerhafter, beständiger, für unser Handeln richtungsweisender Werte, um daraus Normen, Pflichten, Sitten und Tugenden abzuleiten. Danach war Sokrates beharrlich auf der Suche: nach dem klaren Bewusstsein der unveränderlichen Ideen als Richtschnur für unser Handeln. »Eine Idee ist nichts anderes als der Begriff von einer Vollkommenheit, die sich in der Erfahrung noch nicht vorfindet«[9], sagt Kant. »Mache eine solche Idee zu dem Motiv deines Handelns und die Realisierung des Vollkommeneren in der Welt wird möglich«, sagt Gude.

Ohne Idee setzen sich die Menschen gar nicht erst in Bewegung

Diese Medaille hat jedoch auch ihre Kehrseite. Der Zyniker wird darauf hinweisen, dass sich Ideen autoritär verwenden, ja sogar totalitär aufzwingen lassen. Gerade Terroristen würden doch unabänderliche Ideen vertreten und praktisch konsequentes Handeln einfordern. Daher wäre es wohl angeraten, in unseren Ansichten nicht allzu unabänderlich zu sein. Wie vieles andere auch lässt sich die Ideenlehre durchaus unheilvoll anwenden –, worauf zahlreiche Kritiker nachdrücklich hingewiesen haben. Und dennoch: Ohne einen Plan, ohne ein Vorhaben, eine Pflicht, einen Auftrag, ein Ideal, kurzum ohne Idee setzten sich Menschen erst gar nicht erst in Bewegung. »Man kann sich auf seinen Zynismus zurückziehen und stolz darauf sein, *keine Idee* zu haben. Man verpasst dann allerdings die Chance, Sinn zu stiften«, so Gude. Ideen sind eine notwendige Bedingung für das Streben danach, etwas Sinnvolles zur Verbesserung der Welt beizutragen. Das Unveränderliche bildet den Maßstab alles Veränderlichen. »Der Sinn jedes menschlichen Handelns liegt darin: das Veränderliche zu begrei-

9 Immanuel Kant, *Über Pädagogik*, in: Werke in 10 Bänden. Hrsg. von Wilhelm Weischedel. Band 10 Schriften zur Anthropologie, Geschichtsphilosophie, Politik und Pädagogik. Zweiter Teil. Wissenschaftliche Buchgesellschaft, Darmstadt 1983 S. 700–701.

fen, das Regelmaß aufzuspüren und mit dem Unvergänglichen als Richtschnur etwas zu schaffen, was sonst nicht existent wäre.«[10]

In diesem Kapitel werde ich darstellen, was es bedeutet, eine Idee aufzuspüren und sie als unabänderlichen Maßstab für das Veränderliche zu betrachten. Ich unterscheide hierbei zwischen der alltäglichen Verwendung der Sprache und der »Schau der Ideen«. Ersteres ist pragmatisch, Letzteres anschaulich und poetisch. Wenn sich ein Gespräch gut entwickelt, stellen sich Übergänge zwischen beiden ein. Danach skizziere ich, wie sich zu einer bestimmten Frage mithilfe des Glasperlenspiels eine Idee gestalten lässt. Der Fokus liegt hierbei auf einem »Framing« der Idee sowie einer Vertiefung und Erneuerung des Denkens mittels der »Kunst knapp vorbeizuschauen«.

Formuliere die Essenz in ausdrucksvollen Worten

Viele Menschen lesen höchst selten Gedichte. Dabei sind Gedichte so hilfreich, um unsere Sprache und unser Denken »aufzufrischen«. Jede Innovation beginnt mit etwas Neuem. Nehmen Sie nur das folgende Gedicht von Lucebert:

Ich suche auf poetische Weise,
Das heißt
In der Einfachheit erleuchteter Wasser
Den Raum des umfassenden Lebens
Zum Ausdruck zu bringen.[11]

Schon in diesen Anfangszeilen des Gedichts lässt sich erkennen, auf welch ungewöhnliche Weise Lucebert seine Worte verwendet.

10 René Gude, *Verandering met blijvende gevolgen*, S. 129–130.
11 Diese Passage und das folgende Gedicht von Lucebert sind entnommen: Lucebert, *Wir sind Gesichter. Gedichte und Zeichnungen.* Übersetzung: Ludwig Kunz, Suhrkamp Verlag, Frankfurt a. M. 1962. S. 24–25. Alle anderen Gedichte sind nach der Vorlage selbst übersetzt.

Er entzieht sich der Alltagssprache, der gängigen Logik, dem Zwang der Konventionen. Er spielt mit Bedeutungen und verknüpft Begriffe und Bilder, wie Kinder es tun: spielerisch, frei und suchend, ohne sich um die Regeln der Erwachsenen oder den Zwang, unmittelbar verständlich zu sein, zu scheren. Dichter haben den Mut, aus der vertrauten, festgefügten, begrifflichen Ordnung auszubrechen. Das eben ist eine notwendige Bedingung jeder Neuerung. Neue Sicht-, Denk- und Wahrnehmungsweisen können erst dann entstehen, wenn man es wagt, sich von Altem zu lösen. In der Praxis ist das schwierig. Sprache liefert uns wohl die Bausteine der Bedeutungen, aus denen wir unsere Wirklichkeit konstruieren, doch wir mauern uns darin auch ein: So ist es halt üblich, das ist logisch, so ist die Welt strukturiert. Um Neues kreieren, mit Ideen spielen zu können, muss man ähnlich wie die Dichter eine gewisse Lockerheit entwickeln.

Entwicklung von Visionen und die Schau von Ideen

In diesem Kapitel geht es nicht um Literaturrezeption oder Poesie für Anfänger, sondern um die Entwicklung von Visionen und die Schau von Ideen. Dafür ist die Kunst, aus der eigenen Sprache herauszutreten und mit Ideen zu spielen, von großer Bedeutung. *Dexterity in symbols*, der filigrane Umgang mit Symbolen, ist für Führungskunst entscheidend. Visionen und Strategien entwickeln, managen, Werte kreieren sind sprachliche Aktivitäten, die mit Worten, Begriffen und Gesprächen über Ideen miteinander verbunden sind. Ohne die erforderliche Beherrschung dieser Kunst wird der eigene Blick auf die Wirklichkeit blass und oberflächlich bleiben.

Zu den augenfälligsten Merkmalen guter tiefgründiger Gespräche gehört es, dass sie nicht bei der Analyse einer Frage stehen bleiben, sondern auch die Gesprächspartner selbst in die Untersuchung einbeziehen. Ein weiteres Merkmal liegt darin, dass die Gesprächsteilnehmer bei dem Versuch, das Wesen einer Sache zu formulieren, die rein faktische, rationale Ebene der Argumentation verlassen und in eine andere Sprache, und zwar in eine andere höhere, eine schöpferische Sprachebene eintreten. Hier fangen sie an, über die eigentliche Beschaffenheit der Welt zu sprechen, sie sprechen darüber, wie man die Dinge eigentlich betrachten sollte, und auch darüber, wie sie selbst eigentlich sein sollten.

»Eigentlich bin ich ein Menschenmensch«, sagt dann zum Beispiel jemand aus dem Bildungssektor. »Ich bin überhaupt kein systematischer Lehrer. All diese Dossiers anzufertigen, macht mich ganz verrückt.« Oder jemand aus der Bankenwelt sagt: »Eigentlich geht es hier überhaupt nicht um Geld, sondern um Beziehungen und Vertrauen.« Bittet man ihn darum, sich näher zu erklären, sagt er in etwa: »Ich tue doch eigentlich nichts anderes, als mit Leuten am Tisch zu sitzen und zu klären, um was es hier gehen soll.« Das ist eine bildhafte, keine sachliche, beschreibende Sprache. Es ist ein Versuch, das, was die Sache ausmacht, und damit auch das, was die eigene Person ausmacht, in einem Idealbild einzufangen. Diese beiden Übergänge von einer realistischen, beschreibenden zu einer subjektiven, bildhaften Sprache, von einer rationalen Analyse zu den nicht-rationalen Essenzen sind für Visionsentwicklung und Innovation grundlegend.

Aber in Gesprächen über Visionen und Perspektiven können sich eine Menge Schwierigkeiten auftun. Oft versanden sie in unpersönlichen Abstraktionen und allgemeinen Argumenten. Manchmal hat es den Anschein, als glaubten Führungskräfte und Manager, Gespräche über Visionen dürften nur in abstrakten, allgemeinen Termini geführt werden. Als wäre es ihre Aufgabe, möglichst viele große, allumfassende Begriffe aufzutischen. Ganz gleich, ob es sich nun um die Qualität der Pflege, den Wert der Natur, das *Governance-System*, die ökonomische Krise, die Kontinuität der Organisation oder das Rheinische Modell handelt – all diese Themen werden in der Regel immer nur abstrakt abgehandelt. Sicherlich, es handelt sich dabei zweifellos um abstrakte und allgemeine Fragen. Aber auch wenn man die Gesprächsteilnehmer um konkrete Beispiele für diese großen Begriffe bittet, werden einem nur Allgemeinheiten serviert, als ob Visionen allein in Abstraktionen bestünden. Dabei ist das genaue Gegenteil der Fall.

Ideen zu klären und verständlich zu machen, ist mit rein abstrakten und bloß allgemeinen Begriffen nicht möglich. In Windeseile kommt man im Gespräch vom Weg ab, versinkt in einem Morast von Unklarheiten und verirrt sich im Labyrinth uferlosen Geschwafels. Es kommt zur berüchtigten *paralysis by analysis*, zur Lähmung durch bedeutungslosen Wortbrei. Oder wie Lucebert es ausdrückt: »Überall nörgelt Mist.« Jeder, der einmal ein Gespräch über Visionen geführt hat, wird das kennen: viele Worte, alles nur heiße Luft.

Der gegenteilige Impuls besteht dann oft darin zu handeln: »Nicht quatschen, loslegen!« Wenn man allerdings keine Idee davon hat, was man tun soll, läuft man lediglich in die umgekehrte Falle, die Falle einer aktiven Inaktivität. Diese Situation begegnet einem in vielen Organisationen, alle sind im Stress, in Wirklichkeit aber passiert wenig. Das Fazit kann daher nur lauten: Es ist unvermeidbar, konkrete Gespräche über *die Fragen aller Fragen* zu führen: »Worum geht es uns hier eigentlich?« Um zielgerichtet zu arbeiten, braucht man eine Idee. Und um zu klären, was diese Idee bedeutet, braucht man konkrete Erfahrung.

Diese Grundregel von philosophischen Gesprächen wird in dem zuvor bereits zitierten Diktum Kants präzise gefasst: »Gedanken ohne Inhalt sind leer, Anschauungen ohne Begriffe sind blind.«[12] Anders formuliert: Worte ohne Erfahrung sind leer, Erfahrungen ohne Worte sind blind. Was wir brauchen, ist gerade eine Kombination von beidem, von Worten und Erfahrung. Aber wie erreicht man das in der praktischen Gesprächsführung? Wie lässt sich die Essenz einer Frage, die richtige Sichtweise einer Situation klären und mit der konkreten Alltagspraxis verbinden? Platons Ideenlehre gibt im Grunde auf diese Frage eine Antwort.

12 Immanuel Kant, *Kritik der reinen Vernunft*, Ausgabe der Preußischen Akademie der Wissenschaften, Berlin 1900 ff, AA III, B 75.

Spiel das Spiel der Ideenlehre

Die Ideenlehre ist eine Verdichtung und Ausarbeitung der sokratischen Gesprächsmethode durch Sokrates' Schüler Platon. Die Bedeutung von Platons Philosophie wurde einst von dem britischen Philosophen Alfred Whitehead prägnant in die Aussage gefasst, die westliche Philosophie bestehe aus einer Reihe von Fußnoten zu Platon. Die akademische Auslegung der Ideenlehre beschränkt sich auf Begriffsanalyse, die praxisorientierte Fassung ergänzt diese um die Schaffung von Bildern. Sie spielen in den Gesprächen auf dem Markt eine wichtige Rolle. Platon war als Dichter ursprünglich selbst ein Schöpfer von Bildern. Beide Aspekte, die begriffliche Analyse und die bildhafte Synthese, sind im Glasperlenspiel vereint. Dieses Spiel hat, wie schon erwähnt, die folgende Form:

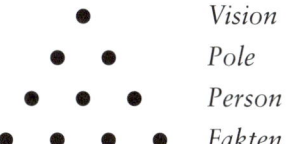

Diese Figur gibt die Grundstruktur einer Idee wieder: zehn Perlen oder »Orte« innerhalb einer Argumentation, verteilt auf vier Ebenen. Eine abstrakte Frage zu beleuchten, bedeutet, sie auf vier Ebenen zu untersuchen: auf der Ebene der Fakten, der Person, der Denkpole und auf der Ebene der übergreifenden Vision. Erst auf diese Weise werden die Ziele, Werte und Perspektiven, all diese Abstraktionen, in denen wir uns so leicht verirren, verständlich. Das Glasperlenspiel ist eine komprimierte Zusammenfassung der Ideenlehre, ein Werkzeug, um die Untersuchung konkret und übersichtlich zu halten. Die zehn Perlen haben den folgenden Inhalt.

	Idee			*Vision*
	groß	klein		*Pole*
Bauch	Herz	Kopf		*Person*
Situation	Brennpunkt	Entwicklung	Frage	*Fakten*

Im Folgenden illustriere ich die Perlen an einem Beispiel. Ich will deutlich machen, wie sich eine komplexe Frage mithilfe des Glasperlenspiels auf ihren Kern zurückführen lässt: auf eine kurze Schilderung, eine gedrängte Argumentation, die von einem Bild oder einem pointierten Text abgerundet wird. Hierbei tippe ich die einzelnen Perlen und unterschiedlichen Analyseniveaus jeweils nur kurz an. Ausführlich gehe ich auf die höchste Ebene der Vision bzw. Idee ein. (Detaillierte Erläuterungen dazu finden sich in meinen Büchern *Spelen met Ideen* und *De jacht op een Idee*).

Es geht um folgende Situation: Vor ein paar Jahren konnten wir kurz vor dem (damals noch gefeierten) Königinnentag in der Zeitung lesen: »Amsterdam fürchtet Krawalle.« Die Frage, die dabei im Zentrum stand, lässt sich im Glasperlenspiel folgendermaßen herausarbeiten:

I. Fakten:
- Amsterdam fürchtet, dass es an diesem Wochenende zu Krawallen kommt. (Situation)
- Ajax Amsterdam wird möglicherweise kurz vor der Königinnennacht Landesmeister. Die Hausbesetzer haben Aktionen angekündigt. (Brennpunkt)
- Diese drei Anlässe für Massenveranstaltungen können zu einem Katastrophenszenario führen. (Entwicklung)
- Wie lassen sich die Krawalle verhindern? (Frage)

Ein solches Thema spült eine Menge Emotionen hoch; jeder hat etwas dazu zu sagen. Wer sich auf ein Gespräch darüber einlässt, verliert leicht den roten Faden. Beim Glasperlenspiel läuft das anders. Die Kunst besteht darin, mit einer Gruppe unmittelbar Beteiligter die ausführliche Situationsschilderung – Wie kommt es zu Krawallen? Wer sind die Krawallmacher? Welche Risikofaktoren liegen vor? Welches Vorgehen ist möglich? – in wenigen kurzen Sätzen unter den Punkten *Situation* und *Brennpunkt* zusammenzufassen. Dann sondiert man das Kräftefeld in dieser Situation (*Entwicklung:* Was passiert, wenn man nichts unternimmt?), um schließlich genau zu klären, welche Frage zu beantworten ist. Für diese ersten vier Perlen knappe, markante Sätze zu formulieren, ist schon eine Herausforderung an sich, denn sowohl hinsichtlich der Auswahl der relevanten Fakten als auch hinsichtlich der Festlegung auf die zu beantwortende Frage können gravierende Meinungsverschiedenheiten aufkommen.

Der nächste Schritt besteht darin, die individuelle Färbung zu untersuchen, die man den Fakten gibt, die persönliche Ebene ins Spiel zu bringen, die in vielen Visionsgesprächen völlig außer Acht gelassen wird. Wovor fürchte ich mich? Was erhoffe ich mir? Was regt mich auf? Diese Fragen lassen sich auf unterschiedliche Weise formulieren. Was sehe ich als das Risiko an, das zu vermeiden ist? Welche Werte will ich schützen? Welcher Appell wird hier an mich gerichtet, welches Opfer muss ich dafür bringen? Die Theorie, die hinter diesen Fragen steht, ist die der drei Seelenteile Bauch, Herz und Kopf sowie der drei Grundemotionen Angst, Wut und Traurigkeit, die sich in der Grundstruktur zahlreicher Mythen und Sagen wiederfinden: Der Held begibt sich auf die Suche nach dem heiligen Gral und muss unter Mithilfe der ein oder anderen Gottheit irgendwelche Ungeheuer besiegen. Auch in unserem konkreten Fall lässt sich fragen, welche Ungeheuer es zu besiegen gilt und welche Gottheiten hier ihre Hände im Spiel haben, welche Herausforderungen dem Helden bevorstehen und welche Opfer er bringen muss. Das führt zu folgender Konkretisierung auf der nächsten Ebene im Glasperlenspiel:

II. Person
- Letztes Jahr gab es Schäden, die in die Hunderttausende gingen, und bei der Siegesfeier von Ajax Amsterdam wurden 160 Menschen verletzt. (Risiko, Ungeheuer)
- Man kann nicht alles auf die Polizei abwälzen, die hat schon mit der Feier am Vorabend des Königinnentages alle Hände voll zu tun, wir brauchen ein anderes Vorgehen. (Appell, Opfer)
- Feste feiern zu können, ist ein wichtiger Bestandteil unserer Freiheit. (Werte, Götter)

Diese drei Sätze bilden das Destillat einer ausführlichen Untersuchung. Je nachdem, wer das Spiel spielt, welche Position er innerhalb der Organisation bekleidet, welche Rolle oder welche Aufgabe er in diesem Zusammenhang hat und wie seine Sicht auf das Ganze aussieht, können diese Sätze auch ganz anders formuliert werden. Als Nächstes stellt sich die Frage, wie sich das Spielfeld der unterschiedlichen Perspektiven auf diese Frage gestaltet. Welche Denkpole, welche Szenarien ergeben sich? Wie lässt sich die Frage angehen? Wie gestaltet sich die Perspektive, wenn man die Risiken überbewertet? Oder umgekehrt, wenn man sie bagatellisiert? Mit diesem Schritt betreten wir die Ebene der Dialektik, die Ebene des Streits zwischen These und Antithese, die des sogenannten Großen-und-Kleinen. Eine Möglichkeit, das Spielfeld abzustecken, ist beispielsweise folgende:

III. Pole
• Wir können mehr Polizei einsetzen, Schnellverfahren durchführen, ein Alkoholverbot aussprechen usw. (Sicherheit, Repression / groß)
• Oder wir entscheiden uns für eine andere Form der Organisation, entzerren die Veranstaltungen, veranlassen eine Menge begleitender Maßnahmen (Freiheit, Unterstützen und Ermöglichen / klein)

Auch diese Sätze sind wieder eine komprimierte Darstellung von Inhalten, die eigentlich eine umfassende und komplexe Ausführung erfordern würden. Indem man die Untersuchung auf diese Weise betreibt, spitzt man sie zu. Man expliziert, worum es geht, und lotet den gedanklichen Spielraum aus. Die Kunst besteht darin, eine innerlich kohärente und überzeugende Argumentation aufzubauen. Was schon aufgrund der Kompaktheit der Form nicht einfach ist. Gleichwohl ist sie auch erhellend, ja sogar unabdingbar. Ein klares Vorgehen erfordert eine klare Vision.

Bilder sind stärker als Begriffe

Ich enthalte mich hier einer ausführlichen Ausarbeitung der ersten neun Perlen und des damit einhergehenden Untersuchungsprozesses, sondern konzentriere mich voll und ganz auf die letzte Ebene der Kernidee, der dominierenden Vision. Auch sie kann in sehr unterschiedlichen Formulierungen Ausdruck finden. Im konkreten Fall ergab sich die Idee aus einem Mix aus konkreten Maßnahmen, die teils auf Sicherheit, teils auf Freiheit ausgelegt waren. In ihrer Gesamtheit bildeten sie ein umfangreiches Paket aus sowohl restriktiven als auch unterstützenden Aktionen:

IVa
Vorgehen, Strategie
• Vor dem Königinnentag setzen wir auf eine »solide Vorbereitung«. Wir sehen unter anderem zwei Kilometer stabile Absperrgitter, umfassende Kameraüberwachung, ein stärker abgesichertes Podium, eine Regulierung des Zustroms und zusätzliche Sicherheitsmaßnahmen vor.

Beachten Sie, welche Sprache verwandt wird, es ist eine zupackende Sprache: Es gibt ein Problem und wir werden es auf diese Art lösen. Das Vorgehen war das Resultat einer umfangreichen Vorbereitungsphase der Stadtverwaltung, die Aspekte der Situationserfassung, der Meinungsbildung und der Beschlussfassung ebenso enthielt wie die Wahl präventiver und deeskalierender Maßnahmen, einen ausgearbeiteten Kommunikationsplan, Checklisten und vieles andere mehr. Angenommen, jemand hätte die Frage gestellt: Warum soll das die richtige Strategie, das richtige Vorgehen sein? Welche grundlegende Vision liegt dieser Strategie zugrunde? Die Antwort könnte dann folgendermaßen lauten:

IVb
Vision (höheres Ziel)
- Es geht darum, als Behörde eine Regie zu führen, die soziale Stabilität und Sicherheit garantieren kann. Das erfordert eine flexible und kreative Lenkung aller beteiligten Gruppierungen. Auf der anderen Seite darf man nicht davor zurückschrecken, den Knoten durchzuhauen.

Das ist eine gängige, häufig vorgebrachte Legitimation. Eine Visionsentwicklung in staatlichen Institutionen mündet oft in derartige Bilder. Nun kann man sich allerdings wiederum fragen: Warum sollte das eine gültige Vision sein? In der Visionsentwicklung gilt die Warum-Frage als die Kernfrage, die immer aufs Neue gestellt wird. In diesem Kontext nimmt ihre Beantwortung die Form eines Versuchs an, die zentralen Werte der öffentlichen Verwaltung in Worte zu fassen. Das kann sich so darstellen:

IVc
Werte der öffentlichen Verwaltung
- Der Staat hat funktionell, professionell, sorgsam und dienlich zu sein.

Auch das ist eine bekannte Aufzählung. Damit ist der Kompass bestimmt und die Legitimation ausgeschöpft: Hiermit endet die Argumentation zumeist. Denn schließlich wurde eine Frage formuliert (»Wie sollen wir die Krawalle verhindern?«). Man hat analysiert, welche Fakten eine Rolle spielen. Man hat die persönliche Färbung dieser Tatsachen, die grundlegenden Haltungen und die mitschwingenden Gefühle untersucht, die unterschiedlichen denkbaren Szenarien ausgelotet (»Sollte man den Kurs eher an Sicherheit oder an Freiheit ausrichten?«) und eine richtige Mischung der möglichen Szenarien gewählt, ein Paket konkreter Maßnahmen, legitimiert von und basierend auf einer Vision aus explizit formulierten Zielen und Werten.

Hier zeigt sich das Problem, das ich oben schon angedeutet

habe: Je mehr man nachfragt, desto allgemeiner und abstrakter werden die Antworten formuliert – und das, obwohl die Analyse an ein konkretes Beispiel geknüpft ist. Wie gut die Antworten auch gemeint sein mögen, sie bleiben blass und kraftlos. Ihre Bedeutung ist uns rational durchaus bewusst, aber sie berühren uns nicht. Wir spüren nicht unmittelbar, dass es dabei um uns geht, dass wir uns überhaupt damit befassen sollten. Eine Begründung kann an sich noch so wahr sein, wenn sie nicht wahr für uns ist, hat sie keine Konsequenzen. Wir wollen uns damit identifizieren, davon getroffen werden, ein Verbindung zu uns selbst herstellen können. Bloße Abstraktionen taugen dafür nicht. Daher ist es wichtig, die Bedeutung zu vertiefen, nach Methoden zu suchen, um herauszufinden, um was es wirklich geht. Eine solche Suche kann durch den »überall nörgelnden Mist« hindurchdringen, sie kann eine Vision aus Fleisch und Blut zum Leben erwecken und uns wieder sehen, denken und fühlen lassen. Ich gehe auf einige Werkzeuge der Ideenlehre ein, die genau darauf abzielen.

Komplexe Argumentationen in einfache Bilder fassen

Eine erste Vertiefung ermöglicht das Ersetzen allgemeiner, abstrakter Begriffe durch Bilder, die uns ein komplexes Problem in einfacher Klarheit fassbar machen. Dieses Instrument nennt man heute »Framing«, das Kreieren eines Deutungsrahmens, in den die Inhalte eingeordnet werden. Ein bekanntes Beispiel aus der Politik ist die schon erwähnte Maxime: »Gib dem Hungernden keinen Fisch, sondern eine Angel.« Das ist eine sogenannte Wurzelmetapher, ein Bild, das die Grundlage einer ganzen politischen Vision bildet. Eine komplexe, abstrakte Argumentation wird in ein einfaches, unmittelbar verständliches Bild gefasst. Dazu noch einige weitere Beispiele. Man kann eine Gesellschaft als *rechtliche Einheit* oder als eine *Pluriformität von Kulturen* betrachten. Das erste Bild intendiert eine ganz andere Politik als das zweite. Man kann eine Organisation als *Maschine*, als *Organismus* oder als *Familie* ansehen, jedes dieser Bilder zieht ziemlich unterschiedliche Organisationsformen nach sich. Man kann das

Unterrichten wie das *Füllen eines leeren Gefäßes*, das *Jäten eines Gartens* oder *das Entzünden eines Feuers* auffassen, die Formen des Unterrichtens werden entsprechend stark voneinander abweichen. Ähnliches gilt auch für das eigene Selbstbild: Ich bin *Philosoph*, zugleich aber auch *Unternehmer* und *Wissenschaftler*, zudem bin ich *Schriftsteller* und *Einsiedler*, aber auch *Narr* und *Lehrer*, und auch *Suchender*. Wer bin ich eigentlich? Je nachdem, welches Bild wir wählen, stellen wir andere Dinge in den Vordergrund und geben daher der Frage, um die es geht, eine andere Deutung.

Welches Bild kann uns in Bezug auf den konkreten Fall, den Vorabend des Königinnentages, die Bedeutung der Situation plastisch vor Augen führen? Eine Möglichkeit wäre: Was hier vor sich geht, ist ein *Aufstand der Massen*. Das könnte Vorstellungen von Repression und der Verteidigung unserer Zivilisation gegen die Barbaren wecken. Anderes Bild: Das ist eine Art *Karneval*, und es ist sehr wichtig, als Gesellschaft zusammen ein Fest zu feiern. Daraus ergäben sich Assoziationen zur Ermöglichung organisierter Ausgelassenheit. Des Weiteren: Man könnte die *Aufrechterhaltung der Ordnung* in den Fokus stellen oder die *Ausgestaltung der Freiheit*. Mit einer zentralen Metapher erklärt man, man müsse hier *den ganzen Kram zusammenhalten* oder müsse so tun, als sei es *nicht mehr als ein Spaziergang*. Schließlich könnte die Vorstellung, alles zusammenhalten zu wollen, auch durch die gegenteilige Vorstellung, alles voneinander zu separieren, abgelöst werden: *den ganzen Kram auseinanderhalten zu müssen*. In allen Fällen bestimmt das Bild, für welche Werte und Ziele und für welche konkrete, darauf basierende Aktion man sich entscheidet.

Wie lässt sich nun herausfinden, welches Bild in diesem Fall im Fokus stehen sollte? Wie findet man eine Idee, eine legitime Vision? Das ist die zentrale Aufgabe eines philosophischen Gesprächs – wie auch der Bildung eines politischen Leitbilds. Dazu gibt es sehr unterschiedliche Möglichkeiten. Ein Weg besteht darin, die Perspektiven, die hier eine Rolle spielen, zu explizieren, indem man sie mit Personen verknüpft, also mittels »Personifikation«. Durch wessen Brille betrachte ich dieses Problem? Durch die des Fußballfans oder die jener Leute, die für Fußball nichts übrighaben? Durch die des Festbesuchers oder die des Stubenhockers? Durch die des Stadteinwohners oder die der auswärtigen Besucher? Durch die der Jugend oder die der Alten? Auf diese Weise gelangt man zu einer Personifikation von Begriffen und Werten: Otto Normalverbraucher, Lieschen Müller und der »Nachbar von nebenan« sind technisch gesehen eine Übertragung des Gerechtigkeitsprinzips, des »Schleiers des Nichtwissens« von Frau Justitia in etwas leichter Vorstellbares: in etwas, mit dem auch Otto Normalverbraucher etwas anfangen kann.

Konzentriere dich auf die Frage für dich

Aber das sind noch Techniken, die der Handlungsperspektive verhaftet sind, der Frage: »Was soll man in dieser Situation tun?«, hier: »Wie kann man Krawalle vermeiden?«. Die spezifische Kunst der Visionsbildung und des philosophischen Gesprächs liegt allerdings darin, über die Prinzipien des Handelns zu den Prinzipien des Seins, zu den Essenzen vorzudringen – zu dem, was man die Betrachtungsperspektive nennen könnte. Wir alle haben es in einem Gespräch schon mal erlebt: Zunächst geht es ums Thema, doch je fruchtbarer sich das Gespräch entwickelt, umso stärker rücke ich selbst und rücken diejenigen, die das Gespräch führen, ins Zentrum: Was macht mein Wesen aus, was macht das Wesen der anderen aus? Eine Frage zu konkretisieren, indem man sie auf die eigene Person und die anderen Gesprächsteilnehmer zuspitzt, bietet das beste Sprungbrett zu ihrer Erweiterung, bis hin zur Frage: Was macht das Wesen der Welt im Ganzen aus? Platon nennt das die *Synopsis*, das Ganze sehen, in einem »umspannenden Blick« (*Phaidros*, 265d). Eine Idee sehen bedeutet das Ganze sehen. Das aber kann nur gelingen, wenn sich der Wahrnehmende selbst in den Blick nimmt, sich selbst erforscht. Erst diese Blickwendung setzt die *Anamnese* in Gang, die Erinnerung daran, worum es sich eigentlich drehte, die Erinnerung an die Kernpunkte der eigenen Vision, die Grundlagen des eigenen Weltbildes. »Oh ja, darum ging es mir, es stand mir nicht klar vor Augen, aber eigentlich wusste ich es.« Das ist es, was Nelson, der die sokratische Methode im 20. Jahrhundert reformierte, »dunkles Wissen« nannte, die intuitive, aber nicht leicht in Worte zu fassende Erkenntnis der Grundprinzipien unseres Selbst- und Weltbildes.

Wie schon erwähnt, unterscheidet Sokrates in Platons *Protagoras* zwischen *der Frage an sich* und der *Frage für dich* (331c). Die meisten Gespräche in Organisationen thematisieren nur die *Frage an sich*, und dies wiederum nur aus der Handlungsperspektive: Es gibt ein Problem, wie lösen wir es? Doch die eigentlichen Werte, die tragenden Ideen, die Dinge, um die es wirklich geht, spielen sich auf der persönlichen Ebene ab, auf der Ebene der *Frage für dich*. Hierbei stellt sich weniger die Frage, was zu tun ist, es geht vielmehr darum, auf welcher Haltung das eigene Handeln beruht. Die eigentliche Frage lautet: Wer bin ich und wer will ich sein? Erst wenn man sie kleiner, persönlicher macht, wird deutlich, wie sie im Großen, im Ganzen aussieht. Die Untersuchung auf dieses Niveau zu heben, kann das eigene Handeln stark verändern, mag sich im Verhalten augenscheinlich davon auch wenig niederschlagen. Denn letztlich ist die innere Verfasstheit, die Seele, bestimmend für die äußeren Verhältnisse. Ich gebe einige, aus der Ideenlehre hergeleitete Beispiele dafür, wie sich diese Ebene darstellen lässt.

Angenommen, Sie würden das Problem der drohenden Krawalle wie eine Person betrachten, als einen Menschen, den sie ansprechen und mit dem sie sich beraten könnten, was für ein Mensch wäre das dann (siehe *Kriton*, 50a)? Es ist naheliegend, das Problem mit der Erziehung eines pubertierenden Teenagers zu vergleichen, der es auf einen Konflikt mit seinen Eltern anlegt. Teenager wollen feiern, ausflippen, rauschhaft leben und ausgelassen sein. Und sie wollen Autoritäten herausfordern, sie gehen auch dann in die Konfrontation, wenn es zu ihrem eigenen Schaden ist.

Wie geht man damit um? Ob nun als Vater oder als Mutter, man muss versuchen, die richtige Mischung aus Freiheit und Sicherheit zu finden, man muss Regeln aufstellen und Möglichkeiten schaffen. Als Elternteil möchte man – nicht anders, als es die offiziellen Werte der öffentlichen Verwaltung vorgeben – funktionell, professionell, sorgsam und dienlich sein. Väter und Mütter errichten wohl keine Sperrzäune, doch auch sie setzen Grenzen. Und die Haltung, die hinter ihrem Handeln steht, wird von den Teenagern zweifellos registriert. »Der Ton macht die Musik.« Auch wenn die Noten dieselben bleiben, so macht doch der Ton, die Haltung, der Habitus einen großen Unterschied. Teenager haben dafür ein besonders feines Gespür.

Man kann noch einen Schritt weitergehen. Angenommen, Sie selbst wären das Problem (siehe *Politeia*, 368 ff.). Das ganze Fest, einschließlich der drohenden Krawalle und der Bemühungen im Vorfeld, sie zu verhindern, würde sich in Ihrem Inneren abspielen. Sie wären sowohl der Bürgermeister als auch die Polizei, der Ansturm der Festbesucher ebenso wie die Hooligans. Die gesamte äußere Situation steckte nun in Ihrem Innern, unter Ihrer eigenen Haut, in Ihrem eigenen Bewusstsein. Was dann? Wie würden Sie dann damit umgehen? Dazu müssen Sie sich fragen, wie Sie mit den Krawallen, den Aufständen in Ihrem Innern umgehen, mit dem dionysischen Anteil Ihrer eigenen Persönlichkeit, dem Anteil, der sich in Ihren Träumen offenbart, der sich auflehnt, der über die Stränge schlagen und aus dem Ruder laufende Feste feiern will, der Schaden anrichten, wüten und sich der Autorität widersetzen will. Diese Gesprächsebene ist nicht einfach zu erreichen, doch für die Einsicht in den Kern des Problems ist sie entscheidend.

Der Wesensgehalt des philosophischen Gesprächs besteht in Selbsterforschung und in Hinblick auf das Ganze. Was macht mich aus, was macht dich aus, was macht die Welt aus? Ein philosophisches Gespräch ist mehr als ein bloßes Untersuchen von Begriffen und »äußeren« Erfahrungen, es geht auch darum, was sich in uns selbst abspielt. Dazu muss man Freiraum schaffen, nicht nur in seinem Zeitplan, sondern auch in seinem Kopf und seinem Herzen. Es erfordert Mut, eine solche Untersuchung aufzunehmen, im eigenen Nachdenken persönlich zu werden. Es erfordert Mut, ein Gespräch zu führen, in dem es nicht nur um das Resultat, die Lösung des Problems geht, sondern auch um den *Ton, der die Musik macht*, nicht nur um die äußere Situation, sondern auch um unser inneres Erleben. Damit nähern wir uns dem Dichter Lucebert. Ein solches Gespräch ist ein Spiel mit Bildern, Intuitionen, Erkenntnisfetzen, aber auch mit Unsicherheiten, Wirrnissen und Verletzlichkeiten.

Übe dich in der Kunst, knapp vorbeizuschauen

Lucebert schlägt noch einen anderen Weg ein, der ebenso wesentlich ist. Im Grunde ist die Sprache, die wir für gewöhnlich verwenden, abgegriffen und zerschlissen: Überall laufen wir Gefahr, uns Klischees, leerer Worthülsen und hohler Phrasen zu bedienen, einer Sprache, in der der *Mist nörgelt*. Um Kraft, Inspiration und Enthusiasmus zu wecken, müssen wir eine neue Sprache, neue Bilder, neue Ausdrucksformen finden. Das ist eine eigene Kunst – aber auch eine Fertigkeit, in die man sich einüben kann. Sie bedarf – angelehnt an eine Formulierung des niederländischen Schriftstellers Simon Vestdijk – der Kunst, knapp an etwas vorbeizuschauen. Was ist damit gemeint?

Vestdijk gebraucht zur Erläuterung das folgende Bild. Manche Sterne geben nur ein schwaches Licht ab. Wenn man seinen Blick auf sie fixiert, verliert man sie aus dem Auge. Um sie sehen zu können, muss man daher gleichsam knapp an ihnen vorbeischauen, den Blick auf etwas anderes richten, erst dann lassen sich diese Sterne aus dem Augenwinkel wahrnehmen. Viele Menschen, die sich mit Ideen befassen, glauben, man müsse sich auf sie fixieren, um sie zu schauen, man müsse die eigene Wahrnehmung und die eigenen Begriffe immer weiter schärfen. Doch sie irren sich, man muss auch lernen, aus dem Augenwinkel zu sehen, das wahrzunehmen, was nicht direkt zu sehen ist. Worum geht es hierbei? Es geht an diesem Punkt darum, was Ihnen Ihre Intuition sagt, und welche Assoziationen das bei Ihnen weckt. Was würde Ihr Vater oder Ihre Mutter dazu sagen? Oder eine Person, die für Sie eine moralische Autorität darstellt? An welche historische Begebenheit, welche eigene Erfahrung, welches Buch oder welchen Film erinnert es Sie? Wovon träumen Sie nachts oder was raubt Ihnen den Schlaf, welche Götter und Dämonen drängen sich Ihnen auf? Wenn man es sich genau besieht, findet sich eine Fülle von Vorstellungen, Gefühlsschattierungen und einflüsternden Stimmen. Die Kunst besteht darin, sie in Worte zu fassen. Darin liegt der Ursprung einer neuen Sprache, neuer Ausdrucksformen. Auf die Frage, wie die Krawalle verhindert werden könnten, ergeben sich dann Antworten wie diese:

IVd
Orakel

Trage auf deiner Schulter die wachsende Last
des Sohnes, der du warst, des Waisenjungen,
der wütend seine Wiege in den Betten anderer suchte,
der ins Leben geworfen wurde und sich nicht ertrug.

Das sind Zeilen aus dem Gedicht *Wij waren weinige* (Wir waren wenige) von Leonard Nolens. Man könnte sie auf folgende Weise interpretieren: Warst du nicht auch einmal ein Teenager, der sich wie eine Waise fühlte, der voller Wut sein Heil bei anderen suchte und glaubte, er lebe einfach drauflos, während er doch nur ein Opfer seiner Hormone war und es schwer mit sich aushielt? Ja? Dann trage nun selbst die Last! Der Text beschreibt eine Haltung, aus der heraus ein Handeln geplant werden kann. Aber er tut das auf eine bildhafte Weise und in einer neuen ungewöhnlichen Sprache.

Ich bin im Laufe der Zeit dazu übergegangen, die Gesprächsteilnehmer zu bitten, das Wesentliche eines bestimmten Themas in

Form eines Orakels zu formulieren, ihr poetisches Argument in einer kraftvollen Formulierung zu fassen. Daraus ergeben sich fremdartige, eindringliche und überraschende Texte. Es sind Versuche, auf eine ganz eigene, ursprüngliche Weise, in Form von Bildern und in einer außergewöhnlichen Sprache, die nicht rational und linear ist, zum Wesentlichen des Ganzen vorzudringen und ihm Ausdruck zu verleihen. Das ist genau das, was Lucebert tut. Sein Gedicht könnte dafür als Leitfaden dienen.

IVe
Orakel

> Ich suche auf poetische Weise,
> Das heißt
> In der Einfachheit erleuchteter Wasser
> Den Raum des umfassenden Lebens
> Zum Ausdruck zu bringen

Nähmen wir Luceberts ganzes Gedicht (siehe S. 166) als Kristallisationspunkt für die Frage, wie die Krawalle zu verhindern wären, könnte etwa die folgende Vision aufscheinen: Versuche, den Raum des umfassenden Lebens zum Ausdruck zu bringen, und zwar auf poetische Weise, auf eine Art, die das Wesentliche trifft. »Das heißt, in der Einfachheit erleuchteter Wasser.« Auf eine Art, die so klar ist wie ein Wasserspiegel im Licht der Sonne. Dann wirst du sehen, was ich, der Dichter Lucebert, sehe: dass auch du nur ein Mensch bist, gleich einer Vielzahl anderer Menschen, dass Geburt und Auflösung auch dich berührt haben, dass der Weg aus der Vereinsamung zur Gemeinschaft beschmutzt ist, dass das Gesicht der Schönheit verbrannt ist, dass wir nicht mehr sind als Brotkrumen auf dem Kleide des Weltalls, dass uns nicht nur das Böse, sondern auch das Gute verwirrt und dass keiner von uns über »die Wortgebrechen des Schattens« oder des Sonnenlichts hinauskommt. Damit müssen wir zurechtkommen.

Es ist eine eigenartige, in eine eigenartige Form gegossene Sprache. Aber gerade diese Andersartigkeit verleiht den Worten Flügel, mit denen sie sich über sich selbst erheben. Sie wecken Bilder des Wesenhaften, der menschlichen Gebrochenheit, der ewig währenden Suche nach Gemeinschaft, des Gebrechens an Worten in unserer Kommunikation.

Kein Mensch wird frei, der nicht entboten jenseits seines Daches

»Und was erreichst du damit?«, wird der Skeptiker fragen. »Führt das zu einem anderen Vorgehen gegen die drohenden Krawalle? Bringt es mehr als die solide Vorbereitung, für die man sich eh schon entschieden hat: mit zwei Kilometer massiven Absperrgittern, lückenloser Kameraüberwachung, einem abgesicherten Podium und dem übrigen Kram?« Ja und nein. Vielleicht nicht auf der Ebene konkreter Maßnahmen, obwohl auch das sehr gut möglich ist. Wohl aber auf der Ebene, auf der es um Zusammenhalt und Inspiration geht, darum, das Gefühl zu haben, sich auf die richtige Art und Weise mit den richtigen Dingen zu befassen. Das kann sich insgesamt stark auf die Organisation auswirken. Man analysiert diese Frage nicht nur rational, sondern ergänzt diese Analyse durch persönliche Vorstellungen, die über das Rationale hinausgehen. Man versucht, in Worte zu fassen, worum es eigentlich geht, was die Sache in ihrem Kern ausmacht, wie man selbst strukturiert ist. Es ist die Haltung, aus der heraus man handelt, die grundlegende Vision, *der Ton, der die Musik macht,* die Artikulation dessen, um was es sich *eigentlich* dreht, die den großen Unterschied macht.

Wie wichtig diese Ebene des Denkens ist, lässt sich vielleicht daran ablesen, dass die niederländische Regierung und die Gemeinde Amsterdam einen solchen poetischen Text in die Mauer des Nationalmonuments auf dem Dam, das als Ort der Totenehrung nach

dem Zweiten Weltkrieg errichtet worden war, einmeißeln ließen.
Der Text wurde von dem Dichter Adriaan Roland Holst verfasst:

IVf
Orakel

> Niemals, vom Erzgestein bis zum Adler, war ein Geschöpf frei
> unter der Sonne, noch war es die Sonne selbst, noch die
> Gestirne. Doch der Geist brach das Gesetz und stellte in die
> geschlagene Bresche den Menschen. Aus diesem Ersten sanken
> die Unzähligen.
> Seinen hohen Blick fürchtend wichen ihre Schwärme wieder
> zurück in das Gesetz und wurden zu Völkern und trachteten
> sich nach dem Leben, ein verwirrtes Trauerspiel unter Nacht-
> gewölk, das sich Welt nennt.
> Seither wurde kein Mensch frei, der nicht entboten von jenseits
> seines Daches, kein Volk, das nicht beherrscht von jenseits
> seiner Türme. Lasst uns das nie vergessen, die wir aus der
> Schreckensherrschaft einer Unterwelt erlöst wurden.
> Nicht unbeherrscht, doch beherrscht einzig von jenseits der
> Welt bleibt Freiheit unser Teil.

Das sind eindrucksvolle Worte. Die richtungsweisend sein wollen,
in einer Frage, die weit über das Problem, wie Krawalle zu verhindern sind, hinausragt, in der Frage, wie Krieg verhindert werden
kann. Oder wie mit der »Schreckensherrschaft einer Unterwelt«
umzugehen ist. Was diese Worte ansprechen, ist die Freiheit als
Wesensmerkmal der Menschen, das Verhältnis von Freiheit und
Gesetz und die Möglichkeit, dass Völker einander nach dem Leben
trachten. Sie machen deutlich, dass Freiheit dem Menschen Selbst-
beherrschung abverlangt. Und das Bewusstsein eines höheren Zwe-
ckes »jenseits seines Daches« und »jenseits der Welt«. Nur dann
bleibt Freiheit unser Teil. »Lasst uns das nicht vergessen.«

Ideen können Einheit stiften

Aus einem solchen Text lässt sich nicht unmittelbar ableiten, wie viel Kilometer Sperrzaun man bei drohenden Krawallen errichten muss. Allerdings ist das Nationalmonument auf dem Amsterdamer Dam immerhin *das* Symbol der nationalen Einheit und ein rituelles Zentrum der niederländischen Gesellschaft. Dazu konnte es werden, weil Menschen in führenden Positionen Symbole gefunden haben, die tatsächlich Gemeinschaft stiften, und die ein Gefühl der Verbundenheit unter den Bürgern erwecken. Damit es niemals wieder zu einer Katastrophe wie dem Zweiten Weltkrieg komme, dafür spielt der Text von Roland Holst eine wichtige Rolle – als eine weitreichende Vision und beständige Inspirationsquelle. Er ist in meinen Augen ein gelungenes Beispiel für die einheitsstiftende Kraft einer Idee und für die Bedeutung, ihr mit Bedacht eine angemessene Form zu geben.

Diese Weise des Denkens bildet den Kern der platonischen Ideenlehre. Das ist keine Kleinigkeit. Vor einiger Weile gab die Europäische Kommission den Niederlanden eine Reihe von Empfehlungen, z.B. die Abschaffung der steuerlich absetzbaren Hypothekenzinsen und andere Vorschläge für Sparmaßnahmen. Zugleich betonte sie jedoch, dass die Niederlande den Bildungs- und Innovationsbereich von diesen Maßnahmen ausnehmen sollten. Die Niederlande seien nämlich eine Wissensökonomie, und als solche seien sie auf Bildung und Innovation angewiesen. Neues Denken, ein neuer Sprachgebrauch bilden das energetische Zentrum von Innovation. Es impliziert die Kunst, knapp an den Dingen vorbeizuschauen, zu lernen, aus dem Augenwinkel zu sehen, neue Bilder und Einfallswinkel für das zu nutzen, was uns im Innersten angeht. Erneuerung ist nicht nur das Herz der Wissensökonomie, sie ist auch das Lebenselixier vieler intellektueller Traditionen der westlichen Welt. Wir haben ihr die Entwicklung von Wissenschaft und Philosophie zu verdanken, eine Reihe neuerer Erfindungen und veränderter Perspektiven auf die Welt. Wie alle großen Dinge beginnt auch Erneuerung mit einem ersten Schritt, mit der Entwicklung von Visionen, mit dem Spiel der Ideen. Sokrates und Platon, die Gründungsväter der westlichen Kultur, haben dazu die Grundlage gelegt. Aus meiner Sicht ist es von großer Bedeutung, zu diesen Quellen zurückzukehren.

Ich suche auf poetische Weise,
Das heißt
In der Einfachheit erleuchteter Wasser
Den Raum des umfassenden Lebens
Zum Ausdruck zu bringen

Wäre ich kein Mensch gewesen
Gleich einer Menge Menschen
Ich wäre doch der ich war
Der steinerne oder fließende Engel
Geburt und Auflösung hätten mich nicht berührt
Der Weg aus Vereinsamung zur Gemeinschaft
Der Steine Steine Tiere Tiere Vögel Vögel Weg
Wär nicht so beschmutzt
Wie dies nun zu sehn ist in meinen Gedichten
Die Augenblicksaufnahmen dieses Weges sind

In dieser Zeit hat was immer man nannte
Schönheit Schönheit ihr Gesicht verbrannt
Sie tröstet nicht mehr die Menschen
Sie tröstet die Larven die Reptilien die Ratten
Aber den Menschen erschreckt sie
Und leiht ihm die Ahnung
Brotkrume nur zu sein auf dem Kleide des Weltalls

Nicht mehr allein das Böse
Der Todesstoß macht uns rebellisch oder demütig
Doch auch das Gute
Die Umarmung lässt uns verzweifeln im Raum
Herumtorkeln

Ich habe darum die Sprache
In ihrer Schönheit aufgespürt
Erfuhr daraus dass sie nicht Menschliches mehr hatte
Als die Wortgebrechen des Schattens
Als das ohrenbetäubende Sonnenlicht

Lucebert[13]

Alles wird anders und bleibt doch gleich

Lassen Sie uns noch ein weiteres Thema unter die Lupe nehmen
und uns auf die Suche nach seiner tragenden Idee begeben: die
gesellschaftliche Diversität. Welche Form erhält dieses Thema im
Glasperlenspiel? Eine Variante des Spiels könnte folgendermaßen
aussehen. Auf der Ebene der Fakten formuliert ein Teilnehmer
vier Sätze:

Es gibt hier immer mehr Menschen, mit denen einen nichts
verbindet. (Situation)
Die Diversität ist so groß geworden, dass sie droht, die Gesellschaft zu zersetzen. (Brennpunkt)
Wenn das so weitergeht, löst sich jeder Zusammenhalt auf
und die Menschen ziehen sich auf sich selbst zurück. (Entwicklung)
Ist es, bei all dieser Verschiedenheit, doch noch möglich, ein
»Wir-Gefühl« zu entwickeln? (Frage)

Jeder dieser Sätze verlangt natürlich nach einer eingehenden Erläuterung, sie sind lediglich kurz gefasste Gedanken, die auf de-

---

13 Originalquelle: *Apocrief*. De Bezige Bij, Amsterdam 1952. Deutsche Ausgabe: Lucebert, *Wir sind Gesichter. Gedichte und Zeichnungen*, Übersetzung: Ludwig Kunz, Suhrkamp Verlag, Frankfurt a. M. 1962. S. 24–25.

taillierte Ausführungen verweisen. Jeder Satz ist strittig und kann Anlass zu heftigen Meinungsverschiedenheiten geben. Nichtsdestotrotz zeichnet gerade die Beschränkung auf die Formulierung eines einzigen Satzes ein markantes Bild davon, wie jemand das Thema betrachtet. Die drei Sätze auf der nächsthöheren Ebene bringen die persönliche Haltung zum Vorschein. In ihnen finden die drei wichtigsten Emotionen Angst, Wut und Traurigkeit Ausdruck bzw. die drei zentralen mythologischen Figuren: das Ungeheuer, der Held und die Gottheit – nüchterner formuliert: die Bedrohung, der Appell und das vorherrschende Ideal.

Um Ihnen ein Beispiel zu geben:

Studien belegen, je größer der Unterschied zwischen Menschen ist, desto weniger Vertrauen haben sie zueinander. (Risiken, Ungeheuer)
Es ist eine Schande, dass es die Politiker so weit haben kommen lassen, sie haben die Gefahr der gesellschaftlichen Fragmentierung einfach nie wahrhaben wollen. (Werte, Götter)
Das Einzige, was wir nun tun können und müssen, ist, uns auszutauschen, in Kontakt zueinander zu treten und nach Formen der Gemeinsamkeit zu suchen. (Appell, Opfer)

Die dritte Reflexionsebene nimmt nun wiederum das Bild der Gegebenheiten (erste Ebene) und der persönlichen Haltung (zweite Ebene) in den Blick. Welches sind die Extreme, die Grenzen des Spielfelds, innerhalb dessen der richtige Sinngehalt zu finden ist? Das könnte zu solcherart Sätzen führen:

Distanz ist unvermeidlich: Jede Gruppe definiert sich selbst, indem sie andere ausgrenzt. (Groß, These)
Aber ohne Gemeinschaft und Solidarität kann eine Demokratie nicht funktionieren. (Klein, Antithese)

Ein Thema lässt sich auf unterschiedliche Arten spielen
Zu guter Letzt stellt sich die Frage, was hier die Leitmelodie, die richtungsweisende Vision sein sollte. Nach Sokrates lässt sich zu einer praktisch relevanten Fragestellung immer eine Vision oder Idee finden, die alles intakt lässt, gleichzeitig aber alles vollkommen verändert – wie in der Musik, wenn man vom Grundton C ausgehend die Tonleiter hinaufsteigt, bis man schließlich bei der Oktave ankommt, bei einem Ton also, der gleich und doch vollkommen anders ist als der Grundton. Doch ist es alles andere als leicht herauszufinden, wie ein Problem zu betrachten ist, wie »die Musik gespielt werden« soll. Das erfordert große Weisheit und Vorstellungskraft. Das ist zunächst die Aufgabe des Leiters, des Dirigenten des Ganzen. Eines der Probleme, mit denen er es zu tun hat, besteht darin, dass sich das gleiche Thema auf viele unterschiedliche Arten spielen lässt. Etwa auf folgende Weise:

Neuankömmlinge reißen sich unsere Jobs unter den Nagel. (Situation)
Viele Migranten wollen Arbeit und Geld, aber integrieren wollen sie sich nicht. (Brennpunkt)
Das führt unvermeidlich zu Kontroversen, der Ruf nach einer radikalen Lösung wird lauter. (Entwicklung)
Wie werden wir die Neuankömmlinge wieder los, oder vielmehr: Wie sorgen wir wirksam dafür, dass sie gleich draußen bleiben? (Frage)

Dieses Bild der Fakten ist eng mit einer spezifischen persönlichen Haltung verbunden:

Ich habe Angst, dass sie uns überfluten, all diese Menschen gehören nicht hierher. (Risiko, Ungeheuer)
Das sind Schmarotzer, die sich nicht anpassen wollen. Wir sind ihnen egal und es sind zu viele. (Werte, Götter)
Wir müssen unsere eigene Kultur verteidigen, sonst werden wir untergehen. (Appell, Opfer)

Jeder kann erraten, welche politische Überzeugung hier zu Wort kommt. Entsprechend werden die Pole des Spielfelds bestimmt.

Jeder, der hier wohnt, muss sich anpassen, tut er das nicht, sollte er besser abhauen. (Groß, These)
Es gibt immer und überall Fremde, dem müssen wir uns stellen. (Klein, Antithese)

Das sind nur zwei von zahllosen möglichen Interpretationen des Themas Diversität. Die große Frage, die die beiden Glasperlenspiele aufwerfen, lautet: Was kann hier die Oktave sein, die Leitmelodie, der Ton, der alles intakt lässt und doch alles verändert? Diese Leitmelodie aufzuspüren, darin bestand das Bestreben von Platons Ideenlehre und der daran orientierten Schulung einer Führungselite. Dazu musste man ein Visionär sein, ein Mensch, der Fragen so auf den Grund gehen konnte, dass er ihre Essenz überzeugend darstellen und Menschen durch eine Idee miteinander verbinden konnte. Das ist ein komplexes Können, das Autorität und Charisma, kombiniert mit Deutungskraft, Fantasie und Ausdrucksstärke, verlangt – also wesentliche Aspekte von Führungskunst.

Es gibt etliche Varianten, eine Idee zu formulieren. In Bezug auf die Diversitätsfrage liegt es nahe, auf Artikel 1 des niederländischen Grundgesetzes zu verweisen: »Alle, die sich in den Niederlanden aufhalten, werden in gleichen Fällen gleich behandelt. Niemand darf wegen seiner religiösen, weltanschaulichen oder politischen Anschauungen, seiner Rasse, seines Geschlechtes oder aus anderen Gründen diskriminiert werden.«

Das ist eine Beschreibung des Ideals einer gerechten Gesellschaft. Das Grundgesetz, so der Philosoph René Gude, ist eine Fiktion, die wir wahr machen wollen, eine Idee, die es uns ermöglicht, Gerechtigkeit zu verwirklichen. In ihrer gegenwärtigen Form ist sie ein trockener, juristischer, nicht sonderlich inspirierender Text. Daher wurde im Zuge des zweihundertjährigen Jubiläums des niederländischen Grundgesetzes (es stammt aus dem

Jahr 1814) ziemlich viel darüber nachgedacht, wie wir es wieder lebendig werden lassen könnten. Seiner bürokratischen Sprache wegen hat es nicht die verbindende Wirkung, die ein Grundgesetz haben könnte oder auch sollte. Bei uns in den Niederlanden nimmt es – anders als beispielsweise der amerikanische Verfassungstext – keine zentrale Stellung im Bewusstsein der Bürger ein. Das ist nicht verwunderlich: Abstraktionen sind Maschen, durch die die Wirklichkeit hindurchfällt, schreibt die Dichterin Margaretha Vasalis. Und sie ergänzt:

Alles was wahr ist, muss in Vers geschrieben sein,
In einer Geheimsprache gar, wahrscheinlich noch als Reim.
Nur was wahr ist, bleibt bewahrt,
Auf destillierte Weise aufgespart.

Deshalb macht es Sinn, in Bildern zu sprechen, in der Sprache der Dichter und Weisen. Dafür habe ich schon einige Beispiele präsentiert. Die Bildsprache hebt uns gewissermaßen von der Ebene eines platten alltäglichen Bewusstseins auf eine höhere Ebene des Schauens und Denkens. Im geschilderten Diversitäts-Spiel wurden letztlich diese Bilder des Dichters Jan G. Elburg als Idee eingebracht:

Reiß deine Mauern ein, um zu Haus zu sein,
Brich die Fenster auf, um beschützt zu sein,
Steck die Tür in Brand.

Wenn wir Mauern errichten, uns hinter Fenstern verschanzen, unsere Türen verschließen, erreichen wir genau das Gegenteil von dem, was wir wollen, sagt der Text und appelliert daher an den Leser: Lass dich nicht von jenen verführen, die nur auf ihre angestammten Rechte pochen.

Der Unterschied zwischen beiden Texten ist beträchtlich. Der Text des Grundgesetzes ist schlicht, nüchtern und hat einen bürokratisch-juristischen Ton. Es ist ein Gebrauchstext, der bestimmt, was verboten und geboten ist, damit sich die Bürger darauf berufen können. Der Text des Dichters ist überraschend, paradox und nicht unmittelbar verständlich. Er lässt eine Wahrheit anderer Ordnung erkennen, er thematisiert nicht, zu welchem Verhalten wir im sozialen Miteinander verpflichtet sind, sondern was die Einstellung eines Weisen auszeichnet. Der eine Text ist präskriptiv und rational, der andere expressiv und emotional. Der eine ist wörtlich zu verstehen, er ist direkt und spricht unseren Verstand, unseren Kopf an. Der andere bildhaft, indirekt und spricht vor allem unser Gefühl, unser Herz an. Der eine Text ist pragmatisch, er will – wie es in der bekannten Metapher von Antoine de Saint Exupéry heißt – ein Schiff bauen, indem er Männer zusammenruft, Holz beschafft, Aufgaben vergibt und die Arbeit einteilt. Der andere Text ist idealistisch, er will ein Schiff bauen, indem er die Menschen die Sehnsucht nach dem endlosen Meer lehrt, indem er also ein Bild gebraucht, das die Menschen inspiriert, ein Bild, dem man Ungenauigkeiten angesichts der Wahrheit, die es in sich trägt, eher nachsieht.

»Denn auch das Dichtergeschlecht ist ein gottbegeistertes«, sagt Platon, »und trifft durch die Gunst der Chariten und Musen mit seinen Liedersprüchen oft genug die Wahrheit.« (*Gesetze*, 682a) Das ist es, was man am dringendsten braucht, um den Grundton der Bedeutung zu verändern: Wahrheit, *a-létheia,* im Griechischen wörtlich das, was aus dem Verborgenen zum Vorschein gebracht wird. Um einen Schimmer von ihr zu erhaschen, muss man einen weiten Weg zurücklegen, aus der Höhle aufsteigen und schließlich sogar den Sprung ins Licht wagen – die Gegensätze aufheben, wie Hegel es nennt. Nur so wird man über sich selbst hinaussteigen können, sich wesentlich verändern und dennoch derselbe bleiben können.

Im folgenden Kapitel werde ich das Verhältnis dieser beiden sehr unterschiedlichen und doch unverzichtbaren Sprachspiele noch detaillierter ausarbeiten. Aber lassen Sie mich zunächst noch etwas tiefer auf die Rolle des Irrationalen bei der Suche nach Wahrheit eingehen.

Schönheit ist ein Zeichen des Himmels

Sokrates hatte einen scharfen Blick für das Irrationale in unserer Erfahrung. Für dieses Irrationale finden wir in unseren alltäglichen Erfahrungen alle möglichen unverkennbaren Beispiele. Haben wir nicht gelegentlich bei einer Sache ein komisches Gefühl im Magen, ohne genau sagen zu können, wovon dieses Gefühl herrührt? Manchmal ist man auch von einer enthusiastischen Begeisterung ergriffen, ohne sagen zu können, warum. Von Künstlern hört man gelegentlich, sie seien von den Musen geküsst worden, oder eine göttliche Besessenheit habe von ihnen Besitz ergriffen – unser Wort Enthusiasmus leitet sich von dem griechischen *entheos* ab, was wörtlich »*der Gott ist in dir*« bedeutet. Sokrates ist mit beiden Erfahrungen vertraut, daher hält er im *Phaidros* unter dem Einfluss des Gottes Eros, erneut einen beflügelten Vortrag über die Liebe. Ihn hat nämlich das untrügliche Gefühl beschlichen, dass seine früheren Ausführungen über dieses Thema unbrauchbar seien. Verliebtheit lässt sich überhaupt nicht erklären. Der Volksmund sagt, man sei als Verliebter verzaubert von Liebe, Sehnsucht und Schönheit und daher mit Blindheit geschlagen. Der Verliebte selbst hat allerdings eher den Eindruck, dass er viel besser sieht, viel klarer und sehr viel intensiver als gewöhnlich.

Offenbar ermöglichen die nicht-rationalen Formen der Erkenntnis eine größere Einsicht und eine tiefere Erkenntnis als jede rationale Analyse. Zumindest, sagt Sokrates, wenn es um die Form des Wahnsinns geht, die uns »zu unserem größten Segen von den Göttern verliehen wird« (*Phaidros*, 245b), – um eine Form des Wahnsinns, die aus Wahrheit, Güte und Schönheit hervorgeht. Was sollen wir uns darunter vorstellen? Zum »Beweis« erzählt Sokrates eine Geschichte. »Der Beweis«, sagt er, »wird allerdings unglaubhaft sein für die starken Geister, doch glaubhaft für die Weisen.« (245c).

Es ist eine ausführliche und phantasievolle Erzählung, auf die ich schon auf den Seiten 91/92 kurz eingegangen bin. Bevor wir hier auf Erden lebten, fuhren unsere Seelen, je nach ihrer Wesensart, im Gefolge der Götter Zeus, Hera, Apollon, Aphrodite oder einer anderen Gottheit mit. Auf deren täglichen Zügen über die Himmelsbahn können einige Seelen den Göttern leicht folgen, andere nur unter Mühen. Das ist mehr als verständlich: Das Pferdegespann vor dem Wagen eines Menschen kann sich mit dem eines Gottes nicht messen. Dennoch gelingt es den besten Wagenlenkern mit einiger Anstrengung gleich den Göttern den Rand des Himmels zu erreichen, wo sie ihren Kopf kurz durch das Himmelsgewölbe stecken und sehen können, was jenseits des Firmaments liegt. Dort, auf der Ebene der Wahrheit, schauen sie, was wirklich wahr ist, das reine Wissen und das wahre Sein, das Gute und Gerechte an sich und alles andere, was von dieser Art ist. Manche können nur einen Blick darauf erhaschen, andere mögen das eine oder andere zu Gesicht bekommen, und es gibt auch Menschen, die zwar sehnsüchtig nach oben schauen, aber nicht die Kraft aufbringen können, um diese Ebene zu erreichen, sie fallen, ohne eingeweiht zu werden, auf die Erde zurück.

Jene Menschen jedoch, die sehen können, sind vor allem von der Schönheit ergriffen. Sie zieht sie so sehr in ihren Bann, dass sie nach ihrer Rückkehr zur Erde beim Anblick eines schönen Gesichts oder einer anderen Schönheit wie einst erschaudern. Vor Sehnsucht beginnen ihnen Schwingen zu wachsen. Ihnen bricht der Schweiß aus und eine ungewohnte Wärme durchströmt sie. Diese Wärme lässt die Hülle der keimenden Schwingen weich werden und beschleunigt ihr Wachstum auf der Oberfläche der Seele, die vormals gänzlich gefiedert war. Und flatternd beginnt die Seele zu fliegen. Der Anblick der Schönheit erinnert sie an die wahre Schönheit, sie geraten völlig außer sich. Doch wenn es dem so Getroffenen nicht gelingt, sich in die Höhe zu schwingen wie ein Vogel, sitzt er nur da und starrt nach oben, ohne darauf zu achten, was hier unten geschieht – er wirkt dann wie ein Tor. Er ist bezaubert von dem Mysterium, das ihm als höchste Herrlichkeit gilt und das er im Zustand der Unversehrtheit noch miterleben durfte. Damals, als er selbst noch rein war, lange bevor er in diesem Körper lebte, den er nun mit sich schleppt, hat es sich ihm in reinem Lichte enthüllt.

Das ist es, sagt Sokrates, was sich vollzieht, wenn uns die Schönheit trifft. Sie ist ein Zeichen des Himmels, eine Erinnerung an höhere Sphären. Sie will uns über uns selbst erheben. Wie ein göttlicher Wink sagt sie uns: Das, was deine Flügel wachsen lässt, kann dir größte Erfüllung bringen. Doch Menschen sind nun einmal keine Götter, unsere alltägliche Domäne ist nicht das Himmlische, wir sind an das Irdische gebunden. Uns Flügel wachsen zu lassen, ist eine große Kunst, eine noch größere Kunst ist es jedoch, mit dem Verlust der Flügel umzugehen. Darum geht es im nächsten Kapitel.

VI. Steige wieder hinab in die Höhle

Den Ankerpunkt für dieses Kapitel bildet Platons Dialog *Phaidros*. Er hat einen ungewöhnlichen Aufbau: einen bildreichen poetischen ersten Teil und einen trockenen analytischen zweiten Teil. Was an sich schon trefflich illustriert, wie man Dialektik betreibt: Vorstellungskraft und nüchternes Denken miteinander vereinend. Zu Beginn des Dialogs lässt sich Sokrates zunächst zu der im vorigen Kapitel beschriebenen himmlischen Vision hinreißen, in der die menschliche Seele mit dem Bild eines Pferdegespanns und dessen Lenker verglichen wird. Wenn alle drei gut aufeinander abgestimmt sind, können sie zuweilen der »göttlichen Bahn« folgen und zu der »Ebene der Wahrheit« hinauffahren, wo die Seele die Ideen mit ihren eigenen Augen schauen kann. Doch vermag auf dieser Höhe niemand außer den Göttern lange zu verweilen. Das menschliche Leben vollzieht sich nun einmal auf Erden, daher muss die Seele wieder an ihren angestammten Ort zurückkehren. Im zweiten Teil des Dialogs geht es darum, wie sich die Ideen, auf die die Seele allenfalls einen kurzen Blick werfen konnte, in konkretes Handeln ummünzen lassen. Anders ausgedrückt: Wie lässt sich Poesie in Prosa verwandeln? Welche Sprache ist vonnöten, um Menschen in ihrem praktischen Tun leiten und begleiten zu können? Dazu muss man ein Meister des entsprechenden nüchternen Handwerks sein, des Handwerks der begrifflichen Analyse.

Ein ähnliches Bild findet sich auch im Höhlengleichnis. Dem Gefangenen, der aus dem Dunkel der Höhle emporgestiegen ist und ins Licht geschaut hat, wird es schwerfallen, wieder in die Höhle hinabzusteigen und sich mit dem zu befassen, was er als bloßes Schattenspiel erkannt hat. Sicher würde er sich viel lieber der reinen

Ideenschau widmen. Führungsschulung jedoch wollte vor allem die Führungselite dazu befähigen, auf der Grundlage des Studiums der Ideen die Praxis zu gestalten. Dieser Verpflichtung durften sie sich nicht entziehen. Wie schön und inspirierend die Ideen auch sind, sie sind nicht zur bloßen Schau gedacht, sondern sollen Wegweiser für das menschliche Handeln sein. Daher kehren die Philosophen, die etwas von dem Licht erhascht haben, in die Dunkelheit der Höhle zurück und nehmen die Pflicht auf sich, ihre Inspiration in das Schattenreich des täglichen Lebens zu übertragen.

Die erste Bewegung hinauf zum Licht der göttlichen Inspiration – die aufsteigende Dialektik – zielt darauf ab, eine Idee zu finden. Die zweite Bewegung – die absteigende Dialektik – führt wieder in die Höhle, die Realität hinab. Sie dient dem Zweck, eine Idee möglichst so scharf zu formulieren, dass sie in der Praxis wirksam werden kann. Die aufsteigende Dialektik hat das Ziel, die Essenz des Ganzen zu erkennen, die absteigende Dialektik, die Bestandteile des Ganzen und ihre jeweiligen Erscheinungsformen zu bestimmen. Erstere dient dazu, über sich selbst hinauszusteigen, Letztere, mit beiden Beinen auf dem Boden zu stehen. Wenn Führungskunst die Fähigkeit ist, Menschen mittels einer Idee zu verbinden, dann kommt es darauf an, Ideen nach diesen beiden Seiten hin zu beleuchten. Erst damit können sie wirklich zu tragenden Ideen werden und eine verbindende Wirkung entfalten.

Vergegenwärtigen wir uns dazu folgende Erzählung. Konfuzius, einer der Gründungsväter der chinesischen Philosophie, wurde von einem seiner Schüler einst gefragt, was er tun würde, wenn man ihn bäte, ein Land zu regieren. Er antwortete: »Die Sprache reinigen.«[14] Der Schüler war überrascht. Konfuzius gab ihm eine Erklärung:

[14] In der oft verwendeten deutschen Übersetzung Kung Futse, *Gespräche* (Lun Jü), übersetzt von Richard Wilhelm, Diederichs Verlag, München 1955, wird diese Stelle so formuliert: »›Was würde der Meister zuerst in Angriff nehmen?‹ Der Meister sprach: ›Sicherlich die Richtigstellung der Begriffe.‹«

Wenn die Sprache nicht rein ist, ist das, was ein Mensch sagt, nicht das, was er meint.

Wenn das, was gesagt wird, nicht das ist, was gemeint ist, bleiben die Dinge, die getan werden müssen, ungetan.

Und wenn diese ungetan bleiben, werden Moral und Künste verfallen,

das Recht gerät auf Abwege, und die Menschen gehen hoffnungslos in die Irre.

Daher muss man lernen, genau zu sagen, was man meint.

Das ist von höchster Wichtigkeit.

»Die Sprache reinigen« klingt wie ein Orakel, ein Rätselspruch, solange man nicht weiß, was Konfuzius damit meint. Erst als er den Inhalt aufschlüsselt, wird die Bedeutung der Aussage deutlich. Das ist in aller Kürze der Sinn der aufsteigenden und absteigenden Dialektik: Sie kombiniert die Suche nach der Essenz mit einer Spezifizierung ihrer konkreten Bedeutung. In diesem Kapitel lege ich dar, was die Reinigung der Sprache in der Praxis der Dialektik bedeutet. Außerdem gehe ich auf einige technische Aspekte dieses Prozesses ein. Sie haben nicht nur mit der Kunst zu tun, Dialektik zu betreiben, sondern auch mit Zurückhaltung und – wie könnte es anders sein – mit Weisheit und Vernunft.

Verbinde die Teile, zergliedere das Ganze

Lassen Sie uns mit einem konkreten Fall beginnen. In einem Gespräch über das Dilemma eines Managers in einer großen Pflegeinstitution nutzten wir wieder einmal das Glasperlenspiel. Auf dem Niveau der Fakten stellte sich die Argumentation in folgender Weise dar:

1. Ich wollte den Mitarbeiter X entlassen, weil er seine Funktion nicht erfüllte. (Situation)

2. X suchte hinter meinem Rücken Unterstützung beim Verwaltungsrat, worauf dieser entschied, X auf seinem Posten zu belassen. (Brennpunkt)
3. So kann ich nicht arbeiten. (Kräftefeld)
4. Was kann ich tun? Welches Vorgehen wäre hier professionell? (Frage)

Auf der nächsthöheren Ebene der Person formulierte der Beispielgeber:

5. Es drohen Gesichtsverlust, Ohnmacht, eine Situation, in der ich nicht arbeiten kann. (Ungeheuer, Gefahren)
6. Ich werde selbst entscheiden müssen, wo meine Grenzen liegen. (Held, Herausforderung)
7. Eine Organisation funktioniert nur mit klaren Regeln und Beschreibungen der Aufgabenbereiche. (Götter, Werte)

Das dritte Niveau, auf dem die Tatsachen und die persönliche Färbung interpretiert werden, nahm den wesentlichen Teil des Gesprächs ein. In besagtem Fall waren unterschiedliche Interpretationen möglich, Denkweisen, die sich diametral gegenüberstanden und das Handlungsspielfeld begrenzten:

8. Regeln sind Regeln, daran darf man nicht rütteln. (These)
9. Es muss möglich sein, Ad-hoc-Entscheidungen zu treffen und von den Regeln abzuweichen. (Antithese)

Das Dilemma der 8. und 9. Perle lässt sich allerdings auch ganz anders aufspannen:

8. Meine Kompetenz darf nicht angegriffen werden, weder von Untergebenen noch von Vorgesetzten.
9. Der Verwaltungsrat darf die bestehende Kompetenzstruktur zugunsten des Ganzen durchbrechen und übergehen.

Noch eine weitere Bestimmung des Spannungsfeldes ist möglich:

8. Es ist für alle das Beste, wenn man die Sache nicht eskalieren lässt.

9. Wenn ich das durchgehen lasse, geht alles drunter und drüber.

Wie immer man die Polarität auch darstellt, es bleibt die entscheidende Frage: Wie lässt sie sich überwinden? Auf welche Art könnte der Konflikt am besten geschlichtet werden? Welche Idee wirkt einheits- und gemeinschaftsstiftend? Dazu bedarf es einer Vision, die diese Gegensätze übergreift und die auf einer höheren Ebene für Heilung und Einheit sorgen kann, ohne hierbei die unterschiedlichen Standpunkte völlig zu negieren. Es bedarf einer Vision, die den Kern des Problems trifft und zugleich eine Perspektive bietet, die breit genug ist, die Spannung »aufzuheben«, sie auf eine höhere Ebene zu heben. Wie wir gesehen haben, erfordert dies einen »dialektischen Sprung« von der Enge des Dilemmas zu einem höheren Blickpunkt, zu einer verbindenden oder »heilenden« Sichtweise. Die erste Frage für den Leiter und Dialektiker lautet daher: Wie vollziehen wir diesen Sprung? Wie finden wir eine solche Sichtweise? Was ist hier das Ganze? Das kennzeichnet die Bewegung der aufsteigenden Dialektik.

Polarität trägt wesentlich zur Entwicklung bei
Eine weitere Möglichkeit, diesen Sprung zu vollziehen, bietet die Untersuchung der Fragen: Worauf beziehen sich die beiden Pole? Auf welche Grundlage, welches Grundprinzip, welche gemeinsame Triebfeder? Was ist ihr höherer Zweck, ihr Zielpunkt, ihre Essenz? Worum es hier geht, macht ein Vergleich mit der Musik deutlich. In der Musik gibt es Konsonanzen und Dissonanzen. Wovon bilden sie Pole? Man könnte sagen: Sie sind Pole der Harmonie. Harmonie ist der Ausgangspunkt und der übergreifende Zweck, in dem Konsonanzen wie Dissonanzen ihren jeweiligen Ort haben. Der Wechsel von Dissonanzen und Konsonanzen dient dem harmonischen Spiel. Ohne Dissonanzen wäre die Harmonie langweilig, ohne Kon-

sonanzen gäbe es gar keine Harmonie. Beide sind für das Ganze notwendig. Oder schauen wir uns unser persönliches Leben an. Es ist von Anspannung und Entspannung, von Problemen und Lösungen, von Einsamkeit und Gemeinschaft geprägt. Wovon stellen diese Elemente die Pole dar? Man könnte sagen: Sie sind Pole der Charakterentwicklung. Polarität trägt wesentlich zur Entwicklung bei. In jedem Bereich der Untersuchung ist sie zwangsläufig gegeben, »aufheben« lässt sie sich nur, wenn man den alles umspannenden Rahmen kennt, das Ganze, dessen Teil sie ist.

Worauf beziehen sich die Pole im oben skizzierten Fall? Von welcher höheren Warte lässt sich das Problem als Ganzes sehen? Für den Beispielgeber selbst ging es in diesem Fall um die »Effektivität der Organisation«. Die Bilder, die er für seine Beschreibung verwendete, waren recht konventionell, er sprach von einer »geölten Maschine« und davon, »alle müssten am gleichen Strang ziehen«. Im weiteren Verlauf des Gesprächs kamen auch noch andere Vorstellungen und Kernbegriffe zur Sprache, wie Gleichgewicht, Gerechtigkeit, Meisterschaft und professionelles Handeln. Sie alle können im Prinzip als »Oberbegriffe« für die in der Polarität enthaltenen Widersprüche dienen, wenn sie nur klar genug herausgearbeitet werden. Um den Zusammenhang und die Einheit des Ganzen wiederherzustellen, müssen die Akteure (der Beispielgeber selbst, der Verwaltungsrat und/oder andere Beteiligte) nicht nur einen Oberbegriff finden, der mit einer inspirierenden Vorstellung verknüpft ist, sie müssen auch spezifizieren, was dieser Oberbegriff enthält und inwiefern seine einzelnen Aspekte gemeinsam ein Ganzes bilden. Das ist die zweite Frage, die der absteigenden Dialektik. Sie erfordert die Bestimmung relevanter »Unterbegriffe« und deren Beziehungen untereinander. Anders formuliert: um eine Idee zu finden, bedarf es nicht nur eines Sprungs auf ein höheres Niveau, zu einer Synthese, die These und Antithese übersteigt, sondern auch der Klärung des Spannungsverhältnisses zwischen den verschiedenen Unterebenen von These und Antithese innerhalb dieses Oberbegriffes.

Wie geht man dabei vor? Wenden wir uns noch einmal der Musik zu. Angenommen, der Oberbegriff zu Konsonanz und Dissonanz sei Harmonie. Es genügt nun nicht, diesen Begriff zu finden, man muss auch verdeutlichen können, was er enthält, man muss die Unterbegriffe im Einzelnen angeben können. Denn schließlich gibt es sehr unterschiedliche Arten von Dissonanzen, die positiven, die in der Musik eine treibende Kraft bilden, und die negativen, die falschen Töne, die darin nichts zu suchen haben. Es ist sehr wichtig, beide voneinander zu unterscheiden. Die positiven Dissonanzen lassen sich wiederum aufteilen: in diejenigen, die aufgelöst werden, und in diejenigen, die vollendet sind und in sich selbst ruhen. Die Frage, um welche von beiden es sich handelt, hängt auch von der Art der Musik ab: Ist sie tonal oder atonal, klassisch oder modern? Die Begriffszergliederung, das Spannungsfeld der Polaritäten, stellt sich dann im Ganzen wie folgt dar.

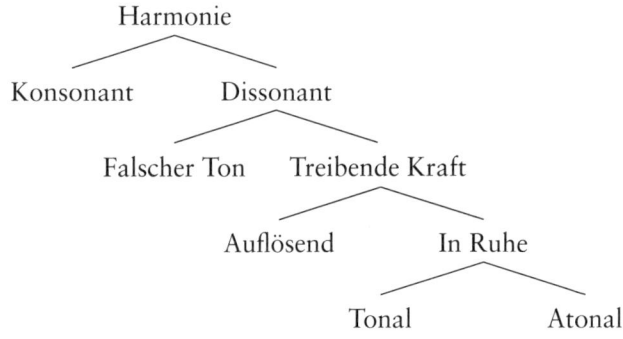

In vergleichbarer Weise lässt sich dieses Schema der Begriffszergliederung auch auf den Fall des Managers übertragen. Nehmen wir Effektivität als Oberbegriff. Nach Ansicht des Beispielgebers impliziert Effektivität die Einhaltung von Regeln und den Verzicht auf Ad-hoc-Entscheidungen. Außerdem ist es wichtig, die Kompetenz der Mitarbeiter zu respektieren und sie nicht zu übergehen, vor allem dann nicht, wenn ein solches Verhalten die Harmonie gefährdet und Konflikte heraufbeschwört. Für den Beispielgeber setzt sich der Begriff »Effektivität« aus den Unterbegriffen der linken Reihe zusammen, für den Verwaltungsrat aus denen der rechten Reihe:

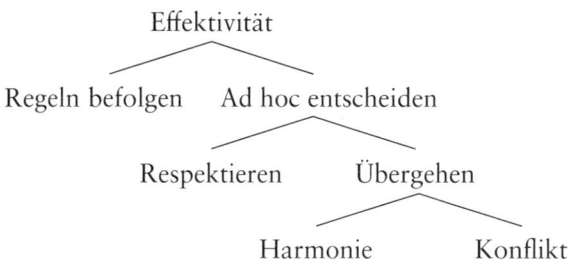

Das Schema, die Aufspaltung in eine linke und eine rechte Reihe, verdeutlicht, dass sich hier zwei kontroverse Definitionen des Falls gegenüberstehen, zwei unterschiedliche Auffassungen von Effektivität. Um das Ganze wieder zu kitten, die Effektivität der Organisation wiederherzustellen, muss man klären, welche Definition größeres Gewicht hat, und auch, wie man mit den Gesichtspunkten umgeht, die diese Definition ausschließt, wie man die Aspekte mit ins Boot holt, die ihr nicht entsprechen. In der Praxis läuft das häufig auf einen Machtkampf hinaus. Oft nährt sich dieser aus begrifflichen Unklarheiten oder mangelnder Kenntnis des Spannungsfeldes als Ganzem, nicht selten aber auch aus der Weigerung, dem Standpunkt und der Definition des anderen Respekt zu zollen.

Welche dramatischen Konsequenzen das haben kann, lässt sich gut an den großen klassischen Tragödien verfolgen, die sich genau mit dieser Problematik befassen. Wie etwa der *Antigone* des Sophokles. In dieser Tragödie wird der Konflikt, vor den sich der Manager gestellt sieht, in einer überhöhten Form in Szene gesetzt. Lassen Sie uns den Konflikt, wie er in diesem Werk geschildert wird, einmal genauer betrachten.

Sei offen für andere Auffassungen

König Ödipus hatte zwei Söhne, Eteokles und Polyneikes. Nach seinem Tod konnten sich die beiden nicht einigen, wer die Nachfolge des Vaters als König von Theben antreten sollte. Sie beschlossen daher, abwechselnd zu regieren, erst ein Jahr der eine, dann ein Jahr der andere. Eteokles jedoch war, nachdem er ein Jahr die Herrschaft innegehabt hatte, nicht dazu bereit, die Macht wieder abzugeben. Daraufhin verließ Polyneikes die Stadt, sammelte ein Heer um sich und zog gegen seinen Bruder zu Felde. Die Brüder trafen sich auf dem Schlachtfeld und töteten einander. In dem dadurch entstandenen Machtvakuum übernahm Kreon, der Onkel der beiden, quasi als eine Art Interimsmanager die Herrschaft. Hier setzt nun die eigentliche Tragödie ein.

Kreon muss versuchen, die Ordnung der Stadt wiederherzustellen: die Balance, die Gerechtigkeit und die effektive Lenkung. Daher erteilt er den Befehl, Eteokles, den rechtmäßigen König, ehrenvoll zu begraben. Polyneikes jedoch solle, da er sein eigenes Haus angegriffen habe, auf dem Schlachtfeld den Raben zum Fraß überlassen werden. Zudem postiert er Wächter auf dem Schlachtfeld, falls jemand versuchen sollte, die Leiche zu begraben. Nun kann ein Mensch, der nicht begraben wurde, nach griechischem Religionsverständnis nicht in die Unterwelt gelangen. Antigone, die Schwester der Kampfhähne, kann diesen Gedanken nicht ertragen. Sie fühlt sich stärker an das göttliche Gesetz als an Kreons Befehl gebunden. Bei dem Versuch, Polyneikes zu begraben, wird sie gefasst und Kreon vorgeführt. Was soll Kreon tun? Soll er seinem Herzen folgen und seinen familiären Bindungen gerecht werden? Oder soll er seinem Ziel, die soziale Ordnung wiederherzustellen, Vorrang geben? Soll er dem menschlichen oder dem göttlichen Gesetz folgen? Soll er sofort eingreifen, oder soll er sich Zeit für Erwägungen nehmen?

Martha Nussbaum analysiert in ihrem Buch *The Fragility of Goodness* (»Die Fragilität des Guten«) diese Tragödie ausführlich. Ihrer Ansicht nach verschließen sowohl Kreon als auch Antigone ihre Augen vor einem Teil der Realität, sie setzen Scheuklappen auf und simplifizieren die Wirklichkeit. Denn um zu entscheiden, was in dieser Situation das höchste Gut ist, lassen beide nur ein einziges Kriterium gelten, Kreon die Wiederherstellung der sozialen Ordnung, Antigone die religiöse Pflichterfüllung. Daher sehen beide nur einen Teil dessen, was wesentlich ist, sie sehen nicht das

Ganze. Alle Werte messen sie an dieser einen Messlatte. Doch offenbar ist das höchste Gut keine so einfache Angelegenheit; das Ganze ist komplexer, als sie wahrhaben wollen.

Beide Hauptakteure sind überzeugt, eine klare Vision zu haben, eine legitime Idee. Daher beharren sie darauf, im Recht zu sein. Die Tragödie zeigt, zu welch katastrophalen Folgen das führt. Antigone wird als Aufrührerin von Kreon ins Gefängnis geworfen und begeht Selbstmord. Haimon, Kreons Sohn und Antigones Geliebter, folgt ihrem Beispiel, da er seinen Vater nicht überzeugen konnte. Auch Eurydike, Kreons Frau, begeht Selbstmord, als sie erkennt, dass sie ihren Sohn durch die Schuld ihres Mannes verloren hat. Erst dem blinden Seher Teiresias gelingt es schließlich (in der Rolle des *Consultants*, des Anteil nehmenden Außenstehenden), Kreon zum Umdenken zu bewegen. Doch da ist es bereits zu spät. Teiresias vermag es als Erster, Kreon die entscheidende Frage zu entlocken: Was soll ich tun? Mit dem Zweifel, der in dieser Frage aufscheint, öffnet er sich zum ersten Mal anderen Sichtweisen. Doch diese Möglichkeit zieht er erst dann in Betracht, als er mit seinem eigenen Kurs schon völlig gescheitert ist. Erst da sieht Kreon ein, dass er hätte flexibler sein sollen und Interessen hätte anerkennen müssen, die nicht seine eigenen waren und auch nicht seiner eigenen Linie entsprachen.

Lassen Sie uns zunächst die aufsteigende Dialektik betrachten. Von Kreons Standpunkt aus betrachtet, erhält das Glasperlenspiel den folgenden Aufbau:

1. Mein Befehl, Polyneikes nicht zu begraben, wurde missachtet. (Situation)
2. Und das sogar von meiner eigenen Nichte Antigone. (Brennpunkt)
3. Das untergräbt meine Autorität und damit die Stadt als Ganzes. (Kräftefeld)
4. Wie kann ich die Ordnung effektiv aufrechterhalten? (Frage)

5. Gesetzlosigkeit darf nicht geduldet werden. (Ungeheuer, Gefahren)
6. Ich, Kreon, muss das Gesetz vertreten, auch zu Ungunsten meiner eigenen Familie. (Held, Herausforderung)
7. Recht und Ordnung sind heilig und unentbehrlich. (Götter, Werte)
8. Sanfte Ärzte hinterlassen faulige Wunden. (These)

An dieser Stelle nimmt die Tragödie einen Umschwung, eine Wende, die von Teiresias eingeleitet wird. Bisher hatte Kreon die Polarität nicht zugelassen; es gab nur eine Auffassung, die etwas taugte, nämlich These 8. Nach dieser Wende wird die These um ihren Gegenpol, die Antithese, ergänzt. Und das Spiel wird mit einer Sichtweise abgerundet, die die Polarität übersteigt. Die Antithese lautet:

9. Rabiate Ärzte hinterlassen noch fauligere Wunden. (Antithese)

Die übergreifende Idee wird im Schlusslied des Chores besungen:

10. »Das weitaus Erste an höchstem Glück
    Ist Besonnensein. Und not auch ist,
    Vor den Göttern nie zu verletzen die Scheu.
    Doch große Worte Großprahlender,
    Wenn unter großen Schlägen sie gebüßt,
    Haben im Alter gelehrt die Besinnung.«[15]

Kreons Kernbegriff ist »Recht und Ordnung«, zumindest vor der Wende. Daraus leitet er seine eigene gesellschaftliche Pflicht ab, als Herrscher von Theben Grenzen zu setzen. Das Gegenstück, Antigones Kernbegriff »religiöse Pflicht« lässt er in seiner Analyse

---

15 Zitate aus: Wolfgang Schadewaldt, *Griechisches Theater*, Insel Verlag, Frankfurt a. M. 1983. Sophokles, *Antigone*, hier: 1346–1352.

nicht gelten. Umgekehrt lässt auch Antigone in ihre Analyse Kreons Standpunkt nicht eingehen. Aus ihrer Sicht stellt sich das Glasperlenspiel wie folgt dar:

1. Mein Bruder liegt unbestattet auf dem Schlachtfeld. (Situation)
2. Ich habe die Pflicht, ihn zu bestatten, aber damit übertrete ich Kreons Gesetz. (Brennpunkt)
3. Wenn ihn niemand bestattet, kann er nicht in die Unterwelt eingehen. (Kräftefeld)
4. Widersetze ich mich der Autorität? Nehme ich die Konsequenzen auf mich? (Frage)
5. Kreons Rache ist weniger schlimm als die der Götter. (Ungeheuer, Gefahren)
6. Ich, Antigone, muss meine religiöse Pflicht erfüllen, und sei es zu Ungunsten von Kreons Gesetz. (Held, Herausforderung)
7. Kreons Gesetz ist nicht so heilig wie das Gesetz der Götter. (Götter, Werte)
8. Sanfte Ärzte hinterlassen faulige Wunden. (These)

Die beiden letzten Perlen fehlen in ihrem Spiel. Denn Kreon ist schließlich der Machthaber, er zwingt Antigone seine Sichtweise auf, sie erhält in der Tragödie nicht die Gelegenheit, ihren eigenen Standpunkt auf eine höhere Ebene hin zu übersteigen. Was kann in Bezug auf die Polarität zwischen »Recht und Ordnung« und »religiöser Pflicht« ein umfassender Rahmen sein? Wovon bilden die beiden Standpunkte Pole? Vielleicht von Gerechtigkeit? Von effektiver Politik? Von Verbundenheit und Kommunikation? Nehmen wir Gerechtigkeit als Ausgangspunkt, ergibt die absteigende Dialektik, die Zergliederung der Begriffe, das folgende Bild:

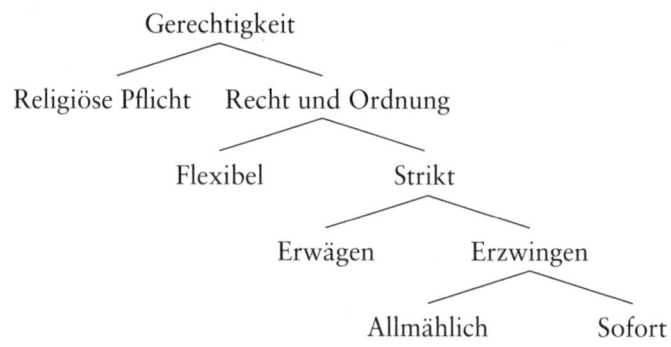

Gerechtigkeit

Religiöse Pflicht   Recht und Ordnung

Flexibel   Strikt

Erwägen   Erzwingen

Allmählich   Sofort

Kreons Gerechtigkeitsauffassung wird durch die Begriffe der rechten Reihe charakterisiert: dem strikten Festhalten an Recht und Ordnung, das den Gesetzesbrechern auferlegt wird. Nach der Wende gelangt er zu der Erkenntnis, dass er sich hätte Zeit nehmen müssen, mehr Raum zum Nachdenken gebraucht hätte und lieber flexibler und offener für die Auffassungen anderer hätte sein sollen – für das, was die linke Reihe beschreibt. Viele hatten versucht, ihn dazu zu bewegen, Antigone, Haimon, Eurydike und der Chor, jeder aus seiner eigenen Perspektive. Aber nichts davon fruchtete. Erst Teiresias gelingt es, eine Bresche zu schlagen. »Und daran krankt die Stadt – um *deines* Sinnes willen!«[16], liest er Kreon die Leviten. »Denn allen Menschen ist gemeinsam, dass sie fehlen. Jedoch wenn man gefehlt, ist *der* nicht mehr ein unverständiger, vom Glück verlassener Mann, der, wenn er in ein Übel fiel, zu heilen weiß und nicht unbeweglich bleibt. Eigensinn ist verdammt zum Unverstand.«[17] Daran knüpft Nussbaum in ihrer Analyse an: Vernunft erfordert es, Raum für andere Perspektiven als die eigene zu schaffen, flexibel zu sein, in Kontakt und im Dialog zu bleiben. Kreons Geist krankt daran, nicht das Ganze sehen zu können und anderen die eigene Teilperspektive aufzuzwingen.

Das Glasperlenspiel des Teiresias sähe vermutlich so aus:

16 Ebd. 1016.
17 Ebd. 1024–1029.

1. Kreon wird mit einem schwierigen Interessenkonflikt konfrontiert (Situation), nämlich:
2. dem Aufeinanderprallen zweier unvereinbarer Werte, des staatlichen und des religiösen Gesetzes. (Brennpunkt)
3. Ohne eine Lösung dieses Konflikts droht großer persönlicher und gesellschaftlicher Schaden. (Kräftefeld)
4. Wie kann ich Kreon von seiner Kurzsichtigkeit befreien? Wie lassen sich die verschiedenen Interessen miteinander vereinbaren? (Frage)
5. Der Konflikt kann zu Ausgrenzung, Unverständnis, großem Übel und Leid führen. (Ungeheuer, Gefahren)
6. Nur wenn man Kreon die Komplexität der Sache vor Augen führt, durch Kontakt mit und wirkliche Aufmerksamkeit für den anderen, durch den Verzicht auf die eigene ideale Welt, ist Versöhnung möglich. (Held, Herausforderung)
7. Der Erhalt der Gemeinschaft und die Wahrung individueller Integrität stehen auf dem Spiel, die Balance zwischen irdischer Politik und der religiösen Pflicht, zwischen Blutsbanden und Bürgersinn. (Götter, Werte)

8. Gespräche und Erwägungen ohne Entscheidung und Tatkraft führen nur zu einer Pattstellung. (These)
9. Entscheidungen und Tatkraft ohne Gespräche und Erwägungen führen zu Aufruhr und Widerstand. (Antithese)

10. (Vision, Idee)
»So wisse gut denn: daß du nicht mehr viele
Eilende Umläufe der Sonne wirst vollenden,
Bevor du nicht aus deinen Eingeweiden einen
Toten für Tote darbringst zum Entgelt.«[18]

18 Ebd. 1065–1068.

Letzteres sagt Teiresias zu Kreon, als dieser hartnäckig auf seinem Standpunkt beharrt. Und zu seinem jungen Begleiter sagt Teiresias: »Mag dieser [Kreon] lernen, eine stillere Zunge nähren und besseren Geist, als er jetzt in sich trägt.«[19]

Die Haltung der Weisheit verdichtet sich in der Tragödie in der Verbundenheit zwischen dem alten blinden Mann, dem Seher Teiresias, und dem Knaben, an dessen Hand er seines Weges geht: In ihnen verbinden sich die Gegensätze – Unschuld und Leid, der frische Blick der Jugend und die durchdringende, vergeistigte Vision des Alters. Gemeinsam halten sie der Welt der Erwachsenen den Spiegel vor. In Nussbaums Analyse ist dies ein bildlicher Ausdruck von einer heilenden, Ganzheit schaffenden Vision, die die unterschiedlichen Perspektiven zu einer Einheit zusammenzuschmieden vermag. Sie beruht auf der Fähigkeit, beide Seiten einer Medaille zu sehen und sich die Zeit zu nehmen, deren Bedeutung zu sich durchdringen zu lassen. »Diese Einstellung ist eher durch eine Haltung des Wartens als eine Haltung des Machens gekennzeichnet«, sagt sie (S. 72). Sie impliziert, Schmerzen zuzulassen, die Perspektiven anderer anzuerkennen, darüber miteinander in einen Dialog zu treten, Argumente auszutauschen und Unterschiede zuzulassen. Diese Verbindung von Gegenteiligem, einer Machbarkeits- und einer abwartenden Haltung, setzt Nussbaum zu dem zentralen Thema ihres Buches in Bezug, der *Fragilität des Guten* und der Unmöglichkeit, praktische Weisheit (*phronésis*) in feste Regeln zu fassen. Nach Nussbaum gibt es zwei unterschiedliche Auffassungen von Führungskunst, die sie den Positionen von Aristoteles und Platon zuordnet. Lassen Sie uns auf diese beiden Auffassungen noch etwas näher eingehen, denn sie implizieren auch zwei unterschiedliche Auffassungen von Dialektik.

19 Ebd. 1089–1090.

Nur wer den Mut hat, seine Grenzen zu überwinden, wird an keiner Grenze zugrunde gehen

Platon zufolge lässt sich immer und überall eine klare und richtungsweisende Idee finden und mit Hilfe der Dialektik aufdecken. Dem stellt Nussbaum die Auffassungen von Aristoteles und den Tragödienschreibern gegenüber. Bei ihnen steht die Unvereinbarkeit von Interessen und Sichtweisen im Vordergrund, die Fülle an Perspektiven und Werten, innerhalb derer aufgrund ihrer Vielgestaltigkeit nie eine eindeutige, ideale Lösung zu erhoffen ist. In dieser Fülle könne man sich nur sehr vorläufig, durch Versuch und Irrtum, einen Weg bahnen. Platon sieht in einer Führungspersönlichkeit jemanden, der in der Lage ist, Ideen zu sehen, die ideale Form einer Situation, in der alle Konflikte und Polaritäten miteinander in Harmonie sind – man könnte sagen: ein klar ausgearbeitetes Glasperlenspiel mit einer deutlichen Idee als handlungsorientierender Einsicht an der Spitze. Wie Nussbaum darlegt, lässt sich eine solche Idee allerdings oft nicht finden, ja, sie stellt sogar eine unmögliche und gefährliche Illusion dar.

Um diese Unmöglichkeit zu illustrieren, verweist sie auf die Erzählung von Alkibiades aus dem *Symposion*, auf die ich schon auf Seite 89 eingegangen bin. Trunkenen Hauptes erzählt dort Alkibiades, dass er in Sokrates verliebt gewesen und diese Liebe von diesem auch erwidert worden sei. Er habe versucht, ihn zu verführen, um seine eigene körperliche Schönheit für etwas von Sokrates' geistiger Schönheit einzutauschen. Als es ihm endlich gelungen sei, Sokrates in sein Bett zu bekommen, habe dieser ihn jedoch mit keinem Finger berührt. Das war eine Erfahrung, die den Erzähler Alkibiades noch immer empört. Sokrates war offenbar in der Lage, seine körperlichen Begierden der Idee davon, was in einer Situation tugendhaft ist, unterzuordnen.

Nussbaum hält Platon entgegen, er gebe mit dieser Erzählung ein unmögliches, impraktikables Bild des *Eros*. Das Spannungsfeld sexuellen Verlangens werde in ein harmonisches Ideal aufgelöst, das für gewöhnliche Menschen nicht erreichbar sei. Anstatt eine derart unrealisierbare Haltung anzustreben, solle man, so Nussbaum, das Bewusstsein für die Unauflöslichkeit eines solchen Dilemmas schärfen und Sensibilität für die Vielfalt divergierender Bedürfnisse entwickeln, die in jeder Situation eine Rolle spielten. Platon suche permanent nach einem zu hoch gesteckten Ideal, der *epistéme*, einer unumstößlichen Erkenntnis. Aristoteles und die Tragödienschreiber strebten hingegen nach *phronésis*, nach praktischer Weisheit, die irdischer Natur sei und voller situationsgebundener Details und prinzipiell unauflösbarer Widersprüche stecke.

In Nussbaums Augen ist es wenig sinnvoll, nach einer platonischen Idee zu suchen: »Die platonische Seele ist in ihrer Singularität und Reinheit auf ethische Objekte ausgerichtet, die eins in sich und unvermischter Natur sind, die sie selbst in sich selbst sind. [Die Seele von Aristoteles und der Tragödienschreiber] scheint eher dem heraklitischen Bild der Psyche zu ähneln: einer Spinne, die mitten in ihrem Netz sitzt und jede Bewegung in jedem Teil der komplizierten Struktur spüren und darauf reagieren kann (…). Korrekte Entscheidungen (und gute Interpretationen) sind vor allem anderen eine Frage von hoher Aufmerksamkeit und flexibler Wahrnehmung statt einer Anpassung an eine Reihe vereinfachender Prinzipien.«[20] Das Bild der Spinne in ihrem Netz macht gut deutlich, worin der prinzipielle Unterschied zwischen Platons und Aristoteles' Konzeptionen von Dialektik besteht. In Begriffen des Glasperlenspiels stellt sich dies wie folgt dar:

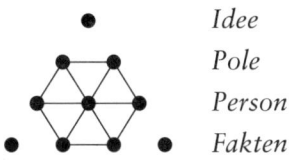

Idee
Pole
Person
Fakten

20 vgl. Martha Nussbaum, *The Fragility of Goodness*, Cambridge University Press, Cambridge 1986, S. 69.

Im Zentrum des Spinnennetzes befindet sich die Hauptperson der Handlung, in der *Antigone*-Tragödie die tragische Figur Kreon, in dem zuvor geschilderten Fallbeispiel der mit seinen Problemen ringende Manager. Um ihn herum entspinnt sich die Geschichte, mit einem Brennpunkt und einem Kräftefeld, mit Schwierigkeiten, Werten, Idealen und möglichen Handlungsszenarien, die zusammengenommen das gesamte Dilemma bilden. Je mehr die Geschichte Gestalt annimmt, je detaillierter sie ausgeformt ist, desto stärker identifizieren wir uns mit dem Helden bzw. dem Hauptakteur im Zentrum des Netzes, der sich mit einer Prüfung oder Herausforderung konfrontiert sieht, einem Punkt, an dem es für ihn schwierig wird oder er einen Verlust befürchtet.

Das Bild der Spinne macht zugleich auch die Schwäche von Nussbaums Analyse deutlich. Die Hauptperson muss ja ein Handlungsprinzip finden, mit dem sie, sowohl in sich selbst als auch in ihrem Umfeld, für das sie verantwortlich ist, das Dilemma überwinden, den Zwiespalt aufheben und wieder eine Einheit herstellen kann. Dazu genügt es nicht, eine Geschichte zu spinnen, die die unterschiedlichen Aspekte des Problems beleuchtet. Im Gegenteil, das Netz muss mit der konkreten Situation des Hauptakteurs (Perle 1 in der linken unteren Ecke des Dreiecks), mit einer persönlich drängenden und schwierigen Frage (Perle 4, in der rechten unteren Ecke) und vor allem mit einer persönlichen Antwort (Perle 10, an der Spitze) verknüpft werden: einem handlungsorientierenden Prinzip, das alle Teile des Spannungsfeldes zu einem einzigen zusammenhängenden Ganzen verbinden kann. In der Praxis kann man sich nicht mit Geschichten begnügen, man muss auch verantwortliche Entscheidungen treffen. Anders gesagt, die Perlenkreise des Spinnennetzes müssen von den drei Eckpunkten des Glasperlenspiels zum Dreieck des *Tetraktys* aufgespannt werden.

Eine Haltung, in der man das Ganze überblickt

In ihrer eigenen Analyse der *Antigone* kommt Nussbaum selbst auch zu diesem Schluss. Die Moral der Geschichte, die Idee an der

Spitze, besagt ihrer Ansicht nach, dass praktische Weisheit eine gewisse Haltung erfordert, in der man seine eigene Starrköpfigkeit aufgibt, nichts forcieren will, flexibel ist, Raum für Vorstellungen einräumt, die nicht ins Bild passen. Statt Härte und Rigidität sind Offenheit, Sensibilität und die Bereitschaft anzuerkennen, dass mehrere Definitionen einer Situation möglich sind, erforderlich. Die Fragilität des Guten verlangt es, nicht sofort ein Urteil parat zu haben und die Frage nicht auf eine begrenzte Definition hin zu vereinfachen, um sofort agieren zu können. Entspricht das nicht genau dem Bild, das Platon von Sokrates' Reaktion im Bett des Alkibiades zeichnete? Sokrates entzog sich der Verführung nicht, aber er gab ihr auch nicht nach. Er forcierte nichts, ließ sich aber auch nicht bezwingen. Er besaß die Flexibilität, Alkibiades' Verlangen Raum zu geben, obwohl er wusste, dass es einem pubertären, unreifen Denken entsprang. Ihm fehlte es nicht an Offenheit und Sensibilität, dennoch ließ er sich nicht von seinem Weg abbringen. Dass diese Haltung vielen unerreichbar erscheint, ändert nichts an ihrer Gültigkeit als einer Richtschnur der Weisheit und Vortrefflichkeit. Genau das ist es, was eine Idee ausmacht: Sie bietet eine Perspektive auf eine Form von Ganzheit, die die alltäglichen Grenzen überschreitet.

Man kann den Unterschied zwischen Aristoteles und Platon auch mit folgender Begriffszergliederung wiedergeben:

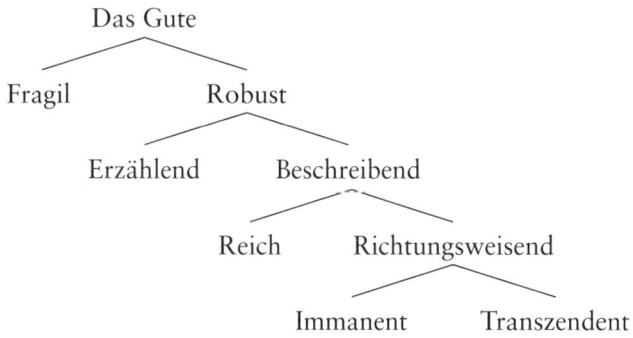

Aristoteles vertritt in diesem Fall die linke Reihe, Platon die rechte. Nach aristotelischer Auffassung ist das Gute fragil und lässt sich nur in Geschichten darstellen, die detailreich, irdisch und immanenter Natur sind. Nach platonischer Auffassung ist dem Guten trotz allem eine gewisse Robustheit eigen, und wenngleich Geschichten und Tragödien die Analyse bereichern können, sind sie für richtungsweisende Führungskunst doch nicht hinreichend. Denn hier müssen Entscheidungen getroffen und auf legitime Weise untermauert werden. Man kann sich hier nicht der Aufgabe entziehen, ein Bild davon zu entwickeln, was in einer Situation angemessen ist und was das Ganze ist, worauf das eigene Streben hinzielt. Dieses Bild ist nie in Stein gemeißelt, es ist zwangsläufig fragil, angreifbar und subtil. Es ist zudem fraglich, wie weit es sich überhaupt sprachlich fassen lässt. Doch das tut seiner Kraft und Robustheit keinen Abbruch. Es stellt sich einzig die Frage, wie offen man dafür sein will, ob man dazu bereit ist, auf ein Richtmaß zuzugreifen, das einen selbst übersteigt.

Hier liegt vielleicht der größte Unterschied zwischen Platon und Aristoteles, zwischen einem transzendenten und einem immanenten Verständnis von Dialektik: Platon ist der Mystiker, der über sich selbst hinaus nach einem Kompass Ausschau hält, der ihn übertrifft, nach der Wahrheitsintuition, die jeder Mensch als unartikulierte Vorstellung der idealen Form und der Ganzheit in sich trägt. Aristoteles ist der irdische Dialektiker, für den eine solche transzendente Idee nur eine Fiktion ist. Aber unabhängig vom Status der Idee gehen beide davon aus, dass man die Essenz nur aus einer bestimmten Haltung heraus finden kann. Darin sind sie sich völlig einig. Doch diese Haltung ist in vielen Gesprächen, in denen man nach einem entscheidenden Punkt sucht – einem Faktum, einer Begründung, einem Argument, irgendetwas, das den Ausschlag geben und andere überzeugen kann –, das größte Problem. Oft ist alle Mühe vergebens, weil Dinge, die für eine Seite entscheidend sind, für die andere keineswegs relevant sein müssen. Für Kreon war maßgeblich, dass Polyneikes ein Staatsfeind war, für Antigone hingegen spielte das familiäre Band zu ihrem

Bruder die entscheidende Rolle. In beider Vorstellung der Situation kam dem Argument des jeweils anderen nur eine untergeordnete Bedeutung zu. Die klassischen Tragödien suchen die übergreifende Idee immer in einer angemessenen Haltung: einer Haltung, in der man das Ganze überblicken, über seine eigene begrenzte Perspektive hinausgehen und Großmut beweisen kann. Immer geht es darum, sich auf ein Idealbild hin zu entwerfen, ein Ganzes zu sehen, das größer ist als man selbst.

Führungskunst bedeutet, das Ganze denken zu können. Dafür ist vor allem anderen die Beherrschung der Kunst der Dialektik erforderlich. Denn Führungskunst verlangt, sich darin zu üben, immer wieder über sich selbst hinaus an ein größeres Ganzes zu denken. »Nur wer es wagt, seine Grenzen zu überwinden, wird nicht an ihnen zugrunde gehen«, sagt der Dichter Herwig Hensen. Nur ein solcher Mensch ist imstande, sich und seine Umgebung zu »heilen«, zu einer Ganzheit zu machen. Allerdings ist dies nur von Erfolg gekrönt, wenn es ihm auch gelingt, die absteigende Dialektik zu betreiben, wenn er es vermag, »beim Zerlegen in Unterarten den Schnitt nach den Gelenken zu führen, der Natur entsprechend, und nicht versuch[t], nach der Weise eines schlechten Kochs, irgendein Glied zu zerbrechen« (*Phaidros*, 265e).

Nimm dich selbst nicht zu ernst

In diesem Spiel der Dialektik gibt es viele Fallstricke, einige davon haben wir zuvor schon angesprochen. Ein weiterer wichtiger Fallstrick liegt darin, sich selbst allzu ernst zu nehmen. In Gesprächen wie den bisher geschilderten geht es um schwerwiegende Themen, bei denen viel auf dem Spiel steht. Dennoch bewahrt sich Sokrates in den platonischen Dialogen immer eine heitere, leichtfüßige Haltung. Sobald es zu ernst zu werden droht, pfeift er sich selbst zurück. So etwa sagt er auf dem Höhepunkt der *Politeia*, dem Dialog über Gerechtigkeit, Führungskunst und die Gestaltung der Gesellschaft, plötzlich: »Aber ich glaube, ich habe mich selbst auch gerade lächerlich verhalten.«(536b*) Er hatte gerade mit äußerstem Ernst dargelegt, welchen Anforderungen eine gute Führungspersönlichkeit genügen müsse – und ausführlich davor gewarnt, dass man die Philosophie (eine der unabdingbaren Disziplinen der Führungskunst) mit noch mehr Spott beladen würde als bisher, wenn Menschen ohne ausreichende Qualifikation an die Spitze der Gesellschaft gelangten. Urplötzlich, ohne weitere Veranlassung, sagt er nun: »Aber lächerlich ist auch, glaube ich, was mir selbst jetzt begegnet ist.« »Was denn?«, fragt Glaukon. »Ich vergaß«, antwortet Sokrates, »dass wir uns bloß traulich scherzend unterhielten und habe mich in zu ernsthaften Zorn hineingeredet. Denn im Verlaufe meiner Ausführungen fiel mein Blick auf die Philosophie, und da ich sie schmählich beschimpft sah, ward ich von Unwillen übermannt und habe wie in einem Anfall von Jähzorn gegen die Schuldigen mich in dem, was ich sagte, wohl allzustreng ausgedrückt.« Glaukon selbst hatte davon gar nichts bemerkt, doch Sokrates' Botschaft ist deutlich: Steigere dich nicht hinein, lass es nicht zu ernst werden, das Gespräch ist ein Spiel.

Ein Spiel? Geht es hier nicht um Themen, die allen Beteiligten äußerst wichtig sind? Durchaus! Gerade deshalb ist es Sokrates' Ansicht nach ratsam, die Untersuchung weiterhin als Spiel zu betrachten. Nur so lässt sich vermeiden, dass man sich vom eigenen Zorn, den eigenen Interessen und der Überzeugung, recht zu haben, mitreißen lässt. Nur spielerisch kann es gelingen, die Sphäre von Nutzen, Gewinnen oder unumstößlichen Überzeugungen zu transzendieren. Der niederländische Historiker Johan Huizinga hat in seinem Werk *Homo ludens* nachdrücklich darauf hingewiesen, dass alle »großen Aktivitäten des kulturellen Lebens« – Rechtsprechung, Wissenschaft, Kunst, Politik, Religion – aus dem Spiel hervorgingen. Das gilt auch für die Philosophie: Sie entspringt derselben Quelle. Sie spielt mit Ideen. Das Spiel ist die einzige Möglichkeit, innerhalb der etablierten Ansichten Spielräume zu eröffnen. Oft sind wir unseren festen Überzeugungen so sehr verhaftet, dass uns kaum Raum bleibt, andere Vorstellungen und Sichtweisen zuzulassen. Wir brauchen das Spiel, um erstarrte Vorstellungen aufzubrechen und zu relativieren, um sie aus einem neuen Blickwinkel betrachten zu können. »Auch ist ja überhaupt nichts, was den Menschen begegnet, großen Aufhebens wert«, sagt Sokrates an anderer Stelle in der *Politeia* (604c). Im *Phaidros* betont er: »An dem geschriebenen Worte über jedes Thema müsse notwendig das Spiel stark mitbeteiligt sein.« (277e) Und in den *Gesetzen* heißt es: »Der Mensch dagegen ist (...) nur ein Spielzeug in der Hand Gottes, und das eben ist in Wahrheit gerade das Beste an ihm. Jedermann also, Mann wie Frau, muss diesem Ziele nachstreben und die schönsten Spiele zum eigentlichen Inhalt seines Lebens machen, ganz im Gegensatz zu der jetzt herrschenden Denkweise.« (*Gesetze*, 803) Für uns ist heute eine ernste Haltung die Regel und das Spiel die Ausnahme, nicht umgekehrt. Ganz anders für Sokrates, für den das Spiel den Ausgangspunkt bildet: »Gewisse Spiele muss man zum eigentlichen Inhalt seines Lebens machen, nämlich Opfer, Gesänge und Tänze«, sagt er (ebd.). Und nichts von dem, was Sokrates gesagt oder Platon geschrieben hat, muss so ernst genommen werden, dass es zu einer unantastbaren, einer objektiven, dem Spielerischen entzogenen Wahrheit erhoben würde.

Daher rühren die wechselnden Zuschreibungen, die dem Autor Platon im Laufe der Geschichte zuteilwurden. Mal wurde er als Skeptiker, mal als Dogmatiker dargestellt, mal als Absolutist, mal als Relativist, mal als autoritärer, gar totalitärer Denker, mal als Literat und Geschichtenschreiber, der sich hinter seinen Figuren verbirgt, um niemanden wissen zu lassen, was er tatsächlich denkt. Beide Perspektiven haben etwas für sich. Platon ist ein Moralist, aber einer, dessen Moralauffassung nicht eindeutig ist. Und Sokrates treibt uns fröhlich in die Verwirrung. Für die Praxis der Dialektik ist das noch immer eine äußerst fruchtbare Kombination.

Das Eine verlangt eine Wahl

Eine andere Schwierigkeit in der Praxis der Dialektik ist die Bestimmung des Einen. Wie wir bisher schon mehrfach gesehen haben, sucht Sokrates in seinen Gesprächen immer nach dem, was er selbst »das Eine« nennt. Irgendwo in der Vielfalt oder der »unbestimmten Zweiheit« muss »das Eine« zu finden sein, das Gute, die richtige Begrenzung aller Möglichkeiten, der Punkt, an dem die Vielheit zur Einheit wird. Das wirkt abstrakt. Doch lassen Sie uns dazu ein einfaches Beispiel betrachten: das Autofahren. Für den, der es beherrscht, ist es eine einzige Handlung, ein Ganzes. Sie besteht zwar aus vielen einzelnen Handgriffen, doch sind ihm diese so vertraut geworden, dass er sie als ein Ganzes wahrnimmt, als Einheit. Man gibt diesem Tun einen einheitlichen Namen: »Autofahren«. Für den, der es lernen muss, bilden die einzelnen Aktivitäten natürlich ganz und gar kein Ganzes, anfangs fällt es ihm ziemlich schwer, sie alle aufeinander abzustimmen (wie etwa in dem Beispielfall auf S. 118). Doch mit zunehmender Erfahrung gestaltet es sich leichter. Die einzelnen Handlungen fließen stärker ineinander, man findet die richtige Form, die richtige Begrenzung. Allmählich weiß man genau, was beim Schalten, Gas geben und allen anderen Teilaktivitäten ein Zuviel und ein Zuwenig und was die rechte Mitte ist. Bis man das Autofahren schließlich blindlings beherrscht und es zu einer einzigen Erfahrung geworden ist.

Fragt man jemanden, was unter Autofahren zu verstehen ist, wird er es kaum genau beschreiben können: Bedeutet es Schalten, Lenken, Gasgeben? Das Einordnen in den Verkehr? Sich vor dem Überholen gut umschauen? Oder ist Autofahren eine Frage des Selbstvertrauens und des sicheren Fahrverhaltens? Natürlich gehört das alles dazu, und gewöhnlich wird wohl niemand in dieser Weise danach fragen – es sei denn, man will es lernen oder es kam zu einem Unfall. Dann wird man gezwungen sein, es zu formulieren. Dann wird es plötzlich wichtig, was Autofahren idealerweise, den Regeln zufolge, ist. Es kann bedeuten, sich rechts zu halten oder bei Rot anzuhalten, die Geschwindigkeitsbeschränkungen zu beachten, Vorfahrt zu gewähren oder sich nicht betrunken hinter das Steuer zu setzen, all diese Dinge, die in den Verkehrsregeln stehen. Dann muss deutlich werden, was in diesem speziellen Fall »das Eine« ist, um das es hier geht, die Essenz und die entscheidenden Details des Autofahrens. Richter, Staats- und Rechtsanwälte befassen sich gelegentlich eingehend damit.

Was für das Autofahren gilt, gilt auch für andere Dinge. Für Führungskunst ebenso wie für gutes Regieren, für Gesundheit, Integrität und Gerechtigkeit, um nur einiges zu nennen. In all diesen Bereichen erwartet man von den Akteuren zu wissen, was das Eine in der Vielheit, die richtige Wahl aus den vielen Möglichkeiten, die beste Art zu handeln oder die angemessene Perspektive auf das Ganze ist. Und schließlich genügt es nicht, stillschweigend zu handeln. Man muss in Worte fassen können, um was es geht, man muss sagen können, was darunter zu verstehen ist. Wer das nicht vermag, handelt sich Probleme ein. Dann nämlich geschieht nicht, was man eigentlich will, andere Beteiligte können nicht verstehen, worum es einem eigentlich geht. Um den Kernbegriff deutlich von den Teilbegriffen unterscheiden zu können, benötigt man nicht nur Einsicht, sondern auch Sprachfertigkeit.

Jeder, der Entscheidungen fällt, und sei es auch nur in Bezug auf sein eigenes Leben, wird in solchen Dingen eine Wahl treffen müssen. Solange man das Eine in der Vielheit nicht erkennt, solange man das Ganze und den Zusammenhang nicht sieht, ist man dem Zufall ausgeliefert, man tanzt gewissermaßen auf fünf Hochzeiten zugleich. Doch diese Einheit, dieses Ganze ist nicht nur eine Sache der Erkenntnis, sondern verlangt auch eine Wahl. Das habe ich am eigenen Leib erfahren. Früher habe ich oft auf fünf Hochzeiten zugleich getanzt. Ich habe alles Mögliche unternommen, hatte jede Menge Jobs, Kontakte und Ambitionen. Eine Richtung oder einen Zusammenhang hatte das alles nicht, alles war flüchtig und provisorisch, vor allem ich selbst. Ich fühlte mich wie eine Fußballmannschaft, der es nicht gelingt zusammenzuspielen. Todunglücklich machte mich das, aber ich hatte keine Idee, wie ich das Ruder herumreißen könnte. Bis ich mich am Tiefpunkt meiner

Verzweiflung zu einem Schritt entschied, zu dem ich zuvor nie den Mut gehabt hatte, dazu, mit 27 Jahren doch noch zu tun, was ich eigentlich immer schon wollte: Philosophie studieren. Das war der Wendepunkt meines Lebens; zum ersten Mal hatte ich das Gefühl, *ein* Ganzes, *eine* Person zu sein. Ich erinnere mich bis heute daran, welche Ruhe und Klarheit, welches Vertrauen und welche Hingabe in mir aufkamen, nachdem ich diese Entscheidung getroffen hatte. Und daraus habe ich nicht nur das Fazit gezogen, dass man in seinem Leben besser das tun sollte, was man wirklich will, sondern auch, dass uns »das Eine« nicht einfach in den Schoß fällt. Man muss selbst etwas dafür tun, man muss es wählen, sich dafür entscheiden, sich selbst ernst nehmen. Das Eine ist nicht einfach ein unverbindlicher Gedanke, es ist ein Urteil, das man aus ganzem Herzen fällt.

Ruhige Klarheit ist die Form

Seither habe ich Ruhe und Klarheit immer als ein Zeichen von Wahrhaftigkeit angesehen. Sie spielten zum Beispiel in dem folgenden Gespräch eine Rolle. Dieses Gespräch fand in der Orangerie eines Landguts statt, einem schönen hohen Raum, in dem früher den Winter über die Orangenbäume untergebracht wurden. Die Fenster gaben den Blick auf eine prachtvolle Rasenfläche frei, in der Ecke stand ein Konzertflügel, um den Tisch saßen einige ältere Herren und eine einzige Dame. Die Atmosphäre war die eines *old boys networks*, heiter und entspannt. Es sollte aber auch zur Sache gehen. Thematisch ging es um die heikle Frage, ob das Büro, in dem sie arbeiteten, noch eine gemeinsame Vision hatte. Den Anlass hatte das Ausscheiden eines Kollegen nach einem Konflikt über seine Arbeitsleistung gegeben. Das hatte für ziemliche Aufregung gesorgt, es gab nun einigen Abstimmungsbedarf.

Das Gespräch war wie folgt aufgebaut: Der Direktor erläuterte seine Geschichte – den Vorlauf des Konflikts, die ersten Reibereien, die Dilemmata, vor denen er stand (hätte er beizeiten eingreifen oder den Dingen zunächst einmal ihren Lauf lassen sollen?), das Hochgehen der Bombe und schließlich die Auflösung und den kläglichen Abgang. Alle möglichen Fragen zur Klärung der Sache und deren Verlauf prasselten auf ihn ein. Danach sollte sich jeder in den Fall hineinversetzen und formulieren, was seiner Meinung nach die richtungsweisenden Ideen waren. Das lieferte wie immer eine bunte Palette von Vorschlägen. Ich hörte zu und beobachtete. Wir waren auf einem guten Kurs.

Dann kam die Frage auf, was in diesem Fall der Kern des Problems, die Essenz der ganzen Angelegenheit sei. Ich brachte diese Frage mit der Tugendlehre in Verbindung, mit der Frage, was es an »Vortrefflichkeit« erfordere, diese Situation durchzustehen und das zu tun, was in diesem Fall wesentlich erscheine. Wir machten eine Pause, so dass jeder bei einer Tasse Tee darüber nachdenken konnte. Der Erste, der danach das Wort ergriff, war der Senior der Gruppe, ein tonangebender Mann. Doch vom allerersten Satz an beschlich mich das Gefühl, dass es nun in die falsche Richtung lief.

Er tischte uns allgemeine Storys darüber auf, was an diesem Büro so besonders sei, wie es in der Vergangenheit immer gewesen war, wie wichtig es sei, diesen »Spirit« zu bewahren und Ähnliches mehr. Die Frage, die ich gestellt hatte, zielte jedoch auf etwas ganz anderes ab, auf persönliche Werte, den eigenen subjektiven Kompass, die zentrale Motivation jedes Einzelnen. Stattdessen wurden wir nun mit Allgemeinplätzen abgespeist.

Ich merkte, wie ich unruhig wurde und mich innerlich anspannte. Wenn ich nicht aufpasste, drohte das Gespräch auf Stammtischniveau abzusinken. Zugleich zögerte ich, ihn zur Ordnung zu rufen. In dieser Gruppe war er die Autorität, die graue Eminenz und zudem noch unser Gastgeber. Und hatte mein Lehrmeister Leonard Nelson nicht immer betont, dass Sokrates seine Schüler von Anfang an zur Selbstständigkeit ermutigt und auf eigene Beine gestellt habe, weil man »Selbstvertrauen in die Vernunft« nie dadurch gewinnen könne, dass es einem von einem Lehrer eingeimpft werde?

Die persönliche Erfahrung als Grundlage

Mir blieb jedoch keine Zeit, über all das lange nachzudenken. Es musste etwas geschehen, sonst ginge es schief und wir verspielten die Möglichkeit, eine Spur der Idee zu erfassen, nach der wir auf der Suche waren. Also fasste ich mir ein Herz und fiel ihm ins Wort, entschuldigte mich dafür, dass ich ihn nicht ausreden ließ, und erklärte ihm, dass es in sokratischen Gesprächen um Selbsterforschung gehe, nicht um die Präsentation allgemeiner quasiphilosophischer Begriffe, sondern um Selbstaufklärung und um die Grundlagen der eigenen persönlichen Erfahrung. Er blickte ungehalten, sagte, er habe das anders verstanden, könnte aber auch gerne andere zum Zuge kommen lassen. »Lassen Sie mich diese eine Sache nur kurz weiterverfolgen«, entschuldigte ich mich noch einmal. »Ich komme gleich auf Sie zurück.« Er fand sich etwas betreten damit ab.

Daraufhin ergriff ein Mann das Wort, der sich bisher vor allem still beteiligt hatte. Es war ein Teilnehmer mit einem scharfen Blick, der wenig Worte machte. Auch jetzt fasste er sich kurz, doch jedes Wort, das er sagte, hatte Sinn und Verstand. Er sprach über Zusammenhalt, seine eigene Historie, sein persönliches Verhältnis zu den anderen und seine eigene Haltung zu seiner Arbeit. Er erzählte, wie er seine Aufgabe sah, was ihm wichtig war, woran er sich orientierte, und breitete einen Teil seiner Seele vor uns aus, er sprach über die Dinge, die ihm bei dieser Angelegenheit zu Herzen gingen. Ich war sehr erleichtert und ob der Einfachheit, Klarheit und Offenheit seines Beitrags gerührt. Auch weil sein Blick eine Mischung von Entschlossenheit und Zerbrechlichkeit offenbarte. »Hier geschieht etwas Wahrhaftiges«, ging mir durch den Kopf. »Er zeigt uns eine Idee, den Traum einer Idee!« Und dann gingen mir die Worte von James Joyce durch den Kopf, das »ruhige Klarheit« die Form sei: »plötzlich, riesenhaft, weißglühend«.

Genauso war es, als er gesprochen hatte. Als ob er die Vision, die er suchte, selbst verkörperte. Wie immer bei Ideen wirkte das ansteckend. Ruhige Klarheit hat eine starke Wirkung. Andere folgten seinem Beispiel. Auch unser Gastgeber hatte nun verstanden, um was es ging. Nun konnte auch er einen treffenden und pointierten Beitrag leisten. Erst als ich nach Hause fuhr, kamen mir Zweifel. Hatte ich als Leiter das Gespräch nicht doch zu stark gelenkt? Selbstständig zu denken, ist ein prinzipieller und fundamentaler Ausgangspunkt der sokratischen Methode. War die ruhige Klarheit, die das Gespräch geprägt hatte, nicht doch auf Kosten von etwas Wesentlicherem entstanden, auf Kosten des Selbstvertrauens der Vernunft?

Lass es geschehen

In der Praxis der absteigenden Dialektik – bei der Rückkehr in die Höhle – begegnen einem einige solcher Dilemmata. Kann man in die Dunkelheit hinabsteigen und sich dabei die Erinnerung an das Licht bewahren? Dazu folgende Geschichte. Der Schriftsteller Gerard Reve – zusammen mit Willem Frederik Hermans und Harry Mulisch einer der großen Drei der modernen niederländischen Literatur – hatte ein Haus in einem kleinen Dorf in der Provence. Er fühlte sich dort oft einsam und depressiv. Darum hatte er eine Vereinbarung mit dem Metzger getroffen. Wenn Not am Mann war, konnte er zu ihm kommen und sagen: »Metzger, es ist wieder so weit.« Dann wusste dieser, was zu tun war. Wenn er die Metzgerei abends schloss, fuhr er mit seinem Lieferwagen ins örtliche Café, lud den sturzbetrunkenen Reve ein und brachte ihn über die holprigen Straßen zurück nach Hause. Dort zog er Reve die Schuhe aus und legte ihn auf sein Bett, damit er seinen Rausch ausschlafen konnte. Ein Freundschaftsdienst.

Reve war kein glücklicher Mensch. Seine Gier nach Alkohol, Sex, Anerkennung und Popularität war extrem. Aber er konnte seine Verzweiflung großartig beschreiben, nicht als etwas, das man loswerden musste, sondern als selbstverständlicher Ansatzpunkt: So ist das Leben nun einmal – zum Verzweifeln.

Wenn ich selbst nicht mehr ein noch aus weiß, muss ich oft an diese Geschichte denken. Ich habe eine melancholische Natur, sie hat mein Leben geprägt. Das ist nichts Besonderes, vielen geht es so. Doch früher konnte ich das nicht so sehen und empfand es als eine Art Produktionsfehler. Als passte ich nicht in diese Welt und nicht einmal zu mir selbst. Als sei ich ein Sonderling in meinem eigenen Leben. In dieser Zeit identifizierte ich mich stark mit dem *Fremden* von Camus oder mit Josef K. aus Kafkas Roman *Das Schloss* und anderen Figuren aus der existenzialistischen Welt. Sie formulierten, was mir selbst nicht greifbar war, in ihren Kämpfen mit dem Absurden erkannte ich mich wieder. Sie zeigten mir eine Lebenshaltung, eine Möglichkeit, den Riss in meiner Seele zu ertragen. Das war tröstlich, wenngleich es die Probleme nicht lösen konnte.

Später dann nahm ich dieses Gefühl des Mangels eine Zeit lang als psychisches Manko wahr. Wenn man selbst nicht gegen seine emotionalen Verkrampfungen angeht, ist es kein Wunder, dass es zu Kurzschlüssen kommt, dachte ich. Also stürzte ich mich in den Wirrwarr neuer Therapien, die damals aus Amerika zu uns herüberschwappten: Gestalttherapie, Bio-Energetik, Psychosynthese usw. Ich las Perls, Leary, Maslow und Lowen, ich »arbeitete an meinen Gefühlen«, wie man das damals nannte. Das war seltsam und aufregend, und auch unangenehm. Doch letztlich brachte das alles nichts. Eines Tages erklärte ich mich selbst für geheilt, obgleich ich mich in diesem Moment hundeelend fühlte. Ich nahm mir vor, nie wieder eine Therapie zu machen. Wenn ich damals wie Gerard Reve einen Metzger gehabt hätte, wäre ich sicher bei ihm vorbeigegangen. Es war wieder mal so weit.

Heute spiegele ich mich an den Geschichten von Sokrates und Platon, zum Beispiel an der Geschichte des *Symposions*. In diesem Dialog erzählt der Komödiendichter Aristophanes den wunderbaren Mythos von den Kugelmenschen. Früher, vor langer Zeit, waren die Menschen viel größer als heute. Sie hatten vier Arme, vier Beine und waren so stark, dass sie sogar danach trachteten, den Olymp zu erobern, um die Götter von ihrem angestammten Sitz zu vertreiben. Da stiegen Zeus und Apollon auf die Erde hinab und schnitten alle Menschen in der Mitte entzwei. Was zur Folge hatte, dass alle verzweifelt nach ihrer anderen Hälfte suchten. Und wenn sie glaubten, sie gefunden zu haben, »schlangen sie die Arme umeinander und schmiegten sich zusammen, voll Begierde zusammenzuwachsen« und wieder ein Ganzes zu werden. So verrückt waren sie vor Sehnsucht, dass sie keine Zeit mehr für irgendetwas anderes hatten und Hungers zu sterben drohten. Da packte Zeus und Apollon das Mitleid und sie stiegen ein zweites Mal vom Olymp hinab, um dafür zu sorgen, dass sie in ihrer Umarmung wenigstens zeitweilig Befriedigung fanden. So konnten sie einander loslassen, »sich beruhigen und sich wieder der Werktätigkeit zuwenden und sich der Sorge für die anderen Lebensbedürfnisse widmen«. (*Symposion*, 191c)

Kurzum, der Mangel gehört wesentlich zur *condition humaine*, der natürliche Zustand des Menschen ist ein Zustand unerfüllter Sehnsucht. Das wird im Fortgang des *Symposions* noch deutlicher, als der Dichter Agathon sein Loblied auf die Liebe singt. Seiner Vorstellung nach ist Eros, der Gott der Liebe und der Sehnsucht, schön und jung, zerbrechlich und zart und entspricht so ganz dem Bild der romantischen Liebe. Doch Sokrates führt ihn zur Einsicht, dass sich Sehnsucht immer auf etwas Fehlendes richtet. Daher kann Eros selbst nicht schön und jung sein und auch nicht all die anderen Eigenschaften haben, nach denen er auf der Suche ist. Ist er dann also hässlich und alt? Nein, auch das nicht. Eros ist ein Zwischenwesen, weder schön noch hässlich, er ist ein Mittler zwischen dem Reichtum der Götter und dem Mangel der Menschen.

Der Grund dafür sei, so Sokrates, dass er ein Sohn des Reichtums und der Armut ist. Denn einst – das hatte Diotima Sokrates gelehrt – war im Himmel ein Fest gefeiert worden und *Poros*, der Reichtum, der Sohn der *Metis*, der Klugheit, hatte sich nektartrunken im Garten schlafen gelegt. Als nun *Penia*, die Armut, an die Pforte kam, um zu betteln, und ihn dort liegen sah, fasste sie den Plan, von ihm ein Kind zu bekommen. Sie legte sich zu ihm, wurde schwanger und gebar *Eros*, der die Eigenschaften beider Eltern annahm. Er ist ganz und gar nicht schön und zart, sondern ein wettergegerbter Streuner. Arm und obdachlos besitzt er nicht einmal Schuhe, er schläft in Hauseingängen und im Freien und leidet, ebenso wie seine Mutter, immerzu Mangel. Zugleich steckt er, wie sein Vater, ständig voller Pläne und ist immer zu neuen Unternehmungen bereit. Er ist ein großer Erfinder, ein Zauberer mit Worten, ein echter Tausendsassa. Doch was er auch gewinnt, es gleitet ihm durch die Finger, an nichts hält er fest. Daher ist er in einem Moment reich und im nächsten schon wieder arm – auch an Einsicht und Weisheit. (*Symposion*, 203b-e)

Das ist die Vorstellung, die ich mir heute vor Augen halte, wenn sich mal wieder der Geist der Armut meiner bemächtigt. »Ja, du bringst es nicht, du spinnst rum und kapierst es nicht. Lass es geschehen. Es gibt Ebbe und Flut. Ewiger Reichtum ist nur den Göttern beschieden.« Inzwischen ist aus dieser inneren Veränderung eine Differenz zu den Existenzialisten erwachsen. Die Existenzialisten glaubten nicht an eine Essenz, eine Idee als Kompass. Ich mittlerweile schon. Und dieser Glaube taugt mehr als ein hilfsbereiter Metzger.

Wahrheit ist eine Bejahung der Teilhabe

In der Philosophie lernt man, einen Standpunkt in Zweifel zu ziehen und aus mehreren Perspektiven zu betrachten. In der Praxis der Dialektik muss man allerdings auch das Gegenteil lernen: persönlich einen Standpunkt zu beziehen und eine bestimmte Perspektive einzunehmen. Das ist schwieriger, als immer nur zu zweifeln – das weiß ich aus Erfahrung. Am Anfang meines Philosophiestudiums war ich vom systematischen Zweifel und der Kunst, etwas aus unterschiedlichen Perspektiven zu sehen, ganz begeistert. Ich betrachtete Ernst von Asters *Geschichte der Philosophie* als den Höhepunkt dieser Herangehensweise, es war das merkwürdigste Buch, das ich bis dahin gelesen hatte. Eine Art intellektueller Krimi. Ernst von Aster, ein deutscher Philosoph und Philosophiehistoriker, führt den Leser in knapper Form durch die gesamte geschichtliche Entwicklung des Denkens. Das war für mich eine überaus merkwürdige Erfahrung, ich fiel von einem Erstaunen ins andere. Was hatten die Menschen im Laufe der Geschichte nicht schon alles für wahr gehalten! Man denkt immer: Das kann doch nicht wahr sein, was für ein Unsinn! Doch wenn man es bei von Aster liest, wird es doch begreiflich und plausibel, und man beginnt, an seinem eigenen gesunden Menschenverstand zu zweifeln.

Nehmen Sie nur den Gottesbeweis des Anselm von Canterbury: »Gott ist ›das Größte‹, das Größte aber kann nicht nur im Geist des Denkenden, sondern muss an sich existieren, da das an sich Existierende eben ›größer‹ ist oder sein muss, als das nur im Intellekt Existierende.«[21] Von einer solchen Argumentation geht eine faszinierende Wirkung aus, finde ich. Es ist schwierig, genau zu verstehen, was sie bedeutet, und noch schwieriger ist es zu verstehen, was für eine Rolle sie in der Zeit des Anselm von Canterbury (dem 11. Jahrhundert) spielte. Wohl wurde ihre logische Richtigkeit damals sofort angezweifelt, dennoch wurde sie offenbar auch für wahr gehalten.

Ich durchstöberte von Asters Buch wie ein Kuriositätenkabinett, ein Museum der Irrtümer, für mich waren das alle »mögliche Welten«, ohne dass die eine wahre Welt dabei gewesen wäre. Denn dem Glauben an Echtheit hatte ich damals ganz und gar abgeschworen. Ich misstraute allem, was in Richtung Wahrheit ging, auch der Politik, der Therapie, der Bildung, ja selbst der Liebe. Skepsis, das vertraute Attribut heutiger Kultur und das Fundament der Wissenschaft, war zu meinem Ausgangspunkt geworden. Auf Letzterer, der Wissenschaft, ruhte meine ganze Hoffnung, noch ein wenig Wahrheit zu finden. Doch sie taugte nicht als Ankerpunkt für geistig Heimatlose oder als Sinngebung für am Leben Leidende. Nein, hier war Wahrheit eine Eigenschaft von Aussagen, die sich formal feststellen ließ, nicht mehr und nicht weniger. Daher konzentrierte ich mich auf die Erkenntnistheorie,

---

21 Ernst von Aster: *Geschichte der Philosophie.* 17. Aufl., Kröner, Stuttgart 1980, 1. Aufl. 1932, S. 140.

die Wissenschaftsphilosophie und die modernen Meister der Ent-
zauberung. Worüber man nicht sprechen kann – wie etwa die ersten Ursachen, den unbewegten Beweger, die letzten Zwecke, die
größten Begriffe – darüber muss man schweigen, so hatte es uns
Wittgenstein gelehrt.

Mittlerweile hat mir das Führen philosophischer Gespräche in
der Nachfolge von Sokrates einen völlig anderen Wahrheitsbegriff
vermittelt. Wenn Teilnehmer am Ende eines Gesprächs den Kern
eines Problems und die Gedanken, die sie sich dazu gemacht haben,
in Worte zu fassen versuchen, hört man oft Bemerkungen wie »Es
geht in diesem Fall um Vertrauen« oder »Es geht um die richtige
Distanz«, um das Verhältnis von »Person und Funktion« oder
etwas Ähnliches, je nachdem, was der jeweilige Gesprächsteilnehmer als Essenz betrachtet. Der Ton, in dem solche Aussagen
getroffen werden, impliziert, dass der Sprecher den Anspruch erhebt, eine faktische Wahrheit persönlicher und normativer Natur
zu formulieren. Aber die Wahrheit einer solchen komplexen Aussage ist weder in ihrer Korrespondenz mit der Welt noch in ihrer
Kohärenz mit anderen Aussagen und auch nicht in ihrer pragmatischen Funktionalität begründet – also in den üblichen Kriterien
wissenschaftlicher Wahrheit. Die Wahrheit gründet vielmehr darauf, dass der Sprecher persönlich zu einer Idee steht, dass er sie als
Maßstab anerkennt und bejaht, dass er an einer Beurteilungsnorm
teilhat oder teilzuhaben versucht: einem Idealbild einer Sache oder
Situation und auch einem Idealbild der eigenen Person. Wahrheit
gründet nicht in der Korrespondenz einer Behauptung mit dem
Stand der Dinge, sondern in der Übereinstimmung einer Person
mit einer Idee, im Aufgehen in ihr und darin, von ihr durchdrun-
gen zu werden. Es ist ein Einswerden mit etwas, was über die
eigene Person hinausgeht, etwas, was nicht nur ein Begriff oder
eine Vorstellung ist, sondern eine eigene gesonderte Existenz hat.
Platon bezeichnet dieses Etwas als Form oder Idee.

Und Wahrheit bedeutet auch, mit anderen eine Verbindung einzugehen. Wer sagt: »Das ist wahr«, bekennt sich zu einer Gruppe
Geistesverwandter, zu Menschen, denen er zugehören will, und

ruft gleichzeitig andere dazu auf, sich ihnen anzuschließen. Nein, Wahrheit ist keine Eigenschaft von Aussagen; eine solche Bestimmung wäre viel zu schwach, zu oberflächlich, zu objektiv orientiert. Wahrheit ist umfassender und grundlegender, sie ist eine Bejahung der Teilhabe (oder des Willens zur Teilhabe) an einer Idee.

Mir ist schon klar, dass das vielen zu weit geht, es klingt sehr nach höherer Metaphysik. Denn wie soll man sich die Teilhabe an einer Idee vorstellen? Und wo bleiben wir dann mit unserer objektiven, unpersönlichen Wissenschaft? Schon in Platons Akademie, in der die Ideenlehre von Anfang an schwer unter Beschuss stand, waren diese Themen heftig umstritten. Aristoteles, Platon brillantester Schüler, hatte wenig dafür übrig. Für Gerechtigkeit oder Schönheit konnte er vielleicht noch die Vorstellung einer Idee akzeptieren. Aber existierten auch Ideen von Dingen wie einem Bett oder einem Haus? Oder von einer Situation, einem Problem, oder womöglich sogar von einem selbst als Person? Gab es gar Ideen von »Schlamm, Haar und Staub« und anderen nicht besonders erhabenen Dingen? (Siehe Platon: *Parmenides* 130d, *Politeia*, 10. Buch; Aristoteles: *Metaphysik* 1, 990b15). Für Aristoteles war Wahrheit *durchaus* eine Eigenschaft von Aussagen, darauf hat er seine Logik gegründet. Doch für das Führen von Gesprächen war er nicht zu gewinnen, er dozierte lieber. Und es ging ihm mehr um die Kenntnis von Wahrheiten als darum, sie zu sehen, zu erfahren und zu leben.

Die Ideenlehre steht am Anfang von Ernst von Asters Philosophiegeschichte. Ich las damals völlig darüber hinweg, sie war für mich nur eine von vielen philosophischen Illusionen. Wie Johan Cruyff schon sagte: »Man sieht es erst, wenn man es kapiert.«

Sei sparsam mit Worten

Und dann stellt sich noch die Frage, wann man wohl besser schweigen sollte. Oder die Frage: Wie viel Worte sind nötig, um etwas Sinnvolles zu sagen. Als ich noch Jura studierte, besuchte ich die Philosophievorlesung von Professor van Peursen. Er war für seine Fähigkeit berühmt, komplexe Sachverhalte einfach darzustellen. Seine Vorlesungen waren daher auch immer gut besucht. Irgendwann bat er zu Beginn der Vorlesung um Entschuldigung, dass er dieses Mal wohl weitschweifiger sein würde und es an diesem Vormittag komplizierter werden würde als gewöhnlich. Ich dachte, wir seien vielleicht bei einem außergewöhnlich schwierigen Thema angekommen. Aber das war offenbar nicht der Grund. Van Peursen erklärte, er habe aus privaten Gründen zu wenig Zeit gehabt, seine Vorlesung gründlich vorzubereiten. Und er fügte noch hinzu, auch für ihn sei es schwieriger, etwas knapp und einfach zu erklären als umständlich und kompliziert. Das war für mich ein Aha-Erlebnis, das mir für immer im Gedächtnis bleiben sollte.

Von diesem Moment an fiel mir auf, dass van Peursen seine Vorlesungen immer um ein oder zwei einfache Aussagen herum aufbaute. Wie etwa die »Das Ding an sich ist laut Kant der Erkenntnis nicht zugänglich« oder »Ein Geschehnis ist erst real, wenn davon erzählt wird«. Eine solche Aussage vertiefte er dann, beleuchtete alle möglichen Aspekte, ging auf Einwände ein, ordnete sie zeitlich ein und verglich sie mit anderen Auffassungen usw. Dabei kam er immer wieder auf die Grundaussage zurück, sie bildete den roten Faden seiner Ausführungen. Offenbar bestand die Kunst für ihn darin, bei jedem Thema, das er behandelte, eine solche Kernaussage zu finden, einen Aufhänger für die gesamte Vorlesung.

Jahre später stieß ich bei dem Neokantianer und Sokratiker Leonard Nelson auf eine ähnliche Vorgehensweise. In seinem Aufsatz »Von der Kunst zu philosophieren« erklärt er, dass eine philosophische Untersuchung erst dann fruchtbar werden könne, wenn man von dem, was er »ein naives Urteil« nannte, ausgehe, von einer simplen unanalysierten, mit einer konkreten Erfahrung verknüpften Behauptung, von deren Wahrheit oder Wichtigkeit man überzeugt sei. Um diese Wahrheitsintuition gemeinsam zu prüfen, gilt es, die Prämissen dieses Urteils zu untersuchen. In der Praxis gestaltet es sich oft ziemlich schwierig, ein solches Urteil zu finden. Über ein Thema allerlei allgemeine Betrachtungen anzustellen, ist viel leichter, als in der eigenen Erfahrung einen Moment auszumachen, in dem dieses Thema eine Rolle spielt. Nehmen wir zum Beispiel Integrität. Jeder hat dazu eine Meinung. Aber es ist nicht leicht, ein konkretes Beispiel für eine Situation zu finden, in der man integer war, oder es gerade nicht war, oder eine Situation zu benennen, in der Integrität mit Sicherheit eine Rolle gespielt hat, selbst wenn man nicht genau sagen kann, warum. Es verlangt zudem einiges an Mut, eine solche Erfahrung in eine Gruppe einzubringen und sie auch noch mit einem Urteil zu verknüpfen, das anschließend von allen untersucht wird.

Zum Thema Integrität habe ich einmal in einem Saal mit einigen hundert Juristen ein sokratisches Gespräch über den Fall eines Rechtsanwalts geführt. Dieser hatte einem Klienten geraten, dem Gericht gegenüber Informationen zurückzuhalten. Damit wollte er für den Klienten, der auf unfaire Art entlassen worden war, eine möglichst hohe Abfindung erstreiten. »Ich habe eine neue Stelle«, sagte der Klient kurz vor der Gerichtssitzung. »Soll ich dem Richter das mitteilen?« Der Rechtsanwalt riet ihm sofort: »Tun Sie das bloß nicht, das wirkt sich auf die Höhe Ihrer Abfindung aus.« War sein Verhalten nun integer oder nicht? Er selbst war durchaus der Meinung, es sei integer gewesen, denn schließlich war es seine Aufgabe, seinem Klienten beizustehen. »Integrität bedeutet, seine Rolle als Rechtsanwalt wahrzunehmen«, war seine Auffassung. Fraglich war natürlich, was diese Rolle ausmacht. Ich bewunderte seinen Mut, diese Situation publik zu machen, denn es führte zu einer spannenden Untersuchung.

In manchen Zusammenhängen wird endlos palavert, ohne dass etwas Substanzielles gesagt wird. Ich stamme aus Brabant, wo man diese Form des Gesprächs zur Kunst erhoben hat. Das ist sehr vergnüglich und gesellig, und ich kann das sehr genießen, aber für ein sokratisches Gespräch ist es nicht förderlich. Dazu braucht man Menschen, die kurz und bündig sein können, die den Mut haben, rundheraus die Wahrheit zu sagen und einen Standpunkt beziehen zu können, statt sich in hypothetischen Argumentationen zu verlieren, ins Scherzhafte auszuweichen oder, schlimmer noch, lange inhaltsleere und unverbindliche Ausführungen vom Stapel zu lassen. Zu Protagoras sagt Sokrates in dem nach diesem benannten Dialog: »Fasse dich kurz, wenn ich dir folgen soll.« (334d) Und als Protagoras nur des Diskutierens wegen einen hypothetischen Standpunkt einnimmt, ohne selbst diese Meinung zu vertreten, fährt Sokrates ihn an: »Ich lege bei der Untersuchung gar kein Gewicht auf dies ›wenn es dir beliebt‹ oder ›wenn es dir so scheint‹, dagegen alles Gewicht darauf, dass das wirkliche Ich und Du der Prüfung unterworfen werden.« (331c)

Sparsamer Umgang mit Worten ist eine große Kunst. Geschichten zu erzählen ebenfalls, das räume ich ohne Weiteres ein. Aber wenn ich in der Rolle des Sokrates' bin und jemanden befrage, ist das erste wichtiger als das zweite.

VII. Schule dich in Liebe

In Platons *Symposion* diskutiert eine Gruppe von Freunden während eines Gastmahls über die Liebe. Abwechselnd erörtern sie ihre Sicht der Liebe, deren Wesen und was sie besonders auszeichnet. Einer stellt den Unterschied zwischen der »irdischen«, körperlichen und der »himmlischen«, geistigen Liebe heraus, ein anderer den Unterschied zwischen der »gesunden« Liebe, die Harmonie hervorbringe, und der »ungesunden«, zügellosen Liebe. Ein Dritter bietet eine amüsante Erklärung für die Beteuerung mancher Menschen, sich »ganz« zu fühlen, wenn sie ihr »Gegenstück« gefunden haben. Ein weiterer singt ein Loblied auf die verjüngende Kraft der Liebe und ihre Fähigkeit, die Menschen zum Aufblühen zu bringen. Als Sokrates schließlich an der Reihe ist, entwirft er allerdings ein ganz anderes Bild. Eros, die Liebe, dürfe man sich seiner Meinung nach nicht als einen himmlischen, jungen und ausgeglichenen Bogenschützen vorstellen, dessen Pfeile uns ins Herz treffen. Eros sei von gänzlich anderer Eigenart: Als Sohn des Gottes des Reichtums und der Bettlerin Armut habe er deren beider Wesensmerkmale angenommen (siehe S. 206). Er sei ein »Zwischenwesen« in der Mitte zwischen Göttlichem und Menschlichem, dessen Geisteshaltung zwischen den Unsterblichen und den Sterblichen vermittele. Eros sei ein Halbgott, der die Wünsche und Gebete der Menschen zu den Göttern empor- und deren Gunstbezeugungen und Befehle zu den Menschen hinabtrage – er sei die Personifizierung der auf- und absteigenden Dialektik.

Sokrates berichtet, wie ihn eine Frau namens Diotima – wörtlich »die Gottgeliebte« oder »die von Zeus Geehrte« – in die Liebe eingeweiht und was er von ihr über die »Liebesleiter« gelernt habe (siehe S. 45). Der hier beschriebene Aufstieg der Liebe zu einer höheren Ebene bildet den Kern der sokratischen Schulung des Geistes. Hierbei geht es nicht um die romantische, auf eine Person gerichtete Liebe, sondern um die Verwirklichung »des Guten« (des Harmonischen, Gesunden, Heilenden usw.) in einem zunehmend größeren, umfassenderen Zusammenhang. Eros, die Liebe, bildet die Quintessenz der Dialektik. In diesem Kapitel stelle ich einige tragende Ideen vor, die mit dieser Schulung in Zusammenhang stehen. Sie haben mit Reichtum und Armut zu tun, mit der Sehnsucht nach dem Göttlichen und dem Umgang mit dem Menschlichen, mit der Rolle von Kunst und Musik als Darstellungsformen des In-Form-Seins und mit der Beziehung zwischen Künstlern und Philosophen.

Manchem mag es wie ein Widerspruch in sich erscheinen, sich in Liebe zu schulen: Wenn es etwas gibt, das keiner Schulung bedarf, dann doch wohl die Liebe. Muss man Vögel denn das Fliegen lehren? Wächst denn das Gras nicht auch ganz von allein, ohne dass man es aus dem Boden zieht? Dieser uns von Natur aus eigene Eros stellt für Sokrates freilich nur die unterste Sprosse der Liebesleiter dar. Für den, der seine ideale Form erlangen und über sich selbst hinauswachsen will, gibt es durchaus noch etwas zu lernen – auch und besonders im Bereich der Liebe.

Tu nur, was du tun musst

Lassen Sie uns mit einem einfachen Beispiel beginnen: Zunächst gilt es zu lernen, nicht zu viel zu tun. Das ist eine große Kunst. Ich habe mein Leben lang Klavier gespielt, vor allem Jazz und Musikimprovisationen. Als Pianist neigt man oft dazu, zu viel zu tun. Etwa Bassnoten mit der linken Hand zu spielen, was ganz überflüssig ist, wenn man mit einem Bassisten zusammenspielt. Oder mit rechts die Melodie zu spielen, was man tunlichst vermeiden sollte, wenn man jemanden begleitet. Als Pianist wirkt man schnell zu dominant, man tut leicht zu viel. Die Kunst besteht darin, Lücken zu lassen, möglichst wenig zu tun und nur an den richtigen Stellen rhythmisch und harmonisch zu unterstützen.

Das gilt auch für andere Disziplinen. Ein gutes Vorbild dafür bietet der niederländische Judoka Anton Geesink. Zur allgemeinen Überraschung vor allem der Japaner, für die Judo Nationalsport ist, wurde er in den Sechzigerjahren des vergangenen Jahrhunderts Judo-Weltmeister. Die Japaner fühlten sich so in ihrer Ehre gekränkt, dass sie die Filmaufnahmen von den Kämpfen studierten, um sich besser vorzubereiten und den Titel zurückzuerobern. Aber auch beim nächsten Wettkampf wurde Geesink wieder Weltmeister, und zwar wieder mit dem gleichen Beinwurf. Einer meiner Freunde, selbst ein Judoka, hat von ihm dazu Folgendes gehört: Zuerst müsse man jahrelang trainieren, um die Grundbegriffe der Disziplin zu erlernen, sagte Geesink. Lange habe man das Gefühl, immer zu spät zu sein, immer wieder etwas übersehen zu haben und ständig Fehler zu machen. Dennoch entwickelten sich im Laufe dieses Prozesses gewisse Affinitäten, man lerne mit der Zeit seine eigenen Vorlieben kennen – so wie er die Vorliebe für den besagten Beinwurf. Wenn man diese zu entdecken und zu entwickeln wisse, finde man seine Form und gebe damit allem eine neue Richtung. »Plötzlich hat man unendlich viel Raum. Das Einzige, was man tun muss, ist auf den richtigen Moment zu warten und dann – zack – zu tun, was man tun muss.«

Es geht also darum zu warten, es geht darum, nichts zu tun, sich so lange zurückhalten zu können, bis der richtige Moment gekommen ist. Dazu muss man natürlich den richtigen Moment erkennen, wissen, was man zu tun und zu lassen hat, und auch tatsächlich dazu in der Lage sein, das Notwendige zu tun. Es ist eine Kombination aus Vision und Technik. »Man sieht es erst, wenn man es kapiert«, sagt Johan Cruyff. Doch etwas zu kapieren und zu sehen, was zu tun ist, bedeutet nicht automatisch, dazu in der Lage zu sein. Millionen von Fußballfans auf den Tribünen oder vor dem Fernseher haben ein gutes Spielverständnis. Sie wären jedoch niemals in der Lage, auch nur ein Bruchteil davon selbst umzusetzen. Diese Art von Vision zählt nicht, damit bestätigt man nur das niederländische Sprichwort: »Die besten Steuermänner sitzen an Land.« Was zählt, ist die Fähigkeit, selbst auf hohem Niveau zu handeln, indem man nur das Richtige zur richtigen Zeit tut.

Nicht mehr tun wollen als getan werden muss

Früher hatte ich einen Chef, der immer Zeit hatte. Er war Professor, Direktor des Instituts, an dem ich arbeitete, er hatte Doktoranden zu betreuen, universitäre Verpflichtungen, politische Aufgaben, externe Kooperationen und auch sonst viel um die Ohren. Dennoch hatte er immer Zeit. Wenn ich mit ihm einen Termin hatte, zum Beispiel von zwei bis drei, begann er pünktlich. Um halb drei machte er erste Anstalten, zum Ende zu kommen. Um Viertel vor drei stand ich wieder vor seiner Tür. Die verbleibende Viertelstunde hatte er Zeit, durch den Flur zu schlendern, hier und da ein Schwätzchen zu halten und so zu tun, als hätte er nichts zu tun. Dahinter steht eine Technik: effizient mit Zeit umzugehen und nicht mehr tun zu wollen als getan werden muss. Zum anderen aber auch eine Vision, eine klare Vorstellung von der eigenen Arbeit: schnell zu erkennen, was in der eigenen Verantwortung liegt und was in der anderer. Das muss man erst einmal hinkriegen. Ich habe das immer sehr bewundert.

Ich selbst habe lange gebraucht, bis mir klar wurde, worin meine Aufgabe bestand. Zunächst hatte ich keine Ahnung, worin sie bestehen könnte. Als es mir dann allmählich klarer wurde, hatte ich noch nicht den Mut, es in die Tat umzusetzen. Auch später, lange nachdem ich mich für »Sokrates auf dem Markt« entschieden hatte, habe ich noch mit der Frage gerungen, wofür ich verantwortlich bin und wofür nicht. Was sollte ich tun und vor allem, was sollte ich lassen? Der Wunsch, viel beschäftigt zu sein, kann einen leicht in die Irre führen. Man macht sich vor, bedeutend zu sein, nur weil man viel zu tun hat, weil man sehr gefragt ist, viele Leute trifft, eine Menge Arbeit stemmt und viel Geld verdient. Aber die besten Nummern im Jazz sind nicht die mit den meisten Noten. Im Gegenteil, man macht schnell zu viel und man verliert sich selbst dabei aus dem Blick.

Übertriebene Geschäftigkeit zeugt eher von einem Mangel an Ideen, sie produziert viel Lärm, wenig Ertrag und unnötige Dominanz. »Es gibt zu wenig wenig«, sagt der Dichter.[22] Womit er zweifellos recht hat, in unserer Zeit mangelt es sehr daran. Wenn wir von irgendetwas mehr haben sollten, dann wohl von *wenig*. Darum spricht mich Sokrates' Appell in der *Politeia*, ein jeder solle sich, statt sich mit vielerlei zu befassen, besser auf das besinnen, was seine Aufgabe sei, (*Politeia*, 370b-c) so an. Liebe bedeutet zu wissen, was man zu tun hat und was nicht.

Vertraue deiner Ahnung einer Form

Ein anderer Aspekt der Schulung in Liebe besteht darin, die eigene Sehnsucht wahrzunehmen und anzuerkennen. Das klingt einfach, kann in der Praxis aber sehr schwierig ein. Nehmen wir folgendes Beispiel. Als das Erbe meiner Eltern aufgeteilt werden musste, fielen mir die Schuhe meines Vaters, seine CD-Sammlung mit gregorianischer Musik und das alte *Graduale*, das große Liederbuch mit den Gesängen der römisch-katholischen Messe, zu. Dabei handelt es sich um einen gewaltigen Folianten aus dem Jahr 1873 mit Kupferbeschlägen und zwei Schlössern an den Außenseiten, dessen Inneres mit kräftigen Notenlinien und Garben eckiger Noten ohne Taktstriche gefüllt ist, unter ihnen stehen lateinische Texte in Rot und Schwarz. Heute steht das Buch in meinem Büro. Damals jedoch stand es sonntags auf einem hohen Pult vor einem Grüppchen von Sängern, die die Messe sangen und von meinem Vater mit sanft modellierenden Händen zu einem gemeinsamen musikalischen Tanz eingeladen wurden. Mein Vater war in meinem Heimatdorf Dirigent des Kirchenchores und gut mit den verschiedenen Aufführungspraktiken der Gregorianik vertraut. Sonntags vor der Messe übte der Chor bei uns in der Küche. Dann

---

22 Herman de Coninck, *Ligstoel. De gedichten*, 449. Arbeiderspers, Amsterdam 1998.

war das Haus von Klang erfüllt und wir Kinder mussten uns ruhig halten, eine Stunde durften wir nicht in die Küche. Nach der Probe gingen wir alle gemeinsam in die Kirche, die damals, anders als heute, immer voll besetzt war und im Dorfleben eine zentrale Rolle spielte. Dort wurde die Liturgie des entsprechenden Festtages aufgeführt – jeder Tag, und ganz gewiss jeder Sonntag, war ein Feiertag mit speziellen Liedern und Gebeten. Nach dem Ende der Messe trafen sich Verwandte, Freunde und Mitarbeiter meines Vaters in der guten Stube unseres Hauses, um ein Gläschen zu trinken, zu rauchen und miteinander zu plaudern. Das war ein Ritual, das jahrelang unverändert blieb und für mich als Kind einen Teil der unverbrüchlichen Ordnung der Dinge darstellte.

Erst Jahrzehnte später begriff ich, wie diese feste Ordnung mein Gefühl und meine Sehnsüchte geprägt hatte. Da war ich längst in aller Heftigkeit zu dieser ursprünglichen Ordnung auf Distanz gegangen, hatte die Kirche und jeden Glauben aus meinem Leben verbannt und mit aller Kraft mein gepeinigtes Gemüt als den Normalzustand menschlichen Mangels zu akzeptieren versucht. Erst später wurde mir allmählich bewusst, was verloren gegangen war: die simple, einstimmige Harmonie, die für die Gregorianik so charakteristisch ist. Verloren gegangen war der »Gradus« des Graduale, die »Schritte« auf dem Weg hinauf in ihrer symbolischen Form des Gesangs. Verschwunden waren die täglichen musikalischen Spaziergänge des Kirchenjahres, unternommen von den brüchigen, aber hingebungsvollen Stimmen aus der Küche, denen wir still lauschen mussten. Verloren gegangen war der Lobgesang, der den großen Baumeister pries, der alles ordnete und gutmachte, selbst wenn man nicht ergründen konnte, was daran gut war. Und nicht nur der Gesang, auch er selbst war verschwunden, ich hatte ihn eigenhändig getilgt, soweit ich das vermochte. In einem törichten Bravourakt der Befreiung, der vor allem Leere zurückließ, hatte ich ihn aus meinem Bewusstsein verbannt. Langsam erkannte ich, dass ich etwas Wesentliches vermisste, eine Art Ganzheit oder Vollkommenheit, jenes allen Kindern wohl eigene Gefühl einer unumstößlichen Selbstverständlichkeit der Dinge und das

Gefühl, Teil eines rätselhaften und doch völlig gewöhnlichen Ganzen zu sein.

Jeder weiß, dass solche Vorstellungen und Erfahrungen mit zwölf oder dreizehn, wenn man die Kindheit langsam hinter sich lässt, zerbrechen. Der Übergang ins Erwachsenenalter geht mit einer unvermeidlichen Spaltung einher, die der mythischen Verbannung von Adam und Eva aus dem Paradies gleichkommt. Sie bedeutet den Verlust von ursprünglicher Verbundenheit, den jede Religion wiederherzustellen versucht. Das Wort Religion bedeutet wörtlich Rück-Bindung oder auch Erfüllung einer Pflicht. Als sei es eine göttliche Pflicht, die geschlagene Bresche zu schließen und die Wunde zu heilen, nicht durch Regression, nicht durch den Weg zurück in die Kindheit, sondern durch Progression, das Auffinden einer neuen, erwachsenen Erfüllung und das Vermögen, mit dem Fehlen einer solchen Erfüllung, mit Verlust, Gebrochenheit und Mangel zu leben.

Wie jeder andere auch erfahre ich manchmal Ersteres, die Erfüllung, und oft Letzteres, ich ertrage meinen Mangel. Aber meistens wird meine Stimmung von einer verborgenen Sehnsucht nach dem Zustand vor diesem Bruch bestimmt. Ist das ein Zeichen dafür, dass ich nie erwachsen werden wollte? Kann ich den Verlust nicht verschmerzen? Unbequemerweise ist die Beantwortung solcher Fragen keine Sache vernünftigen Argumentierens. Argumente scheinen bei diesen Fragen – gerade wegen deren aufdringlicher Prägnanz – überhaupt nicht angebracht. Denn es geht hier um ein Gefühl, das mein Verstand nicht erreicht. Es sitzt unter der Haut, irgendwo tief in meiner Seele, und es gehört, soweit ich es sehen kann, zum Kern des Menschen, der ich bin. Gleichzeitig ist es auch so verborgen, dass ich es nicht ergründen, ja sogar nicht einmal richtig in Augenschein nehmen kann. Hervorgerufen wird es von vielerlei Ungreifbarem, dem Klang einer Stimme, der Färbung der Bäume, dem Blick einer Person, der Klarheit des Lichts. Völlig unerwartete und flüchtige Dinge können es ohne rational greifbare Ursache aktivieren. Das gilt vor allem für seine stärkste Anregerin: die Musik. Religion ist Musik, Musik ist Religion.

Eine Ahnung von Ganzheit

Kürzlich besuchte ich eine Aufführung der *Matthäus-Passion*. Ich saß dreieinhalb Stunden da und starrte in einem fort in die Partitur. Nicht nur, um der Musik Note für Note zu folgen, sondern vor allem, um meine Tränen zu bezwingen. Ist das nur kindische Sentimentalität? Ist das eine Sehnsucht nach primitiver Regression? Oder geht es dabei um etwas anderes? Ich denke Letzteres. Wie der Komponist György Kurtág sagte: »Ich bin Atheist, aber wenn ich Bach höre, kann ich es nicht sein. (…) Mein Verstand verwirft das alles, doch mein Verstand ist nicht viel wert.« Das ist eine scharfe Beobachtung, so erlebe ich es selbst auch. Oder nehmen wir Schopenhauer, der behauptete, Kunst versetze uns in die Lage, die platonischen Ideen, die idealen Formen, die uns der irdischen Wirklichkeit enthöben, rein zu schauen. Musik nimmt dabei einen besonderen Platz ein. Weil sie vorstellungslos ist, eine unmittelbare Wiedergabe der »Dinge an sich«, eine »unbewusste Metaphysik« von Gefühl und Sehnsucht. Was immer man von all dem halten mag, es sind doch Hinweise darauf, dass sich hinter den Tränen mehr verbirgt als kindische Regression oder Sentimentalität. Etwas anderes, das sich der Artikulation entzieht, das sich nicht oder kaum in Worte fassen lässt: eine Ahnung von Flügeln, vom Aufstieg in der Bahn Gottes, von Ganzheit oder Heimkehr, von einer Verbundenheit, die man als Kind für selbstverständlich hielt. Je älter man wird, desto mehr verliert man unter der Last der Erfahrung oder der täglichen Sorgen um das irdische Leben derlei aus dem Blick. Doch die Sehnsucht danach wird durch Dinge wiedererweckt, die uns berühren, die eine Erinnerung an einen Zustand in uns wachruft, in dem alles stimmig ist, in dem wir selbst Teil eines unbeschreiblichen Ganzen sind und in dem sich die Verbindung, ohne jedes Zeichen eines Bruchs, wieder zusammenfügt.

Hin und wieder höre ich eine der CDs meines Vaters mit gregorianischen Gesängen. Sofort kommt das alte Gefühl von Harmonie und Hingabe in mir auf, die Erinnerung an eine vergangene Welt. Mir ist durchaus bewusst, dass ich diese Welt romantisiere und mit meinen Wertungen überlade: dass das irrational, altmodisch und sentimental ist. Das mag alles wahr sein, aber es kann dennoch nicht alles sein. Es gibt noch etwas anderes, wie ungreifbar es auch sein mag, eine Ahnung von etwas, das über uns selbst hinausgeht, von etwas Transzendentem, das manche Gott und andere Form nennen. Auf jeden Fall ist es etwas, das mich wieder mit meinem Ursprung verbindet und das ich als einen unveräußerlichen Teil meines Wesens betrachte. Es wäre Sünde, das wegzuschieben oder aus rein rationalen Erwägungen untergehen zu lassen.

Die Welt wird durch Güte zusammengehalten

Einige der tragenden Ideen, der sokratischen Prinzipien, sind auf den ersten Blick vollkommen kontraintuitiv. Dass die Welt durch Güte zusammengehalten werde, ist eine davon. Sie ist ein zentraler Ausgangspunkt der Schulung des Eros. Aber begegnet uns in der realen Welt nicht das genaue Gegenteil? Überall sehen wir uns mit Streit, Hass, Gaunereien, Betrug, Schwindel, Selbstbereicherung und Eigennutz konfrontiert, mit allen möglichen Formen von Ungerechtigkeit und regelrechter Bosheit. Wie sollte man da denken können, die Welt sei voller Güte? Das klingt absurd, wie ein Hinweis auf weitgehende Naivität oder eine Verblendung durch die Liebe.

Um mit der schlechten Nachricht zu beginnen: Auch Sokrates glaubt nicht, dass dies viele einsehen würden. Denn dazu bedarf es einer gewissen Geisteshaltung, die viele Menschen gar nicht und die meisten eher selten einnehmen können. Unsere Aufmerksamkeit wird leicht von den alltäglichen Belastungen, von Wünschen und Sorgen, Mangel an Geld und Anerkennung, Problemen bei der Arbeit und Ähnlichem in Anspruch genommen. All diese Dinge verengen unser Bewusstsein und bewirken, wie unvermeidlich und notwendig sie auch sein mögen, eine Form von Kleingeistigkeit. Um Großes zu sehen, brauchen wir einen »großen Geist«, Raum in unseren Köpfen und Herzen. Weitsicht gewinnt man nur von einem hohen Aussichtspunkt. Wer sich nicht auf diese Höhe erheben will oder kann, wer sich mit der Vorstellung begnüge, dass »das menschliche Leben etwas Großes« sei, und glaube, darüber nicht hinausgehen zu können, werde des »Vollen und Ganzen«, der ewigen Ideen, niemals gewahr werden können, sagt Sokrates (*Politeia*, 486a).

Ein Großteil von Platons *Politeia* widmet sich der zu dieser Geisteshaltung erforderlichen Schulung. Sie bedarf des Zusammenspiels einer Reihe konträrer Eigenschaften: Man muss sanftmütig und hartnäckig sein können, energisch und reflektiert, temperamentvoll und beständig. Zudem erfordert sie ein jahrelanges Studium und viel gesunden Menschenverstand sowie einen reifen Charakter und eine scharfe Intelligenz. Erst wenn alle diese Voraussetzungen erfüllt sind, wird es möglich, wirkliche Einsicht in die Prinzipien des Guten zu erlangen und sich der Tatsache bewusst zu werden, dass die Welt von Güte zusammengehalten wird.

Um einen Eindruck davon zu vermitteln, was dieses Prinzip im Kern bedeutet, zieht Sokrates einen Vergleich zwischen der Welt des Denkens und der Welt der Wahrnehmung. Die sichtbaren Dinge erhalten ihre Sichtbarkeit nur durch das Sonnenlicht. Licht ist die Bedingung unseres Sehvermögens, erst das Licht ermöglicht es uns, überhaupt etwas zu sehen. Licht ist aber auch eine Wärmequelle und die Voraussetzung für jegliches Wachstum in der Natur. Ohne die Sonne, ohne Licht und Wärme, würde die Welt zugrunde gehen und zu einer Wüstenlandschaft verfallen. Eine ähnliche Struktur findet sich nun auch in der Welt des Denkens, der Ideenwelt, sagt Sokrates (*Politeia*, 508b). Was die Sonne in der sichtbaren Welt ist, ist das Gute in der Welt des Denkens. So, wie alles Wahrnehmbare erst durch das Sonnenlicht sichtbar wird, so wird auch alles Denkbare erst denkbar und verständlich, wenn es von Güte beschienen wird. Es ist die Voraussetzung für das Vermögen, das unser Wesen ausmacht: Erst die Güte ermöglicht es uns, überhaupt etwas zu erkennen. Und sie ist auch die Quelle aller Sinn-

und Bedeutungsgebung, die Voraussetzung menschlichen Wachstums und menschlicher Entfaltung. Ohne das Gute würde die Welt in Chaos und Wüste veröden.

Das ist ein Bild, eine Metapher, die uns auch als gewöhnlichen Menschen eine Ahnung vermitteln kann, worum es hier geht. Nach Sokrates können wir erst dann Einsicht in jede Einzelheit sowie auch in die Welt als Ganzes erlangen, wenn wir das Gute darin erfassen, wenn wir gewissermaßen die Liebe darin erkennen. Erst das ermöglicht es uns zu verstehen, was daran wahr und echt und was schön und lohnenswert ist. Für uns gewöhnliche Menschen, zu denen sich auch Sokrates selbst zählt, bedeutet es immer wieder eine gewaltige Anstrengung, in einer Sache eine Einsicht zu erlangen, die uns des Guten darin gewahr werden lässt. Daher ist Sokrates unentwegt mit Menschen im Gespräch, in dem Bemühen, die Essenz zu finden. Am Ansatzpunkt seiner Suche hegt Sokrates niemals den geringsten Zweifel: Die Welt ist durchtränkt vom Guten. Und nur wenn wir dies zum Ausgangspunkt nehmen, können wir das Gute und uns selbst erkennen.

Höre auf deinen »guten Geist«

Nachdem Sokrates des Unglaubens an die heimischen Götter und der Einführung neuer Götter wegen angeklagt worden war, erklärte er in seiner Verteidigungsrede, er habe nie ein Geheimnis daraus gemacht, dass ihm »etwas Göttliches« widerfahren sei. Es handelt sich hierbei um eine Personifikation des Guten, die Sokrates, wie er immer wieder beteuert, selbst nicht recht verstehe. »Mich hat diese Erscheinung schon gleich von Kindheit auf begleitet: Es ist eine Stimme, die sich immer nur in abmahnendem Sinne vernehmen lässt, um mich von einem Vorhaben abzubringen, niemals aber in zuredendem Sinne.« (*Apologie*, 31d) Sokrates selbst nennt es sein »göttliches Zeichen«, seinen großen und guten Geist (*Daimonion*). Er nahm es sehr ernst und sah darin die Stimme einer *höheren Macht*.

Zuweilen gab ihm die Stimme nur einen Wink, andere Male konnte er ganz in ihren Bann geraten. Im *Symposion* berichtet Alkibiades, Sokrates habe einen ganzen Tag tief in Gedanken versunken stillgestanden. Um die Mittagsstunde wurden andere darauf aufmerksam, und als er abends immer noch dastand, legten einige ihre Schlafmatten neben ihm aus, um ihn die Nacht über im Auge zu behalten und zu sehen, wie lange er in dieser Stellung verharren würde. »Wirklich blieb er stehen bis der Morgen anbrach und die Sonne aufging. Dann verrichtete er sein Gebet an die Sonne und ging von dannen.« (220c) Es gibt eine Reihe solcher Beispiele. Fragte man Sokrates nach seinen Absenzen, was denn mit ihm geschehen sei, pflegte er stets zu sagen, dass sich sein »oft erhaltenes göttliches Zeichen« geregt habe. (*Phaidros*, 242b; *Euthyphron*, 3b)

Philosophen haben sich mit diesem nicht-rationalen Aspekt von Sokrates' Persönlichkeit immer schwergetan. Dennoch ist es offensichtlich, dass man sich allein mit Rationalität und reinem Nachdenken nicht 24 Stunden lang in einer Art Trance auf den Beinen halten kann, selbst wenn man über die kompliziertesten philosophischen Fragen nachdenkt. Aber was soll man sich unter der Stimme eines Geistes oder unter der Erfahrung eines göttlichen Zeichens vorstellen? Einige haben es als ganz persönliche Eigenart des Sokrates, als eine Personifikation des Gewissens oder als Über-Ich zu erklären versucht. Ich denke, dass es dabei um etwas anderes geht. Meiner Auffassung nach handelt es sich bei dem hier Geschilderten überhaupt nicht um etwas Außergewöhnliches, sondern um ein ganz gewöhnliches, allen Menschen zugängliches Phänomen. Das Phänomen nämlich, dass wir alle eine ursprüngliche Weisheit oder ein »dunkles Wissen« in uns tragen – um den von Leonard Nelson geprägten Begriff zu verwenden.

Nicht von ungefähr interpretiert Platon im *Kratylos* die Etymologie des Wortes Daimonion als »das Wissen der Weisen« (398b). Und im *Symposion* beschreibt Sokrates, wie er von Diotima, seiner Lehrmeisterin in Sachen Liebe, gelernt habe, mit diesem höheren Wissen in Kontakt zu kommen. Es ist Eros, die Liebe, die dies ermöglicht. Eros ist ein »großer Geist« (*megas daimōn*), ein Zwischenwesen, das mitten zwischen den Menschen und den Göttern steht (202d). Denn Menschen können nur durch die Vermittlung eines Geistes wie Eros, dem Geist der Liebe, mit dem Göttlichen in Verbindung kommen. Oder durch den persönlichen *Daimōn*, der jedem Menschen, wie es im Mythos von *Er* heißt (*Politeia*, 620d), als Hüter und jeweiliger leitender Geist zugewiesen worden ist.

Das sind Redeweisen, die wir nicht mehr gewohnt sind. Sie beschreiben aber dennoch eine Wirklichkeit, mag es sich dabei auch nicht um die sinnlich wahrnehmbare Wirklichkeit handeln. Es lohnt sich, einmal der alten bildlichen Sprache zu folgen. Danach lenkt der *Daimōn* unsere Aufmerksamkeit auf ein höheres Wissen. Er rät uns, unterstützt uns oder hält uns von gewissen Dingen ab. Sein Auftrag besteht darin, uns zu beschützen und dafür zu sorgen, dass wir unsere Lebensaufgabe erfüllen. Er ist es auch, der für unsere Träume sorgt und unser Denken auf eine andere Ebene hebt. Er schenkt uns Einfälle, Geistesblitze und Inspirationen.

Überdies ist er auch der Geist, der philosophiert, wie Diotima sagt (*Symposion*, 204b). Denn auch die Philosophie ist ein Zwischenwesen, das zwischen Weisheit und Torheit steht. Der Philosoph ist ein Mensch, den es nach dem »Wissen der Weisen« verlangt. Eros ist das große Verlangen nach dem, was uns fehlt, nach dem Einswerden mit dem Vollkommenen, nach dem Glück, nach dem Guten, nach Unsterblichkeit und danach, über sich selbst hinauszusteigen. Sokrates zeigt uns mit seinem *Daimonion*, dass es nicht ausreicht, logisch nachzudenken oder analytische Gespräche zu führen, um dieses Wissen der Weisen zu erlangen. Es muss etwas von anderer Art hinzukommen, etwas Höheres, Göttliches, etwas, das Eros vermittelt. Wir müssen lernen, uns darauf einzustellen und auf den »großen Geist« zu hören.

Niemand tut freiwillig Unrecht

Ein weiterer bedeutsamer Aspekt der Schulung in Liebe besteht in der Einsicht, dass niemand freiwillig Unrecht tut. Dieser Punkt kam wieder einmal bei einer meiner Gesprächsrunden zur Sprache, bei denen wir bei einem Essen ein gemeinsames Thema durchsprechen. Als Evert, der Älteste unserer Gruppe, an der Reihe ist, erzählt er von der Beziehung zu seinen Kindern, die mittlerweile schon lange erwachsen sind. Er sieht sie einigermaßen regelmäßig, es läuft alles prima, aber trotzdem wurmt ihn etwas. Im Rückblick auf sein Leben kommt er nicht umhin, sich einzugestehen, sie wohl doch ein wenig vernachlässigt zu haben. In den Jahren, als sie noch klein waren, hatte er nichts als seine Arbeit im Kopf. Oftmals war er vier, fünf Tage lang auf einer Konferenz und kam nur übers Wochenende nach Hause. Seine jüngste Tochter stand dann schon da, wartete auf ihn und war froh, dass er endlich daheim war. Montagmorgens aber brach er schon wieder auf. Seine Arbeit war immer seine größte Freude und hat sein Leben erfüllt. Bis heute geht ihm seine Arbeit über alles. Vor ungefähr einem Jahr ist ihm das alles bewusst geworden und nun findet er das eigentlich nicht mehr so gut. »Wie denkt ihr darüber«, fragt er uns. »Kann ich das, was ich damals an Liebe versäumt habe, noch nachholen? Lässt sich so etwas reparieren?«

Wir stellen ihm eine Menge Fragen: Was würde er sich wünschen? Welchen Umgang hat er mit seinen Kindern und welches Verhältnis haben seine Kinder zu ihm? Wir fragen auch uns selbst, wo diese Thematik in unserem Leben eine Rolle spielt. Anscheinend geht es um verpasste Chancen, um Dinge, die nicht gut gelaufen sind, oder um Situationen, die man selbst immer wieder vermasselt. Das kennen wir alle nur zu gut. Dazu tauschen wir ein paar Erfahrungen aus. Im nächsten Schritt denken wir darüber nach, was jeder in Everts konkretem Fall tun würde. Geschehenes lässt sich nicht ungeschehen machen, aber er könnte doch den Kontakt intensivieren, seine Tochter ins Konzert oder Theater einladen oder sie öfter mal anrufen, einfach weil er sich für sie interessiert. Auf das alles sei er selbst auch schon gekommen, sagt Evert, das sei nicht das Problem. Was dann? »Dass man all diese Dinge weiß und sich ihrer bewusst ist, aber sie dann doch nicht tut.« Die eigentliche Frage ist: Was führt dazu, dass man das, was man eigentlich will, im entscheidenden Moment doch nicht tut?

Seine Frage rief mir eine bekannte sokratische Maxime in Erinnerung: Niemand tut freiwillig Unrecht. Jeder tut immer das, was er für das Beste hält, jederzeit, unter allen Umständen. Sollte sich im Nachhinein herausstellen, dass es doch nicht das Beste war, lag dies offensichtlich an einer falschen Vorstellung davon, was das Beste ist. Sie führt dazu, dass wir Dinge tun, die wir eigentlich nicht tun wollen. Früher hing Evert offenbar einer Auffassung an, die er später als falsch erkannte: Die Arbeit hatte immer Vorrang vor den Kindern. So scharf formuliert hätte er dem seinerzeit wohl auch nicht zugestimmt. Er hätte eher gesagt, ihm sei durchaus bewusst, dass die Kinder Vorrang hätten, aber der Druck der Verhältnisse nötige ihn einfach immer wieder dazu, seine Arbeit auf Kosten der Bedürfnisse der Kinder voranzustellen.

Wirkliches Wissen lässt sich nicht untergraben

Genau diesen Standpunkt lehnte Sokrates jedoch radikal ab. Sokrates war der Auffassung: Wer zu wissen glaubt, was er tun soll, es aber dennoch nicht tut, weiß nicht wirklich, was er zu wissen glaubt. Sein vermeintliches Wissen ist kein wirkliches Wissen, denn wirkliches Wissen lässt sich weder durch den Druck der Verhältnisse noch von persönlichen Schwächen oder Verlockungen untergraben. Die meisten Menschen dächten darüber zwar anders, sagt Sokrates zu Protagoras, sie meinen, Erkenntnis »sei nichts Starkes, Leitendes, Gebietendes«. Sie glauben, »dass der Mensch die Erkenntnis zwar besitze, dass aber nicht sie über ihn die Herrschaft habe, sondern irgendetwas anderes, bald Zorn, bald Lust, bald Unlust, zuweilen auch leidenschaftliche Liebe und oftmals Furcht, kurz, sie denken von der Erkenntnis nicht besser als wie von einem Sklaven: In solchem Maße lassen sie sich von allen übrigen Seelenumständen herumzerren«. »Denkst du nun auch ähnlich über sie?«, fragt er Protagoras. »Oder ist die Erkenntnis in deinen Augen etwas Schönes und berufen zur Herrschaft über den Menschen dergestalt, dass wer das Gute und Böse richtig erkennt, schlechterdings durch keine Gewalt dazu gebracht werden kann, etwas anderes zu tun, als was die Erkenntnis gebietet, da es eben keine bessere Gehilfin für den Menschen gibt als die Einsicht?« (*Protagoras*, 352b-c).

Sokrates und Protagoras sind sich darin einig, dass Erkenntnis und Einsicht tatsächlich die Kräfte sind, die uns am stärksten leiten. Doch was geschieht, wenn wir uns verleiten und uns von irgendwelchen Gefühlen mitreißen lassen? Sokrates' Ansicht nach werden wir in diesen Fällen Opfer einer perspektivischen Verzerrung. Wir begreifen nicht, was in der Liebe wirklich wichtig ist, wir halten einen kleinen, unmittelbaren Genuss für wichtiger als die große, weiter entfernt liegende Erfüllung. Da der kleine Genuss in greifbarer Nähe liegt, erscheint er uns größer, obwohl er eigentlich kleiner ist. Wir sind uns nicht im Klaren darüber, in welchem Verhältnis beide zueinander stehen. Wir lassen uns von einer falschen Idee davon leiten, was uns selbst und die Welt ausmacht. Das lässt uns vom rechten Weg abkommen.

Sich selbst kennenzulernen, statt in verzerrenden Illusionen zu leben, ist für Sokrates stets der entscheidende Punkt. Liebe macht blind, sagt das Sprichwort, aber genau betrachtet trifft das nicht zu. Wahre Liebe öffnet uns die Augen; was uns immer wieder blind macht, ist die Begierde.

Nimm die Melancholie des Mangels an

Das sind alles hehre Ideale. Aber manchmal verliere ich meine Flügel und komme von meinem Weg ab. In einem Moment weiß ich noch, was ich tue, wo ich hingehe, was das Ziel meines Lebens ist; ich liege auf Kurs, habe Pläne und nehme mir viel vor. Doch schon im nächsten Moment rinnt mir all das wie Sand durch die Finger, plötzlich ist alles wie ausgelöscht. Die Pläne stimmen nicht, das

Ziel scheint verkehrt zu sein und meine ganze Arbeitsweise geht mir gegen den Strich. Alles, woran ich eben noch glaubte und worauf ich hoffte, erscheint mir nur noch wie schönes, aber sinnloses Gerede. Und davon gibt es schon viel zu viel auf der Welt.

Wenn ich den Weg aus dem Blick verliere, werde ich melancholisch. Ich weiß nicht mehr, was ich tun soll, ich kriege nichts auf die Reihe. Ziellos, dumpf und ohnmächtig sitze ich herum. Alles, was mich umgibt, verliert seinen Zusammenhang und wird zu einem Irrgarten aus Zufälligkeiten, mit mir mittendrin. Alles, was ich sehe, denke oder fühle, wirkt grau, gleichgültig und unwichtig. Es ist nichts als loser Sand. Und das ist kein Wunder, denn ich fühle mich selbst wie ein ausgedörrter Sandboden, auf dem nichts wächst. Das Einzige, wozu ich noch Energie aufbringe, ist die Befriedigung einiger elementarer Bedürfnisse: Ich esse, schlafe und trinke Kaffee. Der Rest ist Aufschieben und Ablenken: einkaufen, die Zeitung lesen, im Internet surfen, spazieren gehen, alles halbherzige Versuche, mich von meiner Schwermut zu befreien. Ohne Erfolg.

In der Zeitung lese ich die Kolumne eines Autors, der das für den Normalzustand des Menschen hält. Er ist ein fröhlicher Skeptiker und gehört der Sei-froh-dass-dein-Leben-keinen-Sinn-hat-Fraktion an. Dieses Mal nimmt er sich die Bibel und das nicht auszurottende Bedürfnis der Menschen nach moralischen Lektionen vor. Die ließen sich in der Bibel überhaupt nicht finden, ebenso wenig wie in anderen Büchern oder in der Philosophie oder der Literatur. Wie schön ein Text auch sein möge, moralischen Einfluss könne er nicht ausüben: Das Gute und das Schöne ständen in keinerlei Verbindung zueinander, behauptet er. Was hilfreich sein möge, so fährt er fort, sei vielleicht ein Blick auf das Leben von Schriftstellern. Zeige sich vielleicht an ihrem Leben, dass sie sich in moralischen Dingen selbst zu unterweisen wüssten? Nein, ganz im Gegenteil, konstatiert er und zählt als Beleg dieser Feststellung eine ganze Reihe von Beispielen auf. »Oscar Wilde verhielt sich seiner Constanze gegenüber wie ein herzloser Schuft. Dostojewski schleppte sich durch einen dunklen Wald von Depressionen mühselig bis ins Grab. Burroughs erschoss seine Frau in einem Wilhelm-Tell-Moment.« Seine Suche bringt einiges zutage. Doch in dieser Reihe findet man keine Etty Hillesum, keinen Augustinus, keinen Montaigne, keinen Thomas Mann oder Hermann Hesse. Das wäre meine Reihe von Beispielen.

Es kann kein Zufall sein, dass ich diese Kolumne gerade jetzt lese, denke ich, sie passt zu meiner zwiespältigen Stimmung. Eigentlich sollte ich diesem Kolumnisten recht geben, gelingt es mir selbst doch auch nicht, mich auf Kurs zu halten. Dennoch stehen mir bei einem solchen Text die Haare zu Berge. Er ist eine Verherrlichung des Zynismus, der Geringschätzung als Lebenshaltung. Unter der Maske des Realismus predigt er Bitterkeit und Enttäuschung. Auch das hat einen Einfluss, allerdings einen unterminierenden. Ich glaube nicht an Menschen, die an nichts glauben, sie sind Widersprüche in sich: Ihre Hoffnung nennen sie Verzweiflung, ihre Liebe Zufall, ihre Gutgesinntheit sinnlos und ihre eigene Schwäche betrachten sie als Beweis dafür. Dass man seinen Kurs nicht halten kann, bedeutet jedoch nicht per se, dass es diesen Kurs nicht gibt oder er nicht wichtig ist. Ein guter Text, eine Idee, die nicht zynisch ist, kann tröstlich und ermutigend sein. Aus ihr lässt sich Hoffnung und Kraft schöpfen. Das hat durchaus praktischen Einfluss, mag er sich auch nicht unmittelbar nachweisen lassen.

Meiner Ansicht nach braucht jeder etwas, wofür er lebt, einen Plan, eine Zukunftsvorstellung oder irgendein anderes Ideal. Es stimmt wohl, deren Wirkung ist nicht unmittelbar nachweisbar. Dennoch hält es niemand ohne einen Grund für sein Dasein aus, es muss einen Sinn geben, etwas, das uns morgens aus dem Bett aufstehen lässt. Und natürlich verliert man das alles manchmal aus dem Blick, ich selbst zumindest. Es kann nun einmal nicht jeden Tag die Sonne scheinen. Dann stellt sich die Frage: Was nun? Wie gehe ich damit um? Wie verhalte ich mich in der Krise, dann, wenn es darauf ankommt? Das ist immer die entscheidende Frage. Offenbar bin ich jetzt wieder mal an der Reihe: Vor ein paar Tagen hatte ich noch einen sicheren Orientierungspunkt, nun hat er sich in eine Fata Morgana verwandelt, die sich vor meinen Augen in nichts aufgelöst hat. Ich stehe mit leeren Händen da und habe keine Idee, wie es weitergehen könnte.

Ich warte ab. Halte die Melancholie aus. Wehre mich nicht. Mache mir nicht vor, es sei alles in bester Ordnung, nur um den Schein zu wahren. Ich könnte mir sagen, dass ich schon häufiger an diesem Punkt angelangt war und ihn immer wieder überwunden habe. Doch ich weiß, dass das nicht funktioniert. Zu den Eigenheiten dieses beklemmenden Zustands gehört gerade die glasklare Erkenntnis eigenen Ungenügens. Als sei es ohne den geringsten Zweifel wahr: Ich bin nichts, bin nie etwas gewesen und werde nie etwas sein. Ich bin nutzlos, was ich tue, ist unerheblich, ich bin fad, unproduktiv und bedeutungslos. Es klingt lächerlich, wenn man das so hinschreibt, und doch fühlt es sich beschämend an.

Dann plötzlich kommen mir, noch während sich meine Gedanken im Kreise drehen, Hegel und seine historische Dialektik in den Sinn. Hegel hat das transzendente Sein von Platons Ideen als Erster systematisch in der Zeit verortet, so dass man den Transformationsprozess der Ideen (im Laufe der Geschichte) nachverfolgen kann: Die These wandelt sich notwendig in ihr Gegenteil, in die Antithese, und in einem bestimmten Moment entwickelt sich daraus eine Synthese. Das gilt nicht nur für die Geschichte, es gilt auch für das persönliche Leben, wird mir wieder einmal klar: Erst weiß man, wohin man will, dann verliert man seinen Weg aus dem Blick, und schließlich erkennt man, dass das eigene Ziel irgendwo anders liegt, als man zunächst dachte. Man entwickelt eine neue These und der Prozess wiederholt sich. Liegt diese Struktur nicht auch Goethes Polaritätsprinzip zugrunde? Und Heideggers *Sein und Zeit*?

Dieser Gedanke wirkt wie ein Strohhalm. Wie oft ging er mir schon durch den Kopf. Und dennoch entfaltet er wieder einmal seine Wirkung. Natürlich, das ist der Gang der Dinge, auch bei mir. Der Sinnverlust ist offenbar eine notwendige Phase, die, wie schmerzhaft sie auch ist, dennoch als Fortschritt gesehen werden muss. Zunächst überzeugt mich mein eigener Gedanke nur zum

Teil, ich weigere mich starrsinnig, mein Leid dafür einzutauschen. Doch er setzt sich in meinem Kopf fest, ich betrachte ihn von allen Seiten und erforsche seine möglichen Bedeutungen und Auswirkungen. Nach einer Weile schwindet mein Widerstand gegen ihn, ich heiße ihn willkommen und ergreife ihn beherzt. Er bietet mir einen Ausweg, ein Licht in der Ferne: Die Sackgasse, in der ich mich befand, war immer schon Teil des Spiels. Das besänftigt mein Gemüt und vertreibt meine Düsternis. Hoffnung keimt wieder auf. Es steht Arbeit an, eine Menge interessanter Arbeit. Zum Beispiel, das Verhältnis zwischen Sein und Zeit einmal genauer zu untersuchen.

Was uns berührt, ist immer eine Form

Kürzlich hatte ich Eva zu Besuch. Sie ist 26, die Tochter eines Freundes, und weiß nicht recht, was sie mit ihrem Leben anfangen soll. »Jeder sagt zu mir: ›Tu, was dir gefällt, folge deinem Herzen.‹ Aber das kann ich nicht, denn ich weiß einfach nicht, was das sein soll.« Sie schaut mich fragend an: »Wie findet man heraus, was einem sein Herz sagt?« Eva sieht toll aus, sie hat ein strahlendes Lächeln und ein einnehmendes Wesen. Trotzdem ist sie todunglücklich. Wir sitzen zusammen und trinken Tee. »Wie hast du das gemacht?«, will sie wissen, »wie hast du damals erkannt, was du willst?«

Wie sie mir da gegenübersitzt, in der Blüte ihrer Jugend, fühle ich mich wie ein alter Mann, von dem man weise Antworten erwartet, die einer verirrten Seele Trost und Halt geben können. Ich erinnere mich daran, als wäre es erst gestern gewesen, wie gern ich selbst diese Frage in ihrem Alter einem verständigen Menschen gestellt hätte. Daran, wie verloren, wie verzweifelt ich war und wie sehr ich mich nach jemandem sehnte, der mir den Weg zeigen konnte, oder mir sagen konnte, was im Leben wichtig war.

Mittlerweile ist mir jedoch klar, was ich damals noch nicht erkannt hatte: dass kein Mensch mir die ersehnte Antwort je hätte geben können. Schon aus dem einfachen Grund heraus, dass ich sie gar nicht gehört hätte. Denn in allem, was für mich entscheidend war, wollte ich von niemandem etwas annehmen. Zudem liegt es nun mal in der Natur der Dinge, dass man sich solche Fragen nur selbst beantworten kann. Das Einzige, was einem bleibt, ist die Verzweiflung und die Sehnsucht auszuhalten und mit ganzer Seele »die Frage zu leben«. »Dann lebt man«, wie Rilke es so schön formuliert hat, »ohne es zu merken, eines fernen Tages in die Antwort hinein.« Aber wie erklärt man das einer 26-Jährigen in verständlichen und sanft ermutigenden Worten? Ich schildere ihr meine eigene Suche, die damals, 1968 und in den Folgejahren, mit großen gesellschaftlichen Umbrüchen zusammenfiel. Alles sollte anders werden, davon war ich damals überzeugt. Und das konnte nur mit eigenen Veränderungen beginnen. Daher experimentierte ich, wie viele andere auch, mit Drogen, Beziehungen, dem Leben in Kommunen, Sensitivitätstrainings, einer autarken Lebensweise, mit allem, was den Konventionen zuwiderlief und mich von dem verpönten »Spießervolk« abhob. Ich brach mein Jurastudium ab, machte Musik, verdiente Geld in allen möglichen Jobs, wechselte meine Partnerinnen ebenso leicht wie meine Beschäftigungen – und wie Eva wurde ich dabei todunglücklich. Alles, was ich anpackte, schien in die Brüche zu gehen. Es gelang mir nicht, den neuen Ideen, die ich, wo immer ich hinkam, lauthals propagierte, auch nur den Anschein von Glaubwürdigkeit zu verleihen. Letztendlich hatte ich das Gefühl, vollkommen entwurzelt, steuerlos und ohne eigene Richtung zu sein.

Dann – am Tiefpunkt meiner Verwirrung – traf ich eine Entscheidung. Zu dieser Zeit trieb ich mich in düsterer Stimmung in Frankreich herum und fragte mich dabei ständig, warum ich eigentlich dort war, was ich denn mit mir anfangen sollte, und was ich nun eigentlich wollte. In Montpellier kaufte ich mir ein kleines Buch von Rousseau, dem Philosophen des »Zurück zur Natur«. Ich las es in einem Dorf hoch oben in den Cevennen, wo morgens der Nebel aus den Tälern aufstieg und mich mittags die späte Herbstsonne wärmte. Rousseau bekehrte mich zur Philosophie.

Da mein Leben eh schon gescheitert sei, dachte ich, könnte ich nun ebenso gut das tun, wozu ich bisher nie den Mut gehabt hatte: Philosophie studieren, die bedeutenden Bücher der Menschheit lesen. Das war der Wendepunkt meines Lebens. Es war eine Verzweiflungsentscheidung. Selbst wenn ich deshalb in der Gosse landen würde – das war es, was ich wirklich wollte. Ich reiste sofort nach Amsterdam zurück, schrieb mich an der Philosophischen Fakultät ein und begann, wie besessen zu studieren.

»Seit dieser Zeit weiß ich, was ich will«, sage ich zu Eva.

Sie hört mir wohlwollend, aber auch skeptisch zu. Ich glaube nicht, dass ich ihr meinen Punkt wirklich klarmachen konnte, dieses Gefühl, wenn eine Entscheidung, eine Wahl, ein Handeln gleichsam aus innerster Tiefe kommt und von Grund auf stimmt. Als stimme man urplötzlich mit dem überein, was einen ausmacht, als sei man zuvor gespalten gewesen und nun endlich zu einem Ganzen geworden, zu einem Menschen aus einem Guss. Ähnlich wie die Rückkehr einer verschlungenen Melodie zu ihrem Grundton war es für mich eine Art Heimkehr an einen Ort, an den ich gehörte. Ein Wiedererkennen dessen, was ich nie gekannt hatte, ein Verlangen, das ich erst durch seine Erfüllung kennenlernte, wie Kopland es schreibt. Als besäße ich eine Stimmgabel, die ich bisher nie gefunden hatte und die nun zu meiner Überraschung mit einem Schlag erklang: Ja! Das ist mein Ton!

Eva schaut mich mit großen Augen an. »Und dann?«, fragt sie.

Darauf weiß ich nichts zu sagen. Ich finde keine Worte.

Wir schweigen.

»Wie geht es Bram?«, frage ich, um die Stille zu durchbrechen.

»Gut.« Ich erzähle ihr, dass ich bei meiner Entscheidung damals vermutlich nur deshalb geblieben sei, weil ich zur selben Zeit N. begegnet sei. Sie war das vollkommene Gegenteil von mir. Ihr lag nichts an den komplizierten Büchern, die ich las, sie mochte Strandspaziergänge und Tanzen. Sie war nicht melancholisch, sondern fröhlich und aufgeräumt. Sie nahm mich mit auf den Markt, in den Park, ans Meer und ins Kino. Sie war vollkommen anders als ich und Balsam für meine Seele. Über die Themen, mit denen ich mich in meinem Studium beschäftigte – etwa die Frage, ob Computer wohl je in der Lage sein könnten, etwas zu fühlen –, sprachen wir kaum. Das war auch nicht nötig, wir hatten an unseren eigenen Gefühlen genug. Wir waren verliebt, teilten das Bett, das Haus und unseren Alltag.

»Kennst du die Geschichte von den Kugelmenschen?«, frage ich Eva. Sie schüttelt den Kopf. Also erzähle ich ihr, was Aristophanes in Platons *Symposion* zum Besten gegeben hatte (vgl. S. 206). Die Menschen seien früher kugelförmig gewesen, hätten zwei Gesichter und vier Arme und Beine gehabt. Und sie seien so stark geworden, dass sie irgendwann den Olymp, den Sitz der Götter, zu stürmen drohten. Nach reiflicher Überlegung hätten sich Zeus und Apollon daher dazu entschieden, hinabzusteigen und alle Menschen in der Mitte entzweizuschneiden. Daher hätten wir heute nur ein Gesicht und zwei Hände und Füße. Die Menschen suchten nun alle verzweifelt nach ihrer anderen Hälfte. Sobald sie glaubten, einander gefunden zu haben »schlangen sie die Arme umeinander und schmiegten sich zusammen, voll Begierde zusammenzuwachsen«. (*Symposion*, 191a) Sie waren so besessen davon, dass sie das Land nicht mehr bebauen konnten und hungers zu sterben drohten. Da überkam die Götter Mitleid, sie stiegen erneut vom Olymp hinab, um dafür zu sorgen, dass sie in ihrer Umarmung wenigstens vorübergehend Befriedigung fanden, sich dadurch zumindest kurzzeitig loslassen und anderes tun konnten.

Eva lächelt. Ich sehe ihr an, dass sie denkt: Ist Bram der einzig Wahre? Ist er meine andere Hälfte? Dann sprechen wir darüber, dass auch das ein Bereich ist, in dem man erst herausfinden muss, was einem das eigene Herz sagt. Eva nickt, sie zweifelt, sie ist verwirrt. Ich kann es ihr nachfühlen. »Aber woher weiß man das?«, fragt sie zögernd. »Woher weiß man, ob jemand zu einem passt oder nicht?«

Und wieder weiß ich nicht, was ich sagen soll. Wie erklärt man einem Farbenblinden, was Farben sind? Deshalb erzähle ich ihr die bereits erwähnte Geschichte der Seherin Diotima, die Sokrates in das Wesen der Liebe eingeweiht und ihn gelehrt hat, dass Eros, der Gott der Liebe, nicht schön, zart und harmonisch ist, wie viele glauben. Als Sohn unsterblichen Reichtums und sterblicher Armut besitzt er beider Wesensmerkmale. Arm und barfüßig schläft er einerseits in Hauseingängen und leidet wie seine Mutter immerzu Mangel. Andererseits ist er tapfer, unermüdlich und voller Pläne, ein großer Jäger, der schnurstracks auf sein Ziel zusteuert und die Menschen bezaubert. »Am selben Tage ist er obenauf, wenn ihm die Mittel zufließen, bald sinkt er tot dahin, lebt aber immer wieder auf vermöge der Natur seines Vaters.« (*Symposion*, 203e) Als Zwischenwesen steht Eros zwischen Menschen und Göttern, lehrt Diotima, und wer vom Eros berührt wird, gerät in die gleiche Lage – er wächst über sich selbst hinaus.

Eva nickt.

Diotima lehrte Sokrates, dass das Wesen der Liebe das Verlangen ist, »im Schönen zu zeugen«. »Wenn die Menschen das gehörige Alter erreicht haben, trägt unsere Natur Verlangen nach Zeugung«, sagt sie. Denn damit gehen wir über uns selbst hinaus, um in gewissem Sinne unsterblich werden. »Zeugen aber kann sie [die menschliche Natur] nicht im Hässlichen, wohl aber im Schönen.« (*Symposion*, 206c) So beginnen wir zu erkennen, was wir schön finden, was unser Herz berührt und unseren Geist bezaubert. Doch dann gilt es auch, das Schöne zu entwickeln, aus ihm zu zeugen, es produktiv zu machen. Wenn man jung ist, ist das zunächst vor allem ein körperlicher Vorgang, man sucht seine andere Hälfte und die körperliche Verbindung zu ihr. Aber schon bald bemerkt man, dass es viele schöne Menschen gibt, in die man sich verlieben kann, und zudem vieles andere, was einem zu Herzen geht: Man will einen sinnvollen Beitrag für die Gemeinschaft leisten, in seinem Metier gut sein und für sein Tun Anerkennung erlangen. Und später will man herausfinden, was wirklich wahr ist, was tugendhaft ist und was die Welt und uns selbst in seinem Wesen ausmacht – kurzum: Man strebt nach Einsicht und Erkenntnis. Das ist der natürliche Gang der Dinge.

Auf jeder Sprosse dieser »Liebesleiter« ist es bedeutsam herauszufinden, was richtig ist, um schließlich Auge in Auge mit dem zu stehen, wovon wir meist nur einen Schimmer erhaschen: der Schönheit selbst, dem »In-Form-Sein«, dem, was Platon Form oder Idee nennt. »Doch das wird jemandem wie dir nicht gegeben sein«, bemerkt Diotima ironisch zu Sokrates.

Eva schweigt. Ich weiß nicht, ob ich mit alldem zu ihr durchdringe. Doch es ist nun mal das Einzige, was ich ihr sagen kann.

Als sie fort ist, schwanke ich zwischen Hoffnung und Zweifel. Habe ich ihr das gegeben, was sie suchte? Hat es Sinn, solche Dinge zu erzählen? Und welche Bedeutung hat diese Geschichte für mich selbst? Wie oft habe ich mich, seit ich mit N. zusammen bin, wohl schon in andere verliebt, wahnsinnig verliebt sogar? Dennoch bin ich, mag ich auch noch so wankelmütig sein, Gott sei Dank bei ihr geblieben. Weil es stimmt. Weil es noch immer stimmt.

Was bedeutet das eigentlich: Es stimmt?

Es bedeutet Übereinstimmung.

Aber worin liegt diese genau? Und Übereinstimmung mit was eigentlich?

Mit einer Intuition davon, was es heißt »in Form zu sein«, würde Sokrates sagen.

Lügen ist nur etwas für Profis

Platon hat die Dichter aus seinem idealen Staat verbannt. Das hat die Gemüter seither ziemlich bewegt. Warum hat er das getan, was hat er damit bezweckt? War er denn nicht selbst ein poetischer Autor, hätte er sich folglich nicht selbst aus seinem idealen Staat verbannen müssen? Unter dem Begriff »Dichter« subsumierte Platon, wie wir wissen, nicht nur die kleine Gruppe literarisch Begeisterter, die sich mit Poesie befassten, sondern alle Künstler, Schriftsteller, Maler und Theaterleute – alle, die sich Geschichten ausdachten, alle, die von ihrer Fantasie lebten. Heute würden auch Fernsehproduzenten dazu zählen, Filmemacher, Kabarettisten und alle Unterhaltungskünstler mit ihren Musicals und Rateshows. Das würde eine solche Verbannung nur noch weiter verschlimmern, könnte man meinen. Aber nicht jeder, der mit Kunst und Medien zu tun hatte, gehörte zu den von Platon Verdammten. Nur diejenigen, »die nicht über das Gegengift« verfügten, mussten das Feld räumen.

Was meinte er damit? Das ist eine entscheidende und durchaus heiß diskutierte Geschichte. Sie beginnt damit, dass Dichter, also eigentlich Künstler, einen viel größeren Einfluss haben, als man auf den ersten Blick vermutet. Der Dichter Shelley nannte sie »die geheimen, unerkannten Gesetzgeber der Welt«. Denn Dichter schaffen in Form von Bildern, Geschichten, Denk- und Sichtweisen Symbole, wörtlich »Zusammenfügungen«, die gemeinsam unsere Welt erschaffen. Symbole stellen die Wirklichkeit dar und erstellen – wenn sie uns ansprechen, uns berühren – stillschweigend auch ein moralisches Vokabular: Sie verdeutlichen uns, was im Leben wertvoll ist. Daher bilden Symbole das Lebenselixier der Kultur. Wer in der Landschaft einer Kultur »weidet«, nimmt mit der Zeit die dort herrschenden Auffassungen in sich auf. Das prägt die eigene Perspektive, den Blick auf das Leben und auch auf das eigene Gefühl. Die Menschen konstruieren sich die Welt um diese Normen herum, lernen, ihre Umgebung von diesen Ausgangspunkten her zu »lesen«. Nicht Erziehung und Ausbildung haben den größten Einfluss auf die Charakterbildung und die Gesellschaftsentwicklung, sondern dieses »Lesen der Welt« mittels kollektiver Vorstellungskraft. Daher bin ich als Niederländer so anders als ein Franzose oder ein Deutscher und erst recht als ein Nicht-Europäer. Ein jeder von uns wird von der Bildsprache der eigenen Kultur geprägt.

Nun gibt es grob gesprochen zwei Arten von Bildern und Vorstellungen. Eine Art zielt auf Genuss und Vergnügen ab, auf alles, was neu ist und Spaß macht. Man könnte sagen: Bei diesen Vorstellungen geht es um die Wirkung der Bilder auf das Gefühl. Menschen wollen angeregt und überrascht, schockiert oder amüsiert, bestätigt und gerührt werden. Die andere Art zielt auf eine Erkenntnis der Wirklichkeit ab. Auch sie übt womöglich einen gewissen Einfluss auf das Gefühl aus, in erster Linie geht es ihr jedoch um die Wirkung auf den Intellekt. Schließlich wollen wir auch wissen, was die Welt, was uns selbst, unsere Umgebung und das, was uns wichtig ist, ausmacht. Wir wollen lernen, Wesentliches von Unwesentlichem zu unterscheiden. Jeder Mensch strebt doch danach, Oberflächlichkeiten, Halbwahrheiten und Illusionen möglichst durch Erkenntnis, Sachverstand und ein scharfes Bild der Wirklichkeit zu ersetzen.

Modelle verweisen auf eine dahinterliegende Idee

Bilder der ersten Art nennt Platon »Schattenbilder« (*eidola*), Bilder der zweiten Art »Modelle« (*paradeigmata*). Erstere gehen nicht über die unmittelbare Erfahrung hinaus, wir sehen gewissermaßen nur die Schatten und erkennen nicht, was die Schatten wirft. Modelle hingegen verweisen über die Schatten hinaus auf eine dahinterliegende Idee oder Essenz, auf das, was den Erfahrungen zugrunde liegt, oder auf das, was sich in den Erfahrungen manifestiert. Schattenbilder sind bunt, sinnlich, variantenreich und bewirken eine unmittelbare gefühlsmäßige Reaktion. Modelle sind abstrakt, farblos, nicht-sinnlich, ihre Schönheit ist von ganz anderer Art und nur für das geistige Auge wahrnehmbar. Schattenbilder faszinieren uns, sie sind berauschend und reizvoll, es fällt ihnen leicht, den Verstand oder das Bewusstsein einzuschläfern. Modelle können ebenfalls faszinieren, im Grunde sogar noch stärker, doch sie wiegen das Bewusstsein nicht in den Schlaf, sie wecken es vielmehr auf, machen es klar und scharfsinnig. Diese Bilder geben uns das Gefühl, »die Ebene der Wahrheit« zu betreten, die Welt der Ideen, der Grundgedanken, auf die sich all unsere Erfahrung gründet. Es sind Bilder, die uns zu unserem eigenen Wesen leiten.

Das ist es, was Platon unter »Gegengift« verstand. Es gibt Bilder, die uns in den Schlaf lullen, und Bilder, die uns wachrütteln, Bilder, die uns blenden, und Bilder, die uns erhellen, Bilder, die uns in eine Scheinwelt locken, und Bilder, die uns daraus befreien. Ohne Gegengift, ohne Erkenntnis dessen, was wirklich ist, können wir diese beiden Bildwelten nicht voneinander unterscheiden, verharren wir im Glauben, jedes Bild spiegle eine Wirklichkeit wider. Wenn wir unser Denken und Handeln auf die Schattenwelt abstimmen, leben wir, ehe wir es uns versehen, in einer Scheinwelt voller Illusionen, Halbwahrheiten und falscher Ideale. Denn Dichter verstehen sich darauf, uns zu bezaubern, vor allem wenn sie gute Künstler sind, die ihr Metier beherrschen. Doch in die Irre geführt zu werden und in Illusionen zu leben, das will wohl niemand.

Das Ideal einer entwickelten Persönlichkeit besteht darin, uns von den fantasievollen Erfindungen der Künstler inspirieren, überraschen, amüsieren oder rühren zu lassen, ohne hierbei jedoch auch nur einen Moment den Blick dafür zu verlieren, was die Welt wirklich ausmacht. Im Gegenteil: Durch die Erfindungen der Künstler wollen wir gerade einen besseren Einblick, eine klarere Vorstellung und ein schärferes Bewusstsein gewinnen. Das entspricht Platons Ideal. Er verbannte die Bilder der ersten Art aus seinem Idealstaat, um Raum für die wahren Bilder zu schaffen. Und ihre Schöpfer verbannte er gleich mit. Denn Dichter sind in gewissem Sinne professionelle Lügner, es gehört zu ihrem Metier, etwas zu erfinden. Wenn sie nicht über das Gegengift verfügen, erschaffen sie illusionäre Scheinwelten. Dann produzieren sie nur schöne Lügen, keine Erkenntnisse der Wirklichkeit.

Einem guten Menschen kann nichts Schlechtes widerfahren

Das ist eine weitere sonderbare und schier unglaubliche sokratische Maxime, die für mich dennoch zu einer tragenden Idee geworden ist (wenn auch nicht gerade zu einer der einfachsten). Sokrates formuliert sie, kurz nachdem man ihn dazu verurteilt hat, den Schierlingsbecher zu trinken. »Auch ihr, meine Richter, sollt dem Tode mit froher Hoffnung ins Angesicht schauen und eines als unverbrüchliche Wahrheit anerkennen, den Satz nämlich, dass es für einen rechtschaffenen Mann kein Übel gibt.« (*Apologie*, 41c-d) Sokrates vermochte es also, sogar sein eigenes Todesurteil nicht als ein Übel aufzufassen. Wie ist das zu verstehen? Für gewöhnlich gehen wir doch davon aus, dass ein Todesurteil ganz gewiss nichts Gutes und wie vieles andere im Leben als ein Übel zu betrachten ist. Man kann immer in missliche Umstände geraten oder ungerecht behandelt werden. Menschen tun sich gegenseitig vielerlei an. Man kann erkranken oder Schmerzen erleiden. Jedem von uns kann dies alles widerfahren, guten ebenso wie schlechten Menschen – so die allgemeine Meinung.

Sokrates jedoch hielt diese Ansicht für einen Irrtum. Er glaubte, dass einem guten Menschen eigentlich nichts Schlechtes widerfahren könne. Nach Auffassung mancher Interpreten hat er damit sagen wollen, tugendhaft zu sein, das Gute zu tun oder eine moralische Person zu sein, trage mehr als alles andere zum persönlichen Glück des Menschen bei, mehr als Geld, Ansehen oder Gesundheit. Daher sei es lohnenswert, diese Dinge, wie wichtig sie einem auch erscheinen mögen, für das aufzugeben, was wir gewöhnlich als etwas Gutes ansehen, sie zu Gunsten des einzig wahren Guten, der persönlichen Integrität und des eigenen moralischen Kompasses mehr oder weniger zu opfern. Wie schwierig das auch sein mag, das Ergebnis sei letztlich günstiger: Es sei besser, ein guter Mensch zu sein, als viel zu besitzen oder hohes Ansehen zu erlangen.

Aber eigentlich meinte Sokrates etwas anderes und geht damit einen entscheidenden Schritt weiter. Er behauptet, gut zu sein, genüge allein schon zum Glück, etwas anderes brauche man dazu nicht. Gut zu sein ist für Sokrates das Einzige, was zählt, und auch das Einzige, was funktioniert. Dazu bedarf es keines Opfers. Sokrates sah seinen eigenen Tod nicht als Opfer. Er war nicht traurig darüber, hatte kein Bedürfnis, sich dagegen zu wehren, beklagte sich nicht. Glück bedeutete für ihn nicht, das eine Gute gegen das andere oder das eine Interesse gegen das andere abzuwägen. Für ihn gab es nur eines, was zählte: die Tugend, selbst tugendhaft zu sein, zu wissen, was tugendhaft ist.

Ist das, was Sokrates hier behauptet, nicht barer Unsinn? Ist es nicht eine übermenschliche Aufgabe, gut zu sein als einziges Kriterium des Glücks anzusehen und alles andere beiseitezuschieben?

Überfordert das nicht die geistige Spannkraft eines gewöhnlichen Menschen über die Maßen? Sokrates' radikale Haltung erinnert an die Lebenswege von Menschen wie Etty Hillesum, Primo Levi, Viktor Frankl oder Abel Herzberg, die während des Zweiten Weltkriegs im Konzentrationslager gefangen gehalten wurden und denen es dennoch gelungen ist, inmitten von endlosem Leid zu bestehen, ihre geistige Gesundheit zu wahren, ihre eigenen Werte und Ideale hochzuhalten und unter unmenschlichen Bedingungen menschlich zu bleiben. Wie haben sie das geschafft? Mithilfe einer besonderen Form von Bewusstsein, wie sie selbst sagten, in der das Gute, das Menschliche, das Wahrhaftige und Liebevolle sich nicht überwältigen lässt, sondern im Gegenteil kraftvoll und vital bleibt. Das ist es, glaube ich, worum es Sokrates ging.

Das ist zum einen eine Feststellung: Wir haben tatsächlich irgendwo – vielleicht weit entfernt, verborgen unter vielen anderen Auffassungen – ein ursprüngliches Bewusstsein von etwas Unangetastetem in uns. Auch von etwas Unantastbarem, das nichts und niemand beschädigen kann. Niemand vermag es, das Gute oder unsere Einsicht in das Gute zu zerstören. Niemandem ist es möglich, das Ideal, den Maßstab anzutasten, dem guten Menschen Böses zu tun. Neben einer Feststellung ist das aber auch und vor allem ein Appell: Orientiere dich in deinem Leben an dem, was seinem Wesen nach gut ist, an dem, was unantastbar ist, an dem, worum es wirklich geht. Man muss sich nicht in einer extremen Lage befinden, um zu dieser Einsicht zu gelangen – obwohl solche Situationen manchmal dazu beitragen können: Gerade in Krisensituationen wird uns mitunter bewusst, welche Ideale oder Werte im Leben wertvoll sind und tragfähiger als Besitz, Spaß oder Reputation. Es sind Dinge, für die Menschen bereit sind zu sterben. Und mehr noch: zu leben.

Zum Schluss:
Wir sind Sternenstaub

Heute ist es für die allermeisten Menschen aufgrund der wissenschaftlichen Entwicklung zur Gewohnheit geworden, sich selbst als zufällige Besucher einer unverständlichen Ausstellung zu betrachten, in der sie verloren und ziellos herumwandern. Ein jeder versucht, das Beste daraus zu machen und seinen Aufenthalt soweit es geht zu genießen. Wie sie hier gelandet sind, welchen Grund ihre Anwesenheit auf diesem »Fest« hat und was jenseits des Ausgangs liegt, davon haben sie allerdings allesamt keinerlei Vorstellung.

Wie anders war doch Sokrates' Bild! Er verstand sich als Teil einer kosmischen Ordnung, in der alles seinen natürlichen Ort hatte und jedes Geschehnis zur Verwirklichung eines übergeordneten Ziels beitrug, des Ziels, wider die Kräfte der Notwendigkeit und des Zufalls in sich selbst und seiner Umgebung die schönste Harmonie zu verwirklichen. In der Praxis wird davon womöglich nicht allzu viel realisiert, dazu sind wir meist zu unbeständig oder zu eigensinnig. Wir gehen lieber unserer eigenen Wege, als uns auf ein größeres Ganzes oder irgendeine Harmonie abzustimmen – von der man überdies ja auch nicht einmal so genau weiß, wie sie aussehen könnte. Glaubt man jedoch Sokrates, so hat der große Baumeister in seiner Weisheit die Welt so eingerichtet, dass uns ein Bild dieser Harmonie ständig vor Augen steht und wir sie zugleich auch in uns selbst spüren. »Zwei Dinge erfüllen das Gemüt mit immer neuer und zunehmender Bewunderung und Ehrfurcht, je öfter und anhaltender sich das Nachdenken damit beschäftigt«, wird Kant es später in der *Kritik der praktischen Vernunft* zusammenfassen: »der bestirnte Himmel über mir, und das moralische Gesetz in mir.«

Für Sokrates bildeten diese beiden Dinge eine Einheit. Der bestirnte Himmel ist Inbegriff einer göttlichen Harmonie, der Einfachheit, Beständigkeit und Balance, um die wir uns auch in moralischen Fragen bemühen und an der es uns so oft fehlt. Dort oben, in den Bewegungen der Gestirne, herrscht keinerlei Unordnung, alles verläuft mit mathematischer Klarheit in festen Strukturen und Verhältnissen. Das moralische Gesetz, das ungeachtet aller menschlichen Unbeständigkeit wie ein richtungsgebender Kompass gleichermaßen beständig und unveränderlich bleibt, ist für Sokrates ein Spiegelbild der Himmelsbewegungen. Versucht man jedoch, dieses Spiegelbild in der eigenen Seele in Augenschein zu nehmen, blickt man in einen beschlagenen Spiegel. Diese »Intuition der Wahrheit« ist ein »dunkles Wissen«. Wir sind uns der Wahrheit zwar in unserem Gewissen bewusst, doch es ist schwierig, sie genau in den Blick zu nehmen. Nach der Aufklärung des dunklen Wissens war Sokrates in seinen Gesprächen unentwegt auf der Suche.

Aus seiner Sicht bestand zwischen der Struktur der menschlichen Seele, den Verhältnissen innerhalb der Gesellschaft und dem Gefüge der Welt eine vollkommene Analogie. Dort oben war es wie hier unten, alles verhielt sich im Großen wie im Kleinen. Auf jeder Ebene galten dieselben Prinzipien. Wir Menschen sind aus Sternenstaub geschaffen, nicht nur im naturwissenschaftlichen Sinne, weil wir physisch aus Atomen bestehen, die irgendwann einmal im Kern von Sternen entstanden sind, sondern auch und vor allem im metaphysischen Sinne: Wir tragen eine göttliche Harmonie in uns (vgl. *Timaios*, 41d-e). Mit dem einen Unterschied, dass sie bei uns Menschen mit irdischer Unordnung, mit Notwendigkeit und Zufall, mit Unvollkommenheit und Disharmonie vermengt ist. Daraus ergeht der gottgegebene Auftrag an uns, an der Vervollkommnung unserer selbst und unserer Gesellschaft zu arbeiten und beide wiederum stärker in Übereinstimmung mit der moralischen Ordnung zu bringen, die in der Natur selbst liegt.

Für unsere modernen Ohren mag das alles sehr poetisch klingen, vielleicht sogar pathetisch. Haben wir uns nicht schon lange von diesen schönen, aber irreführenden Illusionen befreit? Gott ist tot, wir sind unser Gehirn, es gibt keinen Zweck. So lautet heute das gängige Credo. Wir sind weiser geworden, und auch zynischer, um eine Illusion ärmer. Das Einzige, was uns noch offensteht, ist, mit unserer Verwirrung und Unwissenheit wohl oder übel leben zu lernen.

Hinter diesem offiziell postulierten Credo scheint sich allerdings ein ganz anderes Weltbild zu verbergen. Liest man die Beschreibungen der Gespräche in diesem Buch, lässt sich leicht ersehen, dass sich die Teilnehmer darin weder als zufällige Besucher einer unverständlichen Ausstellung begreifen, in der sie verloren umherirren, noch zynisch mit ihrer Verwirrung und Unwissenheit abfinden. Im Gegenteil, in jedem der geschilderten Gespräche setzen die Dialogpartner stillschweigend voraus, dass sich durch vernünftiges Nachdenken in der jeweiligen Frage, die sie untersuchen, ein harmonischer Zusammenhang, eine auf ein höheres Ziel abgestimmte Ordnung finden lasse. Und dasselbe gilt auch in Bezug auf sie selbst und ihr eigenes Leben.

Darin kommt ein merkwürdiger Widerspruch zum Vorschein. Natürlich bestehen wir, unbeständig und eigensinnig, wie wir sind, darauf, dass uns alles Göttliche fremd ist und Weisheit für uns in weiter Ferne liegt. Dennoch machen wir uns immer wieder auf die Suche danach. Wir sehnen uns danach und spinnen Geschichten darum, um uns und anderen Mut zu machen. In den Worten Kants: Wir »erfüllen das Gemüt mit immer neuer und zunehmender Bewunderung und Ehrfurcht«. Als teilten wir unausgesprochen die Prämisse, dass trotz unserer beständigen Proklamation des Gegenteils ein wahrhafter Zusammenhang, eine Harmonie oder ein größeres Ganzes zu finden sei.

Diese Prämisse – und nicht der Zynismus – bildet die Grundlage jeder Schulung des Geistes. Inspirierende Gespräche und philosophische Untersuchungen basieren auf der stillschweigenden Grundhaltung, dass es sich trotz der vorherrschenden Skepsis, inmitten des verbreiteten Unglaubens, zu untersuchen lohnt, was die wahre harmonische Ordnung ausmacht und was es bedeuten könnte, unseren eigenen inneren bestirnten Himmel darauf abzustimmen. Wir bleiben Menschen, voller Widersprüche. Sternenstaub vermischt mit Sand.

Zum weiteren Denken, Sprechen und Lesen

Im Folgenden biete ich zu jedem Kapitel exemplarisch einige Fragen und Übungen an, die sich zur Reflexion, Selbsterforschung und zum Dialog mit anderen eignen: beständig wiederkehrende Themen in der Schulung des Geistes, die zusammengenommen eine Vorstellung von der Schulung als Ganzes vermitteln. Natürlich gibt es noch viel mehr als die hier genannten Übungen, ich habe hier nur einige der Übungen aufgenommen, die wir von *Eidoskoop*, beheimatet in Amsterdam, in unseren Schulungen und Ausbildungskursen verwenden. Außerdem möchte ich einige nützliche Literaturhinweise geben. *Eidoskoop* bietet eine mehrjährige professionelle Ausbildung an, innerhalb derer die Bausteine *Scholing van de geest* (Schulung des Geistes) und *Visieontwikkeling in organisaties* (Visionsentwicklung in Organisationen) einzeln belegbar sind (siehe www.eidoskoop.nl/academie).

I. Erkenne dich selbst

Eine Schulung des Geistes beginnt mit Fragen wie:

> Was betrachtest du als tragende Idee in deinem Leben? Kannst du sie als eine persönliche Lebensregel formulieren?
> Welche Geschichte steht hinter dieser Idee? Durch welche Erfahrung ist sie dir bewusst geworden?
> Welches wahrhafte Wirkliche hast du dadurch erkannt? Und was ist dann das Unwirkliche, die Scheinwelt?
> Handelt es sich um eine rein persönliche Idee oder reicht sie über das Persönliche hinaus?
> Wie nimmt sie in deinem alltäglichen Handeln Form an?

Es ist relativ leicht, diese Fragen durch weitere Fragen zu ergänzen, die in diesem Kapitel zur Sprache kamen: Tust du das, was du willst? Hast du eine Vorstellung davon, wie du bist, wenn du in idealer Form bist? Ist es möglich, ein Mensch aus einem Guss zu sein? Sind Freiheit und Ursprünglichkeit das Ergebnis von Disziplin oder macht Disziplin sie gerade unmöglich?

Das Nachdenken und das gemeinsame Gespräch über solche Fragen bilden die Grundlage der Schulung des Geistes.

Beispielhafte Antworten auf solche Fragen finden sich etwa in Platons *Apologie* und dem Dialog *Phaidon*. Die *Apologie*, Sokrates' Verteidigungsrede, ist leicht lesbar, sie vermittelt in verdichteter Form eine Vorstellung davon, worauf es Sokrates ankam. Der Dialog *Phaidon* ist technischer, in ihm lässt sich die Präzision der sokratischen Argumentationsweise in aller Klarheit nachverfolgen. Gute allgemeine Hinführungen zu Sokrates als Person finden sich bei W. K. C. Guthrie, *Socrates* (Cambridge: Cambridge University Press, 1971); G. Vlastos, *Socrates. Ironist and Moral Philosopher* (Cambridge: Cambridge University Press, 1991) und F. M. Cornford, *Before and After Socrates* (Cambridge: Cambridge University Press, 1932/1999). Hilfreiche allgemeine Einführungen in das Werk von Platon sind J. D. G. Evans, *A Plato Primer* (Durham: Acumen, 2010); Paul Friedländer, *Platon, Bd. 1: Seinswahrheit und Lebenswirklichkeit*, 2. Aufl. (Berlin: Walter de Gruyter & Co., 1954); G. M. A. Grube, *Plato's Thought* (London: Methuen, 1935/1970); Werner Jaeger, *Paideia. Die Formung des griechischen Menschen* (Berlin: Walter de Gruyter, 1989) und Michael Erler, *Platon* (München: C.H. Beck, 2006). Zur Selbsterkenntnis siehe Pierre Hadot, *Wege zur Weisheit oder was lehrt uns die antike Philosophie* (Frankfurt a. M: Eichborn, 1999); Alexander Nehamas, *Die Kunst zu leben. Sokratische Reflexionen von Platon bis Foucault* (Hamburg: Rotbuch-Verlag, 2000); Martha Nussbaum, *The Fragility of Goodness* (Cambridge: Cambridge University Press, 1986) und *The Therapy of Desire* (Princeton, NJ: Princeton University Press, 1994). Zum platonischen Einfluss auf die westliche Geschichte siehe Arthur Herman, *The Cave and the Light. Plato versus Aristotle, and the Struggle for the Soul of Western Civilization* (New York: Random House Trade Paperback, 2014).

II. Führe gute Gespräche

Um Ideen zu entwickeln und zu untersuchen, muss man mit anderen Gespräche führen: Die Dialektik bildet den Kern der sokratischen Schulung. Es gibt ein großes Repertoire an dialektischen Übungen, da die Dialektik eine umfängliche, in langer Tradition stehende Disziplin ist, die viel Übung erfordert. Wie alle anderen Künste auch beginnt sie jedoch mit einfachen Fragen wie:

Was kennzeichnet ein gutes Gespräch? Wann hältst du ein Gespräch für gelungen?

Gelingt es dir manchmal, ein Untersuchungsgespräch zu führen? Welche Fähigkeiten sind dazu erforderlich? Was sind die größten Hürden, die sich in einem solchen Gespräch in den Weg stellen?

Auf welche Weise können Meinungsverschiedenheiten fruchtbar wer-

den? Was tut man, wenn ein Gespräch »hitzig« wird? Wie lässt sich vermeiden, dass ein Gespräch in Abstraktionen oder »belanglosem Gerede« versandet?
Worum geht es in einem philosophischen Gespräch? Ist es besser, »die Frage an sich« oder »die Frage für dich« zu untersuchen?

Es gibt viele Formen von Gesprächstrainings und eine Masse von Literatur über Ziele, Ansatzpunkte, Phasen und Typen von Gesprächen. Dabei nimmt das philosophische, untersuchende Gespräch eine Sonderstellung ein. Es zielt in erster Linie auf Ideenentwicklung und die Schulung des Geistes ab und erst in zweiter Linie auf die Lösung von Problemen. Charakteristische Beispiele für sokratische Gespräche sind Platons Dialoge *Laches* und *Menon*. Im Dialog *Laches* geht es um Mut bzw. Tapferkeit, im Dialog *Menon* um das »Erlernen von Vortrefflichkeit«. Beide Dialoge vermitteln eine gute Vorstellung von der sokratischen Vorgehensweise und auch von den Schwierigkeiten solcher Gespräche. Zum sokratischen Gespräch und der Praxis der Dialektik siehe Leonard Nelson, *Die sokratische Methode*, in: Dieter Birnbacher u. Dieter Krohn (Hg.), *Das sokratische Gespräch*, S. 21–72 (Stuttgart: Reclam, 2002), auf Niederländisch: *De socratische methode* (Amsterdam: Boom, 1994); Gustav Heckmann, *Das sokratische Gespräch* (Frankfurt a.M.: dipa, 1993, eine Neuherausgabe soll im Frühsommer 2016 im Lit-Verlag unter dem gleichen Titel erscheinen); Jos Delnoij und Wieger van Dalen, *Het socratisch gesprek* (Budel: Damon, 2003); Jos Kessels, *Die Macht der Argumente. Die sokratische Methode der Gesprächsführung in der Unternehmenspraxis* (Weinheim und Basel: Beltz, 2001).); Jos Kessels, Erik Boers und Pieter Mostert, *Vrije ruimte, filosoferen in organisaties* (Amsterdam: Boom, 2002); Dies., *Vrije ruimte Praktijkboek* (Amsterdam: Boom, 2008); Jos Kessels, *Het poëtisch argument. Socratische gesprekken over het goede leven* (Amsterdam: Boom, 2006); Ders., *De jacht op een idee. Visie, strategie, filosofie* (Amsterdam: Boom, 2009); Ders., *Spelen met ideeën. De kunst van het filosofisch gesprek* (Amsterdam: Boom, 2012); Charles Kahn, *Plato and the Socratic Dialogue. The Philosophical Use of a Literary Form* (Cambridge: Cambridge University Press, 1996); Francisco J. Gonzalez, *Dialectic and dialogue. Plato's Practice of Philosophical Inquiry* (Evanston, IL: Northwestern University Press, 1998) und Hans-Georg Gadamer, *Platos dialektische Ethik und andere Studien zur platonischen Philosophie*, (Hamburg: Felix Meiner Verlag, 1968).
Leicht zugänglich ist eine Auswahl der Plato-Studien:
Hans-Georg Gadamer, *Wege zu Plato* (Reclam, Reinbek bei Hamburg, 2001). Siehe auch die zu Kapitel VI angegebene Literatur.

III. Suche das poetische Argument

Die große Kunst des Dialoges besteht im Auffinden des poetischen Arguments, des Punktes, aus dem ein Mensch seine eigene Wirklichkeit schöpft. Dabei stellen sich u.a. folgende Fragen:

> Lässt sich die Wahrheit zu einer Frage rein analytisch aufspüren? Oder braucht man dazu auch Vorstellungskraft?
> Hast du selbst jemals einen Moment göttlichen Wahnsinns erlebt? Was weckt deinen Enthusiasmus, wann spürst du so etwas wie »göttliche Besessenheit«? Und erhält dieser Enthusiasmus in deinem Leben den Raum, den er verdient?
> Was sind in deinem Leben die Grundworte mit formgebender Kraft?
> Gibt es Momente in deinem Leben, die dir für immer in Erinnerung geblieben und richtungsweisend für dich geworden sind? Woran liegt das deiner Meinung nach?
> Ist es eine Tugend, im Streben nach Einsicht Emotionen zu vermeiden, oder eben gerade nicht?

Markante Beispiele für die Kraft und Wirkung des poetischen Arguments sind Platons Dialoge *Phaidros* und *Symposion*. Dieses Thema habe ich in meinem früheren Buch *Het poëtisch argument. Socratische gesprekken over het goede leven* (Amsterdam: Boom, 2006) ausführlich behandelt. Weiter ausgeführt ist diese Thematik in meinen Büchern *De jacht op een idee. Visie, strategie, filosofie* (Amsterdam: Boom, 2009) und *Spelen met ideeën. De kunst van het filosofisch gesprek* (Amsterdam: Boom, 2012). Siehe auch Martha Nussbaum, *Poetic Justice. The Literary Imagination and Public Life* (Boston, MA: Beacon Press, 1997) und ihre Analyse der klassischen Tragödien in *The fragility of goodness* (Cambridge: Cambridge University Press, 1986). Zur Reglosigkeit siehe Tjeu van den Berk, *Het numineuze* (Zoetermeer: Meinema, 2008) und Iris Murdoch, *The Sovereignty of God* (London: Routledge, 1970/2001). Zur Rolle der Affektionen in der philosophischen Schulung siehe Robert Earl Cushman, *Therapeia. Plato's Conception of Philosophy* (Chapel Hill, NC: Chapel Hill, 2002) und James Lesher u.a., *Plato's Symposium. Issues in Interpretation and Reception* (Cambridge, MA: Harvard University Press, 2006). Zur Rolle der Vorstellungskraft in der philosophischen Schulung siehe Sonja Tanner, *In Praise of Plato's Poetic Imagination* (Lanham, MD: Lexington Books, 2010) und Christopher Janaway, *Images of Excellence. Plato's Critique of the Arts* (Oxford: Clarendon Press, 1995).

IV. Steige aus der Höhle

Nachdem man dazu in der Lage ist, Untersuchungsgespräche zu führen und das poetische Argument zu verorten, beginnt erst die eigentliche methodische Arbeit der Dialektik. Ihre Finessen zu erlernen, erfordert dauerhafte intensive Übung. Allerdings bieten sich dazu auch oft in der alltäglichen Praxis in vielerlei Gesprächen Gelegenheiten. Auf jeden Fall kommen dabei Fragen wie die folgenden zur Sprache:

> Bist du bei der Aufdeckung eines Ideals jemals auf eine Prüfung gestoßen? Wie würdest du dabei die vier Wissensebenen der Mutmaßung, des Glaubens, der Argumentation und der Einsicht charakterisieren? Worin unterscheiden sich diese Ebenen?
> Kannst du dazu einen Syllogismus mit einer Handlung (bzw. Handlungsintention) als Schlussfolgerung formulieren? (Ein Syllogismus hat die Argumentationsform: Alle X sind Y, A ist X, A ist daher Y. Oder auch: Wenn X dann Y. X ist der Fall, also Y)
> Kannst du erkennen, wer jemand ist, ohne das Gute in ihr oder ihm zu erkennen? Kannst du das Wesentliche an einer Frage oder einer Situation erkennen, ohne zu erkennen, was das Gute daran ist?
> Musik ist ein Spiel von Harmonie und Disharmonie. Das gilt auch für das soziale Leben. Welche Rolle spielen Dissonanzen darin? Und wie geht man mit falschen Tönen um? Lässt sich beides in der Praxis voneinander unterscheiden?
> Es gibt vielerlei Definitionen: Lexikalische (Wörterbuchdefinitionen), ostensive (durch Verweise), stipulative (die man selbst erfindet), Wesensdefinitionen (die die Essenz betreffen). Außerdem gibt es poetische Definitionen (persönliche, erzählerische, darstellende Erklärungen) und das, was Sokrates die musikalische Definition nennt (Übereinstimmung von Wort und Tat). Kannst du für jede dieser Definitionsformen ein Beispiel geben? Welche davon ist deiner Meinung nach am wirkungsvollsten?

Solche Fragen stehen im Zentrum der *Politeia*, die vielfach als Platons Hauptwerk angesehen wird. Sie enthält das Höhlengleichnis und die Analyse der Führungskunst sowie den Entwurf einer Schulung des Geistes. Einem aufmerksamen Leser wird nicht entgehen, dass hier sehr viele nützliche Gesprächstechniken angesprochen werden, worüber man allerdings leicht hinwegliest, wenn man sich ausschließlich auf den Inhalt konzentriert. Zur Ausbildung der Führungselite gibt es umfangreiche Literatur, siehe beispielsweise Richard L. Nettleship, *Lectures on the Republic of Plato* (London: MacMillan, 1897/1951) und C. Reeve, *Philosopher-Kings. The Arguments of Plato's Republic* (Princeton, NJ: Princeton University Press, 1988). Ich selbst habe sehr profitiert von Mitchell Miller, *Beginning the ›Longer Way‹*, in: G. Ferrari, *The Cambridge Companion to Plato's Republic* (Cambridge: Cambridge University Press, 2007), S. 310–344; Kenneth Sayre, *Metaphysics and Method in Plato's States-*

man (Cambridge: Cambridge University Press, 2006) und *Plato's Late Ontology* (Princeton, NJ: Princeton University Press, 1983). Siehe auch Carol Dunn, *Plato's Dialogues. Path to Initiation* (Great Barrington, MA: Portal, 2012) und John M. Rist, *Plato's Moral Realism. The Discovery of the Presupposition of Ethics* (Washington, DC: The Catholic University of America Press, 2012). Zur musikalischen Struktur des Kosmos bei Platon sei Francis M. Cornford, *Plato's Cosmology. The Timaeus of Plato* (London: Routledge, 1935/1997) erwähnt und auch das bemerkenswerte Buch von J. B. Kennedy, *The Musical Structure of Plato's Dialogues* (Durham: Acumen, 2011). Zu Platons ungeschriebener Lehre siehe Dmitri Nikulin (Hg.), *The Other Plato. The Tübingen Interpretation of Plato's Inner-Academic Teachings* (Albany, NY: State University of New York Press, 2012) und Thomas Szlezák, *Platon lesen* (Stuttgart: frommann-holzboog, 1993).

V. Schaue die tragenden Ideen

Alle Reflexion und Dialektik ist auf die Schau der Ideen ausgerichtet. Doch was ist eine Idee? Wann hat man eine Idee im Blick? Die Fragen und Übungen zu diesem Kapitel beruhen auf dem Glasperlenspiel, einer praktischen Umsetzung der Ideenlehre. Sie erfordern eine Kombination aus begrifflicher Präzision und schöpferischer Vorstellungskraft. Es sind Übungen in Synopsis, in der Fähigkeit, das Ganze und den Zusammenhang der Einzelteile zu erkennen. Es geht dabei um Fragen wie die folgenden:

> Kannst du Beispiele dafür geben, wo du dich von altem Denken gelöst hast und neues Denken möglich wurde? Wie kam es dazu, warum gelang dir das in diesem Moment?
>
> Suche ein Problem, das für dich aktuell ist und in deiner Arbeit oder in einer Beziehung eine Rolle spielt. Bist du dazu imstande, dieses Problem in Form des Glasperlenspiels darzustellen? Wo liegt der Brennpunkt? Um welche Frage geht es?
>
> Worin bestehen für dich die Ungeheuer und die Götter? Welchen Auftrag hat der Held? Welche Opfer muss er bringen?
>
> Kannst du auch das Große und das Kleine formulieren, die These und die Antithese des Spielfelds? Hast du eine Intuition, worauf das Spiel hinausläuft, welche Idee an der Spitze stehen könnte?
>
> Ist es möglich, das Ganze zu durchschauen, ohne dich selbst zu durchschauen? Hast du selbst einmal versucht, »den Raum des umfassenden Lebens zum Ausdruck zu bringen«? Glaubst du, dass sich immer eine Idee finden lässt, die alles intakt lässt und dennoch alles vollkommen verändert?

Auch für dieses Kapitel ist Platons *Politeia*, die die ausführlichste Darstellung der Ideenlehre enthält, grundlegend. Das Glasperlenspiel weist allerdings auch Bezüge zu späteren Werken wie den Dialogen *Sophistes* und *Philebos* auf. Die Technik des Glasperlenspiels wird in meinen Büchern *Spelen met ideeën. De kunst van het filosofisch gesprek* (Amsterdam: Boom, 2012) und *De jacht op een idee. Visie, strategie, filosofie* (Amsterdam: Boom, 2009) ausführlich behandelt. Zu bildhafter Sprache siehe George Lakoff und Mark Johnson, *Metaphors We Live by* (Chicago, IL: University of Chicago Press, 1980/2003). Interessante Verfahren bildhafter Sprache finden sich in Gareth Morgan, *Images of Organization* (Thousand Oaks, CA: Sage, 1986/2006). Das Verhältnis zwischen Philosophie und Poesie ist eines der Standardthemen der platonischen Schulung. Siehe beispielsweise Sonja Tanner, *In Praise of Plato's Poetic Imagination* (Lanham, MD: Lexington Books, 2010); Luc Brisson, *Plato the Myth Maker* (Chicago, IL: University of Chicago Press, 1998); Julius Elias, *Plato's Defence of Poetry* (London: MacMillan, 1984) und Christopher Janaway, *Images of Excellence: Plato's Critique of the Arts* (Oxford: Clarendon Press, 1998). Die Literatur zur Ideenlehre ist zahlreich. Für Fortgeschrittene eignen sich aus meiner Sicht am besten: Mary M. McCabe, *Plato's Individuals* (Princeton, NJ: Princeton University Press, 1994); Christopher Rowe, *Plato and the Art of Philosophical Writing* (Cambridge: Cambridge University Press, 2007) und Hugh Benson (Hg.), *A Companion to Plato* (Hoboken, NJ: Wiley-Blackwell, 2009).

VI. Steige wieder hinab in die Höhle

Die Fragen und Übungen zu diesem Kapitel über die »absteigende Dialektik« befassen sich mit der Rückübertragung der Ideen in die Praxis. Wie bei den beiden vorhergehenden Kapiteln erfordern sie gewisse Vorkenntnisse der Struktur des Glasperlenspiels und des Verfahrens der Begriffszergliederung. Jeder, der die Ideenlehre und die dazugehörige Schulung des Geistes in die Praxis bringen will, wird sich mit folgenden Fragen konfrontiert sehen:

Kannst du Beispiele von Situationen nennen, in denen eine Idee Menschen verbindet? Um welche Art von Verbindung handelt es sich hierbei? Und wie lässt sich die verbindende Idee darstellen oder in Worte fassen?
Kannst du die verschiedenen Polaritäten in einer Idee schematisch innerhalb einer Begriffszergliederung ordnen?
Glaubst du, dass Umstände denkbar sind, in denen man anderen seine eigene Vorstellung von einem guten Leben auferlegen darf? Kann ein anderer eine bessere Idee davon haben, was gut für dich ist, als du selbst? Und wenn ja, wäre das ein Grund, deine Freiheit einzuschränken?

Hat eine Idee deiner Meinung nach immer die apollinische Form ruhiger Klarheit und vernünftiger Beherrschung? Oder kann sie auch die dionysische, von Dynamik, Verführung und Ekstase geprägte Form annehmen?

In einer guten Geschichte geht es um eine Prämisse, einen kurzen Satz, der die Essenz des Themas auf den Punkt bringt. Zum Beispiel »Ehrgeiz führt zu Selbstvernichtung« (*Macbeth*), »Blindes Vertrauen führt zu Zerstörung« (*King Lear*). Versuche einmal, die Prämisse zu dem letzten Film, den du dir angeschaut hast, zu formulieren. Worin unterscheidet sich eine Prämisse von einer Idee?

Grundlage dieses Kapitels bilden Platons Dialoge *Phaidros*, *Philebos* und *Sophistes*, in denen es in erster Linie um die absteigende Dialektik geht. Vor allem die beiden letztgenannten sind für Anfänger nicht leicht lesbar. Nussbaums Analyse der Antigone findet sich im 3. Kapitel von *The fragility of goodness* (Cambridge: Cambridge University Press, 1986). Siehe auch Johan Boonen, *Sofokles. Antigone* (Leuven: Acco, 1997). So umfangreich die Literatur zu Sokrates und Platon auch ist, so begrenzt ist die Literatur zur praktischen Umsetzung der Ideenlehre. Vorreiter auf diesem Gebiet ist die sogenannte »signifische Bewegung« (aus der auch die Internationale School voor Wijsbegeerte [die Internationale Schule für Philosophie] hervorgegangen ist). Als Leitfaden kann hier H. Walter Schmitz, *Verständigungshandlungen – eine wissenschaftshistorische Rekonstruktion der Anfänge der signifischen Bewegung in den Niederlanden* (1892–1926) (publizierte Habilitationsschrift, Universität Bonn, 1985) und H. Walter Schmitz, E. Heijerman (Hg.), *Significs, Mathematics and Semiotics. The Signific Movement in the Netherlands* (Münster, Nodus-Publ., 1991) dienen. In Deutschland hat die Schule von Leonard Nelson und Gustav Heckmann – die Philosophisch-Politische Akademie und die Gesellschaft für sokratisches Philosophieren – in diesem Bereich große Arbeit geleistet, siehe vor allem: Dieter Krohn, Barbara Neißer und Nora Walter (Hg.), *Sokratisches Philosophieren. Schriftenreihe der Philosophisch-Politischen Akademie*, bisher 15 Bände (Frankfurt a.M.: Dipa, 1994–2013). Eine wichtige verwandte praxisorientierte Bewegung ist aus dem Werk von David Bohm hervorgegangen, siehe sein *Der Dialog. Das offene Gespräch am Ende der Diskussionen* (Stuttgart: Klett-Cotta, 1998) und *Unfolding Meaning* (London: Routledge, 1996). Darauf basiert das Werk von William Isaacs, *Dialog als Kunst gemeinsam zu denken* (Bergisch Gladbach: Edition Humanistische Psychologie-Ehp, 2. Aufl. 2002). Bedeutsam sind auch Peter M. Senge u.a.: *Das Fieldbuch zur Fünften Disziplin* (Stuttgart: Klett-Cotta, 1994) und Otto Scharmer, *Theory U. Von der Zukunft her führen: Presencing als soziale Technik* (Heidelberg, Carl Auer, 2009). Explizit philosophisch sind Jeanette Bresson Ladegaard

Knox, *Philosophical Practice. Five Questions* (Kopenhagen: Automatic Press/VIP, 2013); Daniel Dennett, *Intuition Pumps and Other Tools for Thinking* (New York: Norton, 2013) und Menno de Bree und Eite Veening, *Handleiding moreel beraad* (Assen: Van Gorcum, 2012). Siehe dazu auch meine Bücher *Die Macht der Argumente. Die sokratische Methode der Gesprächsführung in der Unternehmenspraxis* (Weinheim und Basel: Beltz, 2001); *Het poëtisch argument* (Amsterdam: Boom, 2006), *Vrije ruimte* und *Vrije ruimte Praktijkboek* (Amsterdam: Boom, 2002 en 2008) sowie vor allem *De jacht op een idee* und *Spelen met ideeën* (Amsterdam: Boom, 2009 und 2012).

VII. Schule dich in Liebe

Letztlich ist die Schulung des Geistes nichts anderes als eine fortwährende Schulung in Liebe. Zwischen der Liebe und den Musen, den Inspiratoren und Hütern der Künste, besteht eine natürliche Verbindung. Sie sind die Begleiter Apollons, des Gottes der Erkenntnis – sein Name bedeutet wörtlich der Reinigende und Befreiende, oder auch der große »Eine«. Die Fragen und Übungen dieses letzten Kapitels sind davon inspiriert. In vielen geht es um Kunst und Leidenschaft sowie deren Verhältnis zur Vernunft.

Glaubst du, dass sich Liebe schulen lässt? Lässt sich etwas an dem Begehren »im Schönen zu zeugen« entwickeln oder verbessern? Oder muss man es als einen natürlichen Drang gerade auf sich beruhen lassen?

Findest du, dass ein Mensch die Sehnsucht, über sich selbst hinauszugehen, pflegen und kultivieren sollte? Oder sie gerade mäßigen und bezwingen sollte? Ist die platonische Liebe, bei der die Einsicht über die Begierde triumphiert, erstrebenswert oder nur ein ungesunder Irrweg?

Gibt es nicht-rationale Aspekte der Vernunft? Haben Gefühle und Emotionen Sinn und Verstand? Vergegenwärtigst du dir manchmal eine deiner eigenen tragenden Ideen? Hat sie eine Stimme, mit der sie zu dir spricht? Welchen Klang hat diese Stimme, was sagt dir ihre Intonation?

Wahrheit lässt sich als das Unverborgene beschreiben, als das, was aus dem Verborgenen zum Vorschein kommt. Glaubst du, dass sich alles entbergen lassen muss? Oder gibt es Dinge, die besser verborgen bleiben sollten?

Warum ist Echtheit besser als Unechtheit?

Ist es sinnvoll, die Bildermacher aus der Gesellschaft zu verbannen? Wie geht man am besten mit professionellen Lügnern um, die illusionistische Scheinwelten erschaffen?

Nach Kant bedeutet Schulung des Geistes, sich auf den bestirnten Himmel über uns und das moralische Gesetz in uns abzustimmen, beide Vorstellungen sind Inbegriffe vernünftiger Harmonie. Was meinst du, lässt sich durch die Schulung des Geistes und echtes Denken immer eine harmonische Ordnung finden?

Grundlage dieses Kapitels ist Platons *Symposion*, der Dialog über die Liebe, der als sein schönster Dialog ansehen wird. Erhellend und hilfreich sind Seth Bernadete, *Plato's Symposium* (Chicago, IL: University of Chicago Press, 2001), mit Kommentaren von Allan Bloom und Seth Bernadete; Leo Strauss, *On Plato's Symposium* (Chicago, IL: University of Chicago Press, 2001) und James Lesher (Hg.), *Plato's Symposium. Issues in Interpretation and Reception* (Cambridge, MA: Center for Hellenic Studies, 2006). Zum Verhältnis der Philosophie zu den Dichtern siehe Sonja Tanner, *In Praise of Plato's Poetic Imagination* (Lanham, MD: Lexington Books, 2010); Julius Elias, *Plato's Defence of Poetry* (London: MacMillan, 1984) und Christopher Janaway, *Images of Excellence. Plato's Critique of the Arts* (Oxford: Clarendon Press, 1998). Aufschlussreich und gut lesbar ist das philosophische Werk von Iris Murdoch, siehe dazu ihr Buch *The Sovereignty of Good* (London: Routledge, 1970/2001), das drei ihrer wichtigsten Aufsätze über Platon enthält. Siehe auch Martha Nussbaum, *The Therapy of Desire. Theory and Practice in Hellenistic Ethics* (Princeton, NJ: Princeton University Press, 1991).

Quellen

Die Platon-Zitate in diesem Buch sind hauptsächlich der Übersetzung von Otto Apelt entnommen, *Platon: Sämtliche Dialoge* (Hamburg: Felix Meiner, 1988). Nur selten habe ich auch auf die von Rudolf Haller bearbeitete Übersetzung von Friedrich Schleiermacher zurückgegriffen: *Platon. Die Werke vollständig in deutscher Sprache* (Markgröningen: Edition Opera-Platonis, 2005). In einigen Fällen lege ich auch die niederländische Platon-Ausgabe von Hans Warren und Mario Molegraaf zugrunde (*Plato. Verzameld werk.* Amsterdam: Bert Bakker, 1998). Diese Zitate sind mit * gekennzeichnet. Der Abschnitt »Alles ist anders, als man denkt« aus Kapitel I basiert auf Sean D. Kirkland, *The Ontology of Socratic Questioning in Plato's Early Dialogues* (Albany, NY: State University of New York Press, 2012). Die Mark-Aurel-Zitate im Schlussabschnitt von Kapitel I sind den *Selbstbetrachtungen* (Frankfurt: Insel, 2003, Übers.: Otto Kiefer) entnommen. Der Abschnitt »Zum Nachdenken braucht man Freiraum« in Kapitel II stützt sich auf F. M. Cornford, *Before and after Socrates* (Cambridge: Cambridge University Press, 1932/1999). Der Titel »Ewig geht vor Augenblick« auf S. 93 ist dem Gedicht *Kinderlijk (Kinderleiche)* von Joost van den Vondel entnommen. Die Gedichtzeile von Emily Dickinson auf S. 109 wurde zitiert nach: Emily Dickinson, *Sämtliche Gedichte*, übersetzt von Gunhild Kübler, (München: Hanser Verlag, 2015, Nr. 1263). Für den einleitenden Abschnitt von Kapitel IV »Steige auf aus der Höhle« habe ich einen Artikel von Frank Ankersmit im NRC Handelsblad von 1. März 2013 verwendet: »*Rutte moet vooruitrijder worden, ons hoop geven*«. Die Zitate von René Gude aus der Einleitung des Kapitels V stammen aus »*Verandering met blijvende gevolgen: filosofie van de onveranderlijkheid*«, in Leike van Oss und Jaap van 't Hek, *Onveranderbaarheid van organisaties* (Amsterdam: Lenthe, 2008, S. 126–130). Der Rest des Kapitels V (außer den beiden letzten Abschnitten) wurde zuvor publiziert in *M&O. Tijdschrift voor Management en Organisatie*, 67 (2013), Nr. 3, unter dem Titel »Visieontwikkeling: spelen met ideeën«. Den Hinweis auf den Text von Roland Holst, der das Monument auf dem Amsterdamer Damm ziert, verdanke ich dem scharfen Beobachtungsvermögen und der narrativen Fähigkeit von Pieter Jan André. Das Zitat von René Gude aus »Alles wird anders und bleibt doch gleich«(S. 170) ist seinem Artikel »*Fictie, geen waarheid*«, in: *De Gids*, 177 (2014), Nr. 2, S. 31 entnommen. Das Vasalis-Zitat aus diesem Abschnitt geht zurück auf Maaike Meijer, *M. Vasalis. Een biografie* (Amsterdam: G. A. van Oorschot, 2011), S. 7. Der Titel des Abschnitts »Nur wer den Mut hat, seine Grenzen zu überwinden, wird an keiner Grenze zugrunde gehen« aus Kapitel VI ist dem Gedicht *Alles vloeit* von Herwig Hensen entnommen, siehe *Tussen wanhoop en verrukking. Een keuze uit zijn verzen* (Den Haag: Nijgh & Van Ditmar, 1976), S. 82. Das Zitat »Es gibt zu wenig wenig« auf S. 218 geht auf Herman de Coninck (*Ligstoel*) zurück. Der Abschnitt »Die Welt wird durch Güte zusammengehalten« aus Kapitel VII geht aus dem Schluss von Christopher Rowes *Plato and the Art of Philosophical Writing* (Cambridge: Cambridge University Press, 2007) hervor.